神仙

渋川玄耳

玄耳庵支那叢書

神仙

澁川氏藏版

玄耳庵支那叢書の出版に就て

澁川玄耳

支那に關して少し研究して見たことを纒めて見たいとは多年考へて居たが、あちらに長く居れば居るほど段々むづかしくなつて容易に書き上げられなくなつて了つた。

一昨年病氣で、あちらを切り上げ東京に歸住することゝなつた。幸ひ健康も好くなつたが、もう繁劇な業務に就くのも厭はしくなつて、此のまゝ書物の中に埋まつて死なうと覺悟を定めた。出たらめにどの本か抽き出しては讀む、千年二千年昔しの人を相手に閑葛藤も起つて來る、怒鳴りつけるわけには行かぬから、時々筆を執つて此方の申分など書きつけても見たりしてゐた。

其中に大地震に逢つた。住居は無事であつたが、預けて置いた本が神田で燒けた。山東から輸送中の圖書が折角横濱まで着いて倉庫で灰になつた。讀む物が乏しくなつたので却つて書かうといふ氣が定まつた。

友人の立川雷平君が見えて雜話の序に、此の話を出すと、多年出版に經驗の深い同君が、早迷出版に關する一切の計畫を立てゝくれて、とう〳〵かうした發表とまでなつたのである。

どういふ風に書くか……が、第一の問題であつた。其は直に決めた、解り易く、ずんずん讀み進まれるものでなければならぬ、講說の押賣よりも材料の供給をするとしよう。

誰に讀ませるか……支那に關する豫備智識の乏しい人に、すら〳〵と讀ませて、解らせて、要領を得させて、次第に支那に對する興味を有たせる樣に誘導したい。

大體の要領を得させたい……支那は書物が多過る、書き方が凝つてゐるから含蓄はあるが、明白を缺く、其れをなるべく少く讀んで判然と解る樣にしてあげなければならぬ。と言つて簡單々々ばかりではいかぬ、代表的な重要なものを選んで、其を十分精密に書くことだ。

如何なる題を選ぶか……十冊二十冊であの廣い古い支那の紹介が出來るものでない先づ差當つて支那の特殊な點を擧げ、日本と色彩の異つてゐることを看取させるものでなければならない。其で第一集に先づ六題目を選んだ。（大正甲子仲夏）

神仙の巻首に

一、聖賢たらんより寧ろ神仙たらんことがなべての支那人の志である、現實主義の彼等が其の富貴の願ひが足りた後、更に慕求する所は神仙である。汗と塵とに塗れ營々斯の日を度る苦力の間に往々超然たる樂天家を見出す、彼等は殆ど卽身の神仙である。孔子の敎よりも老莊の哲學よりも、支那人が先づ有したる信仰、思想といふものは神仙であつた。後世百家の言が起り、佛氏の說が傳はるに至つても、神仙の思想を逐除することは出來なかつた。蓋し此の思想を產んだのは支那の天然である社會組織である、其等の條件が變更せぬ限り、何れの時代にも支那民族の生活の裏面には常に神仙に對する繾綣たる仰慕がこびりついて居る。幾千年來、彼等が詭奇幻怪なる想像を逞うし幽遠縹緲たる詩藻を以て紛飾したる、仙境仙客に關する傳說は、古文獻中最も興味ある蓄藏を成してゐるのである。是れ、實に世界に誇るべき支那の獨創的、神秘的產物で、支那民族心理の硏究には先づ之を取つて第一の材料と爲さなければならぬ。

二、神仙、仙境に關する文獻は、世を經るに隨つて色々の添加があり、特に道教の發達後、理窟ぽいものに揑ねあげられてゐる。故に本書は、各個の神話、傳說に就き各其の骨子とおぼしき點を存して、煩冗な理窟と文飾とは削り除けることゝし、時には著者の涉獵せる別傳を織り交ぜて、適當とおもふ敷衍を爲したところもあつて孰れの仙傳の譯文でも無いことになつてしまつたのもある　そこで一々出典を擧げないことにしたのである。

三、仙人の傳說はいかにも歷史的事實らしき形式に書かれて居るが唐宋以後のなまなましいものさへ實は傳說的——想像の產物といふべき點が多い。併し支那人の信仰の對象としては、其れが歷史的事實であつても、將た神話若くは傳說であつてもつまり、同價値である。支那民族が有する崇拜的想像たる『神仙』の如何なるものたるかを紹介するのが本書の目的であるから、歷史的詮索には重きを置かない。

四、卷末附錄は出處を示し、原文のまゝを載せ、其は本文とは重複しないものを選んで置いた。餘裕ある讀者の直接漢文の妙味を玩賞されんが爲めの附錄である。

五、最後に神仙槪論として著者の評論樣のものを添付したい希望であつたが、頁數の都合で、其は他日別册として發行するの機會を待つことにした。

大正十三年十一月

澁川玄耳

神仙目次

神仙奇蹟

天地開闢（萬物の發生。天西北に傾く。）……一
東海の神山（天地の精血は東海にあつまる。蓬萊山。方丈山。）……二
崑崙山（西王母の居處。仙人の諸官廳。）……八
世界のはしぐ（地仙となる果物。鬼を食物とす。身長千里の夫婦。身長七寸の人種。）……一一
黃帝（黃帝の誕生。蚩尤の敗戰。支那文化の基礎。黃帝華胥の國に遊ぶ。黃帝の昇天。）……一八
十古仙（赤松子。容成子。甯封子。赤將子輿。偓仙。洪崖先生。馬師皇。王倪。何侯。）……二五
鐵拐仙人（餓死者の體へ魂の宿替。）……二八
羽人（心を入換る手術）……二八
匡續（三杯の玉酒。一杯の延齡保壽湯。）……二九

彭祖（閉氣內息の法。四十九人の妻。長壽の眞訣。）……三三
姮娥月の桂（仙藥を盜んで服んだ妻の登仙）……三七
神和子（成都再會の約）……三八
晏仙人（食ひかけて捨てた仙桃を食ふ）……三八
張天翁（天宮の座を奪ふ）……三八
愚公（邪魔な山を取除の大工事。子孫永世の續行）……三七
王次仲（飛鳥に化す）……四二
許由、巢父（尊い耳。更に尊い犢の口）……四三
老子（孔子禮を問ふ。靑牛に駕して西に出づ。老子のいたづら草花を美人に化す。）……四四
尹軌（鉛を銀に。錫を金に變ず。）……五〇
玉子（瓦石の龍虎。泥の馬）……五二
列子（鄭の讖僊。徹底せる健忘症患者。生存の年代と著書。）……五三
莊周（髑髏との問答。死界の樂と生界の歡。國家の束縛は眞平滿免）……五六

蕭史（鳳凰に乘る夫妻）……五八
葛由（木刻の羊に騎つて往く。）……五九
王子喬（白鶴に駕する太子晉。）……六〇
徐福（鬼谷先生の鑒別。始皇不死の仙草採集。航海。始皇待ち詫びて死す。）……六二
丁令威（鶴に化して歸鄕）……六五
安期生（生と始皇の懇談）……六五
黃石公（張良が圯上で逢つた傲慢な一老人。呂后張良を誤る）……六六
白石先生（白石の常食。天界に於ける不平漢）……六八
黃初平（金華山上兄弟の邂逅。白石起つて白羊に變ず）……六九
酒客（引はり凧の酒作り）……七一
鹿皮公（上山の昇降器）……七二
山圖（五岳の使者）……七三
騎龍生（手飼ひの龍の仔。）……七三

陰生（汁の奇蹟）……七四
費長房と壺公（奇怪な賣藥翁の寢室。長房と壺公の接近。壺中の金殿樓閣。城樓上の別宴。青竹の身換　食糞の仙道試驗。龍王の姦通。）……七五
谷春（三年暖かな屍體）……八三
劉根（全身に尺餘の長毛。鬼を使役する命令書）……八四
韓衆（學仙の要訣は服藥。尸と神の戰）……八七
琴高（龍子を捕りに深水に赴く）……九〇
負局先生（蓬萊へ歸參の置土產）……九一
祝鷄翁（養雛と養魚）……九二
李八百（唐公防の苦力。主人に膿を舐めさす。酒風呂で若返り）……九三
劉憑（盜賊退治の奇蹟）……九五
趙瞿（天刑病に罹り石室に棄てらる。三仙客の仙丹，鼻上の二少女）……九七
王興（嵩山の菖蒲。武帝君臣の怠慢）……一〇〇
焦先（白石を炊く。火に燒けぬ）……一〇一

東陵聖母（頑夫の迫害。神使青い鳥）……一〇二
劉安（天下の學者を集めて大著述。八仙公の出現。仙宮の厠番）……一〇七
東方朔（世を宮廷に避く。歳星の化身）……一〇八
黄安（三千年乘用の靈龜）……一一〇
茅君（兄弟三人の仙人。父の爵杖折る）……一一〇
服閭（海上の仙島。仙界の體刑）……一一四
子主（仙人を訴へる）……一一五
陶安公（朱雀の迎使。青龍の騎乘）……一一六
赤斧（華山の禹餘糧）……一一六
呼子先（酒屋の老婆を伴に登仙）……一一五
黄阮丘（賣藥翁と地震）……一一七
女几（酒代に仙書の抵當）……一一八
木羽（産婆の謝禮に仙道）……一一九

玄俗（一文藥で王の病を治す。無影の人）……一一九
蘇仙公（竹杖の本體は龍。白日昇天）……一二四
程偉の妻（慾張りの夫を厭ふて仙去す）……一二五
成仙公（白鶴同士の話を偸聞く。雀語を解し滿廳を驚かす）……一二五
沈建（還年却老の仙術。不飲不食。飛行自在）……一二九
王喬（太鼓自から鳴る。沓に化した小鴨）……一三〇
巴卭人（橘中から四老人生る。無くならぬ辨當）……一三一
張道陵（五斗米道）……一三三
王烈（巖穴の青泥。二卷の仙書）……一三四
欒巴（猛虎に變化す。神樣の逐電）……一三四
兩星の圍棋（少年夭死の運命。老仙を酒奴にす。運命の訂正）……一三九
李意期（千里急行の祕符。寸土に百萬の大都）……一四四
孔元方（倒立の酒宴）……一四五

沈　義（天仙の降下。三箇の仙使。四百年目で歸鄕）……一四六
介　象（仙女の敎訓。三年の絶穀。呉蜀の間を一瞬に往復）……一四八
修羊公（長臥石を凹ます）……一五二
左　慈（學を棄てゝ仙に入る。曹操を譏弄す。羊群に混入）……一五四
董　奉（死人を活かす三粒の丸藥。冥土の獄舍。一尺幅の長舌。杏林の故事。雲中に飛び去る）……一五九
呂文敬（同姓同名者の奇緣）……一六四
王子芝（恩賜三樽の酒。酒席へ廟神を請待）……一六六
李仲甫（隱形の術。鳥羅に引掛かる）……一六八
馬鳴生（昇天せぬよう仙藥の匙加減）……一七〇
伯山甫（母は二八の少女。悴は七十の老翁）……一七一
薊子訓（荒草裡の金人。僞求道者の續出。帝都は土地の不幸。子訓の年齢。腐つた死髏の更生。對談者の白髮が黑變す。）……一七三
王　遙（端座療法。魔を入れる窂。仙去の別を惜む妻）……一八〇
魏伯陽（參同契の著者。犬の仙丹中毒。犬と弟子の昇天）……一八二

王老（仙境の風光。人間と同じ饗應。鶴の大合唱）……一八五
幸靈（天地萬物の滿足）……一八八
王中倫（巖上白衣の眞人）……一八九
翟天師（月中の玉樓。仙女を麾ぐ）……一九〇
葛玄（逆流を遡る神符。死魚蘇へる。飯粒蜂に化す。水底で伍子胥と饗宴。尸解の術）……一九一
劉晨、阮肇（花卉速成。半歳間に七代の轉變）……一九九
蓬球（玉女山の仙窟。仙女の圍棋。彈琴）……一九九
採藥民（偉大な山薯。洞穴中の村落。赤牛禮拜。寶珠の横取。仙界の別宴。孫は九十翁）……二〇〇
盧山人（石灰賣仙人。災難豫言的中。紳士は大泥棒）……二〇七
許宣平（薪と酒。李白を驚かす。桃を食つて下婢の昇天）……二一七
何仙姑（常食の雲母）……二一四
薛尊師（縣令を罷めて求仙、仙境の道筋）……二一五
胡超僧（寶仙丹、狐の尾）……二一七

司馬承禎（仙宗十友）……二四七
謝自然（女道士の惜別。女子を天臺山に送る）……二四八
裴老人（虎の送迎。南京虫に人身御供）……二五〇
陳安世（居留守の罰。仙道を得損ふ。主人を弟子にす）……二五三
裴沆（病鶴。此の包を見るまいぞ）……二五五
泰山四郎（泰山府君の四男と親交。求職の失敗と妻の復活）……二五八
羅公遠（白龍魚服の辱。山芥の贈物）……二六一
邯鄲盧生の夢（道士呂翁。粟飯。貶謫と拔擢）……二六三
史論（仙桃食るべからず）……二六八
權同休（服罪中の仙人。仙力も及ばぬ二物）……二六九
陳惠虛（石橋の冒險。會眞府の境致。仙人の小都會）……二七一
陳金（古墳發掘。墓中での再生）……二七一
尹眞人（尹喜の石函。崔君の暴擧。）……二七六

黑　　　叟（百萬錢の名畫。藁屋の中美人。夫婦白鶴と化す）……二七九
薛　　　逢（地下天倉の設備。沙上の大足跡。僧の石化）……二八二
太陰夫人（痲婆門前の金犢車。天女の緣談。上天の航路。水晶宮。結婚は談破）……二八四
田　先　生（愛娘產辱で死亡。魂のみの人。葛仙君の特例）……二八八
張　志　和（釣と畫と酒）……二九一
蕭　洞　玄（滿願の行。誘惑百出。飽くまで無言。最後の一聲で大失敗）……二九二
賈　　　躭（張尊師。井中の道書を盜む）……二九七
丁　　　約（忠實な從僕。仙丹の置土產。六十年後の邂逅。兵解）……二九八
蟻の王國（大槐安國。紫服の官人。玉女の緣談。人間に歸れ。蟻國の大國難）……三〇二
伊祁玄解（仙草栽培。木刻の蓬萊山）……三〇九
韓　湘　子（桃樹から落ちて仙化。韓退之へこまさる）……三一一
呂　　　巖（呂純陽の異相。文官試驗落第。仙詩唱和。十難關）……三一四
王　　　卿（天帥謁見。鑪番禁を犯す。下界へ放逐）……三二三

侯先生（蟲になつて水浴）……三三五
林靈素（啞子の發語。夢中に皇帝の知遇。十二方士靈素を害せんとす。帝を見限る）……三五六
顏筆仙（筆管中の奇蹟）……三六五
賣薑翁（口中の薑金に化す）……三六五
騾鞭客（鍋釜まで金に化す。道士と馬方）……三六六
玉處一（傘の昇天。鐵脚仙人）……三六六
張景和（水中に遁れ去る）……三六九
冷謙（壁上一羽の鶴。水瓶へ遁込む。水瓶のまゝ捕縛）……三七〇
薩守堅（藥の盛違ひ。旅費捻出の秘術。城隍神との確執）……三七一
張三丰（寒暑共に一笠一衲）……三七四
王喆（傳道の四弟子）……三七五
肚裏饑（米屋の小僧が昇天）……三七六
萬鍾（餓死は男子の耻にあらず。養息煉形の道理）……二七七

附錄

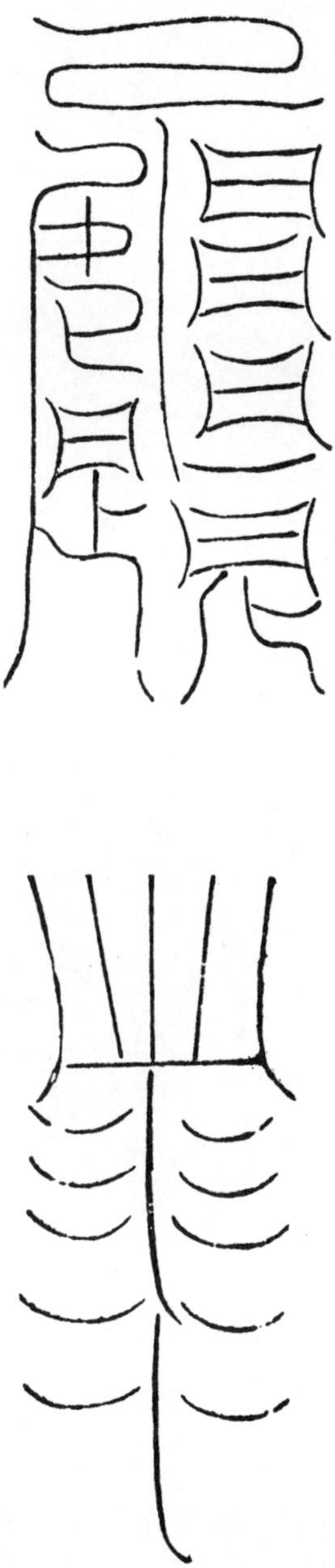

神仙

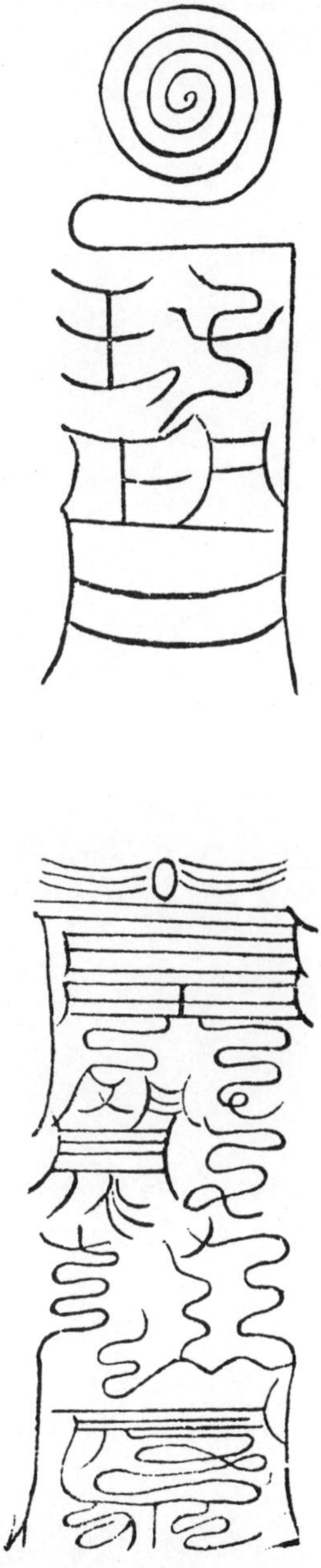

盤古生る

萬物の發生

天地開闢

渾沌《とろ〱》として鷄子《たまご》の如く、天が地を包むこと、恰も卵の黄《きみ》が白の中に在るやう、其の中に盤古《ばんこ》が生れて一萬八千歳を經《へ》た。

天と地と判れはじめた、清《すめ》るもの輕きものは騰《のぼ》りて天と爲り、濁れるもの重きものは沈んで地となつた。天に神《しん》あり、地に聖《せい》あり、一日〳〵に變つて、天は日々に高まること一丈、地は日々に厚くなること一丈、盤古もまた日々に長ずること一丈、此《かく》の如きこと又一萬八千歳。此の後三皇出て五帝出て、次第に今の世の様とはなつた。

天は其形圓く蓋《かさ》の如く、覆《おほ》ひかぶさり、其運《めぐ》ることは車輪の如く、終《をは》りては復た始まり、極まりては復た反《かへ》るのである。

萬物は、盤古の屍體より生じた。盤古氏《ばんこ》が死んで其氣は風雲と爲つた。其の聲は雷霆となつた。汗や涙は雨露となつた。兩眼が日月となり、四肢五體が中岳及東西南北の五岳と爲り、血液脂膏が江河湖海となり、筋脈が道路となり、毛髪が草木と爲り、齒骨が金石と爲り、精髓が珠玉となり、肌肉が田土となつた。そして身に附いてゐた虱やいろいろの蟲が人民となつたのである。

天、西北に傾く

共工《きようこう》が顓頊《せんぎよく》と、天子たることを爭ひ、怒つて、不周山《ふしうさん》（西北の極に在り）にぶつつかつた、其《そ》のため天を支へる柱が折れて、天は傾いて西北が低くなり、地は東南が凹《くぼ》んで、あらゆる川は其の方へ落ち込むことゝなつた。

註（一）天地開闢、萬物創始の説は後世には多く易理や五行説を以て、思索的に理論づけられてあるが、原始傳説は前記の如く、極めてうぶな可愛いげな世界觀である。道教が、組み立てられてからは易理、五行説の外に、多く佛説を取入れて、いやが上に煩雜な理詰めのものになつて、支那民族の原始的想像の簡樸幼稚なる特色は失はれてしまつた。

地は西北に高く、百川東南に流る

天地の精血は東海にあつまる

東海に神山あり

東海の神山

地は西北に高い、山岳重疊、崑崙に連る。裾《すそ》は、東南へ低《た》れて遠く海に入り、邊《へ》つ波《なみ》、沖《おき》つ浪《なみ》、際《はて》なく涯《かぎり》なく、渺茫として天に合《がつ》する。天に雲霧あり、山岳の蒸《む》すところ。凝《こ》つて雨雪となり、萬物之に滋《うる》ほされ、之に生《おふ》される。

一たび地下に隱れて、そこに濾化され淨化され、再び、地上に湧き出でゝ、泉となり瀑となり、或は合し或は派《わか》れ、江河溁洄幾百千里、おの／＼卑きを求めて、東し南し、つひに同じく底なき谷へと赴くのである。

水はそも／＼、天の精氣、地の膏血。此の天地の精血のあつまり湛《たゝ》ふるところ、大海原のたゞ中にして靈山がある、こゝが神仙の棲處《すみか》と選ばれてあるのである。遠く望めば、東海の波の上、夕《ゆふ》やけ、小やけ、雲の峰とのみ見られる中に、幾つか眞の神山《しんざん》があつて、禽《とり》の使は絶えず、往還してゐるのだけれども、さて此の神山《しんざん》を窮《きは》めんとして船榜《こ》ぎ出《い》づれば、初め、空に浮ぶと見えたる島が　近づくに及んで、却つて水の下に在り、之に臨めば、風すさみ、波荒立ちて、なか〳〵近寄るすべが無い。仙縁熟せざれば、眼前に彼の神山を望みつゝも、空しく引返すの外はない。

神山は仙人の樂土である。黄金、白銀、種々の實石美玉を以て作くられたる宮殿樓閣が處々に散在し、此に定住する仙人もあれば、諸方より遊歴の仙人も來てゐる。不老、不死、延年却老の藥が、皆備つてゐるのである。其の各神山に就いて言へば、如左《かう》。

瀛洲

酒泉湧く長生の効

瀛洲は廣袤《ひろさ》四千方里、頂上に高さ千丈の玉質《ぎよくしつ》の石柱が聳え立ち、其根《そのね》かたに酒泉が噴き出でゝ、玉醴泉《ぎよくれいせん》と喚ぶ。此の泉を二口、三口飲めば大に酔ふ、長生の効がある。山中到る處に神芝草が多い、鳳凰、孔雀など群れ遊んでゐる。

東に淵洞《ふち》がある。魚が居る、長さ千丈、時々水を噴《ふ》くことがある、五色の雲の如く麗《うるは》しい、影木《えいぼく》といふ樹がある、萬歳に一たび實《な》が生る。之を食へば骨が輕くなる。嗅石《きうせき》といふ奇獸がゐる。金銀寶石の鑛穴を噴き出すの能ありて、此下《このした》に在るといふ處に息吹《いきふ》きつくれば、岩石忽ち開けて金玉《きんぎよく》が飛出して來る。また、芸苗《うんべう》といふ草は、菖蒲に似てゐるが、其葉を食へば醉つぱらふ、根を咬めば醒める。藏珠といふ鳥は、鳴き〱飛んで珠を吐く、何斛もたまることがある。仙人たちは、其珠を採つて裝身具に使ふ、極めて輕くて光彩が非常にうるはしい。

蓬萊山

蓬萊山は周廻五千里、中央の一峰を繞つて環形の海がある。其名は冥海といふ。水の色は眞黑で、いつも荒浪が立つてゐてわたられない。山上の九天眞天眞玉宮は、結構壯麗を極めてゐる。太上眞人が此處に棲《すま》はれる。此の宮に到るを得るものは、仙人の中の飛仙のみ。冥海の外は卽ち掩の平野である。仙人の往還する者多く、處々に仙家の樓閣を見る。

此處に到るは飛仙のみ

紅色の葭《よし》がある、編んで蓆《むしろ》とすれば溫柔にして毛織物の樣である。一種の竹がある。葉は赤く莖《くき》は紫色、大粒の珠《たま》が實《みの》る。青鸞が來て遊ぶ、其の上下するに隨つて、葉ずれの音が快い樂《がく》を奏する。

方丈山

方丈山は、東海の中心に在り、最高峰の頂は群龍の聚りどころとなつてゐる。山腹に

處々の仙人部落

金銀、琉璃の大宮殿がかゝやいてゐるのが、三天司の官廳である。仙人にして昇天を欲せざる者もあるのだが、其の種の仙人は多く此の洲《しま》に來《く》る。其の人たちの仙家が處々に聚落をなして、田畑を拓《ひら》き芝草（藥草）など植ゑつけてゐるのは、恰も世間の米麥耕作の趣がある。一體の光景世間に似かよつてゐる。

玉石泉《ぎよくせきせん》といふ泉《いづみ》のほとりに、九源《げん》丈《ちやう》人《じん》宮《きゆう》があり、此處で天下の水神、龍蛇、巨鯨、共他の水屬《すゐぞく》を管轄してゐる。

山の西側に照石《せうせき》といふものがある、之を取つてかざせは、十里先の行人《かうじん》の眉毛まで映つる、碎《くだ》いて細《こま》かにしてもやはり同じ様に映される。重さが一丈四方で僅に、十匁に過ぎない。嘗《かつ》て、燕の昭王《せうわう》がこの照石を獲て粉碎して泥となし、通霞臺《つうかだい》に塗《ぬ》つたことがあつた。神光照りかゞやき、晝夜の別なく明るい。西王母も時々此の臺に遊びに見えられた。

右、東海三神山の外、尚ほ、東海中に祖洲、生洲の二山がある。祖洲には養神芝といふ不死の草がある。生洲には、特に仙草、仙芝の種類が多い。島中の水は飴の如く、酪《らく》の如く甘美の味を有してゐる。氣候安和、最も住みよい島で仙人の家屋も數多い。蓬萊山とは十七萬里、大陸の西岸とは二十三萬里の距離に在り、廣さ二千五百方里。

註(一) 三神山の諸傳說は極大體だけ一致して居て、細部は皆區々になつてゐる。其所在も渤海の內ともいひ、東海の中ともいふ、各神山の數も三つに限らず、又た名稱も種々になつて居り、異稱が數多ある。島上の光景に到つては、更に諸說一致せず、此には其二三の說を取り合せて綴つておく。要するに東南の海上に神仙の棲處があつたといふ、おぼろげな傳說が早くから存してゐたのが、其から、段々世を經るに隨つて潤色せられたのである、所傳が一定せぬのは當然である。

(二) 漢民族が黃河を挾んでの一小區域に居た頃は、東方の海は渤海であつた。彼等の居住が漸次南方へ拓けるに伴ひ、東の海といふのも段々南へ下つて今の黃海を指すことになつた、海上に關する智識が增加するに隨ひ仙島の所在も變化して、ずつと後代には揚子江口外の諸島、臺灣海峽の諸島、時として は朝鮮附近より九州、琉球、臺灣諸島を總稱した樣な傳說も生じて來た。

崑崙山

崑崙《こんろん》は西北の最高處である、地の中央である。江河《こうか》共に此より發する。東南は積石圃《せきせきほ》に接し、西北は北戸《ほくこ》の室《しつ》に接し、東北は大活《だいくわつ》の井《ゐ》に臨《のぞ》み、西南は承淵《しようゑん》の谷に至る。

西王母の居處

崑崙《こんろん》は西王母の居處にして、眞官仙靈《しんくわんせんれい》の宗《そう》たる所、此處には有らゆる萃美を盡した神仙の生活がある。

周の穆王崑崙山に到る

周の穆王《ぼくわう》は少より神仙の道を好み、王位に登つた後は、黄帝に倣《なら》うて天下を巡遊して道を求めた。神速無雙の馬を得ること八頭、造父《ざうほ》といふ御術《うまのり》の名手をして此の八駿馬を御せしめて崑崙を訪ひ、瑤池の上《ほとり》に於て、西王母に見《まみ》ゆることを得た。王母は歡んで謠つた。

白雲天に在り。　道里悠遠たり。　子、死することなからん。
尚《こひねが》はくは復た來れ。

其の後、穆王は再び崑崙に到り、西王母より仙道の秘奥を授けられた。

崑崙山上の大銅柱

崑崙の山上に銅柱がある。其の高さは天に入る。所謂天柱《てんちゆう》である。柱の圍《まはり》は三千里あり周邊は削つたやうになつてゐる。其の下方に百丈四方の石屋《いしのいへ》がある、仙人の九府（諸官廳）が此《ここ》に在る。

仙人の諸官廳

其の上に希有《けう》といふ大きな鳥が翅《まえ》を張《は》つて南に向つてゐる、左の翼《つばさ》で東王公を覆《おほ》ひ右の翼で西王母を覆うてゐる。大鳥の背の眞中に毛の無い處がある、其のげが一萬九千里ある、西王母が歳に一度、大鳥の背に登つて、東王公と會《あ》はれる。

崑崙の九府には玉童玉女（美しき童男女）がゐる、天地と壽を同うし、男女の配遇を爲すことは無い。其の東方に美しい靑石牆《あをいしがき》の内に宮殿がある『天地長男之宮』といひ、西に白石牆の宮殿がある『天地少女之宮』といひ、中央に金の牆をした宮殿を『天皇之宮』といふ、南方の赤石牆の宮殿が『天皇女之宮』、北方の黒石牆《くろいしがき》の宮殿が『天地中男之宮』、東南の黄石牆の宮殿が『天地少男之宮殿』、西北の黄銅を牆とした宮殿が『地皇之宮』である。

燕の昭王の求仙

燕《えん》の昭《せう》王も神仙の道に志篤く、仙人甘需《かんにゆ》を師として教授を受け嗜欲《しよく》を去り聲色《せいしよく》を遠ざけ誠意誠心、修行に熱中すること數年に及んだ。仙人、谷将子より西王母に告げ、西王母は燕の王宮に降臨《かうりん》して、親《した》しく昭王を指敎し、其後も降臨三たびに至つたが、王が攻伐征戰を事とする樣になつてから、西王母は姿を見せなくなつた。併し曩に賜はつた玉酒《ぎよくしゆ》金醴《きんれい》を服用したので、王も長生を得、甘需は其後白日昇天し去つた。

薯蕷頌　江淹

華不可炫、　葉非足憐、　微根儻餌、
案劍爲仙、　黄金共壽、　青纓爭妍、
君謂無妄、　我驗衡山。

世界のはし〴〵

大きな支那の本土内にも不思議なことは様々あるが、四方の遠いはし〴〵には、尚ほ更神變奇異なる事が多い。

東のはて

奇異なる樹

東のはてに豫章（木の名）がある、高さ千丈圍《まはり》が百尺、樹上に黒い狐と黒い猿とが居る、九本の枝が出て其枝が九州（支那の昔は九州に分たれてゐた）の一州づゝを主《つかさど》るのである、此の樹には力士が附いてゐて、斧を揮つて其の枝を伐つて創をつけ、九州の吉凶を占《うらな》ふ、其の創がすぐよくなれば、其の枝に當る州には福がある、創がすぐには治らぬ枝は、其の州の太守が病《や》む、幾年も創が回復せぬ技に該當《がいたう》する州は、太守が死ぬか、兵亂があつて滅亡する。

三尺の大繭

桑の樹がある、高さ八十丈、其葉の廣さが六七八尺、長さ一丈、此の桑に蠶が出《で》きる、大きな繭《まゆ》を作る、長さが三尺もあつて一の繭から糸が一斤も取れる、桑の實がまた大きい、直徑一尺餘長さ三尺五寸に及ぶ。

地仙となる果物

黎《り》樹《じゆ》の一種大きなのがある、高さ百丈、葉の長さが一丈、實の直徑が三尺、其種《そのたね》を食へば地仙となる、衣服が敗《やぶ》れず、水火に入るも傷《きず》つかず、溺れず、穀類を食はずに何時までも生きられる。

火山

海中に山があつて炎が燃えあがつてゐる、激浪が其の上に打寄せると、噏然《きうぜん》として吸ひこまれる、いくら水が注《つ》がれても火炎は衰へない。

玉鶏

扶桑山に玉鶏がゐる、玉鶏《ぎよくけい》が鳴けば金鶏《きんけい》が鳴く、金鶏が鳴けば石鶏《せきけい》が鳴く、石鶏が鳴き了《をは》つて、はじめて、天下の鶏《にはとり》が一時に鳴いて夜明《よあけ》を告げるのである。

東南のはて鬼を食物とす

東南の國のはしに、又た國がある、其處に住む人は身の長《たけ》が七十尺、腰のまはりも其れぐらゐ、朱《あか》い冠《かんむり》に朱い衣《きもの》を着て、赤い蛇を鉢巻にしてゐる、たゞ朝な〳〵鬼《き》を三千夕々《ゆふべ〳〵》鬼を三百づゝ呑む、其が食事である、此を尺郭、又は食邪、呑邪鬼などと呼ぶ。

身長千里の夫婦

樸父《ぼくほ》といふ者は夫婦とも高さが千里ある。世界が上下に判れ天が初めて立てられた時、此の夫妻は中國の百川の流れを切り開くやう命ぜられたが、なまけて働かなかつたので東南のはてに追ひやられたのである。夫婦は並んで、腰のあたりも露出《むきだ》して立つてゐる、飲まず食はず寒暑を畏《おそ》れず、唯だ天の露だけに咽喉を濡《し》めす。から立ちづめにしてゐるのは黄河の清《す》むのを待つてゐるので、黄河が清んだらばまた百川の路を掘つて之を整理しなければならぬのである。

南方のはて

南方のはてには、人面《じんめん》の犬がある、口《くち》は鳥《とり》の喙《くちばし》で翼《はね》も生えてゐる。翼《はね》だけでは飛べないので、手足と翼と扶《たす》け合うて歩行《ある》く

また二三尺の低い人がゐる、眼は頂上《ちやうじやう》にある、あるくのが早くて風のやうだ。

火山の中に木生ふ

火山がある、其の中に不盡《ふじん》の木といふのが生える、此《こ》の木《き》の皮で火浣布《くわくわんぷ》ができる。晝夜を絶えず火が燃えてゐる、暴風とても火は激しくならず、暴雨が降つて衰へることはない。

ふじ身になれる果物

柤稼《しよゝ》櫨《とく》といふ樹がある、高さ百丈から千丈に及ぶ、三千歳かゝつて華が咲き、九千年かかつて實が生《な》る、其の實の長さが九尺、種《たね》が無い、竹刀を以て剖《さ》けば内はクリームの樣だ、之を食へば一萬二千年生きられる。

如何《じよか》といふ樹は三百歳で華咲き、九百歳で實《みの》る。華は赤く實《み》は黄色だ、樹の高さは五

百尺、葉の長は十尺、實の形は棗《なつめ》に類し長さ五尺、周圍も其れ位、金刀《かねのかたな》で剖けば酸《すつ》ぱく、蘆刀《あしのかたな》で切れば辛い、之を食へば地仙となつて不死とならず、水火を畏れず白刄を畏れなくなる。

涕竹《ていちく》といふのは長さ數百丈、直徑が十二尺肉の厚さが八九寸。其のまゝ船に作るに可《よ》い。

甘庶《かんしよ》の林がある。高さ百丈、圍《まはり》が三尺八寸、節が促《つ》まつてゐる、汁が多い、此の汁は腹の蟲を除く。

火山がある、長四十里、廣五十里、其の中に不燼《ふじん》の木が生じ、火鼠が棲《す》む。

銀山がある、長さ五十里、高さ百餘丈、悉く白銀より成る。

西南のはて

何でも知る人

西南のはてに人が住む、長さ一丈、腹の圍《まはり》が九尺、頭に朱鳥を戴き、足に龜蛇を践《ふ》まへ、左の手は白虎に憑りかゝつてゐる。河海の水の量《りやう》や、山の石の數《かず》を知つてゐる。また有らゆる鳥獸の言語がわかる。其他何でも知らぬことは無い、名は先通といふ。

強欲無類の人

又一人種《じんしゆ》がある、身に毛が多く、頭上に豕《ぶた》を戴《いただ》き、極めて貪欲《とんよく》で蓄財《ちくざい》を好む、老弱者を見《み》れば迫つて奪ひ、多勢《たぜい》には避《よ》けて單獨《たんどく》な者を攻擊する。名を饕餮《たうてつ》といふ。此の國の者は皆斯うである。

人を欺く獸

詘獸《くつじう》一名は誕《たん》といふ物が居る。大體は兎《うさぎ》のやうで、面《かほ》は人の如く、能く言《ものい》ふ。常に人を欺き、東と言つては西、惡といへば善、あべこべのことばかりいふ、其の肉は旨《うま》いが之を食ふと虛言《うそ》つきになる。

善人を憎む惡獸

崑崙の西に獸がゐる、其は犬の樣で毛は長い、足は羆《ひぐま》に似てゐるが爪《つめ》が無い、行《ある》いても進めない、目や耳は有つても視えも聞えもしない、善人には牴觸《ぶつつか》り、惡人には依憑《よりすが》る、名を渾沌《こんとん》といふ、帝鴻《ていこう》氏の不才子《やくざむすこ》である、何もせずにぶら〳〵として日《ひ》を過《すご》し、尻尾を咋《くは》へてぐる〳〵まはりをしては天を仰いで笑ふ。

國を亂す獸

西のはてに虎に似た獸がゐる、毛の長さ二尺、尾一丈八尺、面《かほ》は大體人に似て、足は虎、口は豚のやうで牙がある、國中を攪《か》きみだしてあるく、名を檮杌《たうこつ》といふ、一名難訓《なんくん》ともいふ。

黃金の山

また、西のはてに山がある、長さ十餘里、廣さ二三里、高さ百餘丈、皆黃金で少しも土石が雜らない、草木も生じない、山下に尙ほ銀、錫、鉛、銅がある。

身長七寸の人種

西海の外、鵠國《こうこく》といふ處は、男女の長《たけ》が僅かに七寸、人がらが純《じゆん》で禮儀がある、壽《じゆ》は皆三百歲、其の行くこと飛ぶが如く日に千里を行く、百物皆之を犯すことを得せぬが、此の人たちはまた海鵠《かいこう》を畏れる、此鳥が來ればすぐ吞んでしまふ、吞まれて尙ほ鵠の腹の內で此人たちは生きてゐる。

西北のはて

正直な人を取食ふ獸

西北のはてに窮奇といふ獸がゐる、虎に似て翼があつて能く飛び、人を取つて食ふ。人語を解し、人の喧嘩を聞いて直《たゞ》しい者の方をすぐ取つて食ふ。忠信な人ならば鼻を食つてしまふ。姦邪な人に逢へば他の禽獸を擒にして其人に饋《おく》る。

不思議な酒と肴

玉饋《ぎよくき》の酒といふのが地から湧《わ》く、酒のうまさが肉の味をもつてゐる、酒泉《しゆせん》の廣さが一丈、深さ三丈、鏡の如く澄みわたつてゐる、泉の上に玉尊《ぎよくそん》（玉製の酒器）が一個、玉籩（玉製の肉皿）がある、一尊を取れば、一尊があとに生じて盡ることが無い、此の酒を飲む人は死ななくなる、玉籩には脯《ほじし》（肉を乾したる物）が一片《きれ》入つてゐる、これも食へばはしから又入つてゐて盡きない。

極小の人、身長一分

極《きはめ》て小さい人種がある、長《たけ》僅かに一分、其國の王が朱衣《しゆい》玄冠《げんくわん》、車馬の行列をつくつて威儀嚴めしく行幸するとき、人民共はそつと其車を引掻いて食べる、甚だ辛《から》いが、さうしておくと一年中、外の物から咬まれることが無く、萬物の名字を識ることが出來、また腹中の三蟲が死ぬる、三蟲が死ねば仙藥を食べられる。

極大の人、身長二千里

また、更に大きな人種の居る所がある、長《たけ》が二千里で、兩脚を開けば其間が相去ること一千里、腹の圍《まはり》が一千六百里、五穀魚肉を食はず、たゞ日に天酒五斗を飲む、好んで山海の間を遊びまはるが、他の人民に害を加へない、また萬事萬物に干係なく、極めてのんきで天地と同じく生きる、名を無路の人、仁、信、神などいろ〳〵にいふ。

東北のはて

栗の樹の大きなのがある、高さ四十丈、葉の長さが五尺、廣さが三尺、實の徑《けい》が三尺二寸、其殼《から》は赤く、肉は黄白、之を食へば渇いて短氣になる。

黄帝

黄帝の誕生

黄帝は一諸侯軒轅《けんえん》氏の家に生れた、其の母附寶《ふはう》、電光のすさまじく北斗を繞《めぐ》るを見て、感じて孕み、十四月にして黄帝を生んだ、因て北斗星の精だと信ぜられた。

生れながらにして物言ひ、長ずるに随ひ神靈聰明の聞えが高かつた。

銅鐵の頭、兄弟八十一人

其の頃、天下亂れ蚩尤《しいう》といふ諸侯が暴威を振うてゐた、蚩尤《しいう》は兄弟八十一人あり、皆銅鐵の額を有し、能く砂石を食《くら》ひ、刀戟弩弓《とうげきどきう》を用ひるに長じ、戰に臨んでは大霧を作《おこ》すの奇術あり、到る處之に敵對し得るものは無つた。で、勢ひに乘じて横行し無道不仁を逞うするので、諸侯百姓の惱みとなつてゐた。神農氏は帝徳既に衰へて之を制裁するの實力が無い、何處からか救ひ主が現れぬものかと、旱天《かんてん》に雲を求むる萬民の眼は何時となく、彼の軒轅氏の子に屬せられた。

黄帝の奮起

彼は聰敏であつた、天下の望みが已《おのれ》に向つてゐるといふことも覺つて來たが、慈仁の心が深いので、蹶然起つて義兵を擧ぐるとなれば、彼の強暴なる蚩尤を屈服さするまで

蚩尤の敗戰
黃帝天子となる

には、多大の犧牲を要し、慘澹たる流血を見なければならぬと躊躇し、天を仰いで嘆息してゐた、が、時を經るまゝに世の亂れ甚しくなり、家は焚かれ人は死し國土は次第に荒廢する、もう此の上人間の慘禍を坐視するに忍びず、天は玄女を降して軒轅氏の子に兵信兵符を授け、つひに戰伐の決心を爲さしめた。

蚩尤は旣に神農氏を逐ひまくつて、今は、德望ある軒轅氏さへ壓伏して了へば天下は我が物だとばかり、潮の寄するが如く軒轅の國へひた押しに押して來た。遂に涿鹿《たくろく》の大平原に兩方の大軍は雌雄を決することゝなつたが、天助を得たる軒轅氏には敵し難く、一戰利あらず、二戰破れ、續いて負けし三戰にさしもの蚩尤も生擒《いけどり》にされてしまつた。

此に於て、天下の諸侯は軒轅氏を推し崇めて天子の尊稱を上つり、土德の瑞《ずゐ》があつたので其色は黃を尙《たうと》び、號して黃帝といふことになつたのである。

註(一) 別傳に蚩尤は、變幻多術にして、風を徵《め》し雨を召《よ》び、煙を吹き霧を噴く黃帝の兵大に苦められ帝は退いて泰山の山かげに休息してぼんやりさなつてゐた。西王母が使を遣はして玄狐の裘を着せ、符を與へた。帝は此の符に由て活き返つた。王母は尙ほさまぐの術を授けた、帝は再び蚩尤と戰つて遂に之に克つた。

（二）蚩尤が霧をおこして方向を判らなくするので、黄帝は始めて指南車を作つて方角を知らせた、指南車は磁石を應用したものだといふ。

（三）蚩尤が大雨大風を起した時天女の魃が下つたので、雨が止んだといふ、魃は旱魃の魃である。魃は天上に返り上ることが出來ず、滯在をした、其の居た地方は雨が降らなくて困つた。

（四）今の直隷省に涿鹿縣あり同じ名の山あり。

黄帝の施政

亂後の民を勞はつて安樂なる生活に就かせる樣、黄帝の慈仁と聰明はあらゆる施設に向つて注がれた。一日も安閑として宮室に居る日はなく、東西南北、國のはし〳〵に至るまで艱難な旅行を繼續し、山川田野の形勢、地方土民の風俗を視察して適當なる施設を考慮した。

支那文化の基礎を置く

風后、力牧、天老其他あまたの賢人たちが各其の智力を盡《つく》して黄帝を贊《たす》けた。天文、地理、暦法、算數、藥方、鍼術、兵法、陣法、文字、書道、音樂、歌舞の諸學藝、度量衡、貨幣、冕旒、服色の諸制度、採鑛、鑄金、製陶、養蠶の諸技術、土地の區畫、道路の開拓、舟、車の交通、其他人生必要の事項を或は創造し或は改良した、むしろ此國の文化の總べての基礎は黄帝に依つて置かれたといはれるのである。

註（一）蒼頡といふ者鳥獸の足跡や日月山川の形を見て始めて文字を作つた。人間の智識が之から大に開けるので、其を怖れて天は粟を雨らし、鬼神は夜哭した。

（二）西陵氏の女が黄帝の后となつた、后は始めて民に敎へて蠶を飼はせ糸を取り衣服に供することになつた、之に依つて暖に着ることができてしもやけの患者が減つた。

（三）此より前は穴居が多かつた、黄帝が宮室建築の法を廣めたので人民の健康も良くなり、神々の祭祀も丁重になつた。

黄帝の苦心
天下周遊

仙人歷訪

萬民の幸福はたしかに增進した、生活は次第に改善せられて行くのであつた、が、進歩すればするほど又た新しい不備の點が發見されて來るので、黄帝の心はいらだたしく、夜もおち〳〵眠られず、體はいつしか瘦せ衰へるのであつた。

帝は再び都を出た。此度はもはや自分や宰相たちの智慧ばかりではいかぬと思つて、有道有德の仙人を歷訪して、治世の要道を敎へて貰はうといふのであつた。數年の日月と幾多の辛苦を經て、崆同の山では廣成子、風山では紫《しよ》府先生、泰山では中黄子、具茨《くし》山では大隗君、王屋山では西王母、峨嵋山では天皇眞人より、叱られたり、嘲られたり、或は親切に慰められたりして、それ〳〵深遠なる道術仙法の秘訣を授けられて、黄帝は次第に悟る所があつた。

黄帝華胥の國に遊ぶ

そこで、都に立還つて、さらりと政事を念頭より放擲して三日間といふもの閑室に坐して萬慮を空うした。ある日晝寢をしてゐると、神人が華胥の國へ導いて往《い》つた。其國には師長が無かつた、其民には嗜慾が無かつた。生を樂まず死を惡まず、已《おの》れを親むこともなく他《た》を疎《うと》んずることもなく、順逆の理など事立てゝいふこともなければ、利害の打算を爲すものもない、愛憎が無い、畏忌が無い、何んにも無い、唯だ自然がある、治まるのでもなければ治まらざるでもない不思議の國の有樣に驚いて、黄帝は尙ほ委しく視察をするのであつた。

夢はさめたが華胥の國の印象は鮮に殘つてゐた、黄帝が是迄聞いたことは勿論、考へも及ばなかつた社會の有樣であつた。怡然として自ら大に得る所があつた。いつか牧馬《うまかひ》の童子が言つた、『天下を治むること亦た奚《な》んぞ馬を牧《ぼく》すると異ならん、たゞ其の馬を害するものを去るのみ』と、今は其の治むるといふ造意をも棄てゝ自然の大道に順ふのみとなつた。黄帝の健康は回復された。太平の御代はつひに來た。

黄帝無爲の政を爲す

華胥の國と同じにはいかぬが、强は弱を凌かず、衆は寡に暴《ばう》ならず、法令は明かに、百官は私《わたくし》なく、人は善く勤めて產物が豐かになり、倉庫が整うて凶年の備へがあり、世に饑寒に泣くものが無いから自から忿爭の種も絕える、盜賊が來ないので城郭も關《とざ》さず、行くに前を讓り、道に遺ちたるを拾はず、上下相和し貴賤共に親み、悠々としていつものどかな太平を樂むやうに至つた。太平の象徵たるめでたき物の數々が現はれ來た。

註(一) 屈軼《くついつ》さいふ草が庭に生じた、佞《ねい》人が入朝すれば草が其人を指すので佞《ねい》人は自から朝廷に進まれなくなるのである、依て一名を指佞草《しねいさう》さいふ。

(二) 解廌《かいち》さいふ獸をある神人が獻じて來た、羊に似て一角を生じてゐる、佞邪の者を見れば直に奔つて其の角にかけるので、訴訟を決するに用ひられた。何を食はせ何處におくべきかを問はれるさ、廌《ち》さいふ蒿《よもぎ》のたぐひの草を與へ夏は水澤《すゐたく》に、冬は松柏の間に置けさいふことであつた。此の獸の貌《かたち》は後世衣冠の飾りに用ひられた。

(三) 鳳凰が宮閣に巢うた、麒麟が花園に遊んでゐた、太平の世ならでは現はれぬさ言はれてゐた瑞祥である。

黃帝の昇天

黃帝、位に在ること百年、今は世を脫れようと、兼て學んでゐた仙藥を煉つた、又た首山の銅を以て鼎を鑄た。藥を服んでさて昇天の用意が整ふと、空より迎への龍が降つて來て髯を垂れ地に伏して乘御を待つた、黃帝が先づ龍に乘つた、群臣後宮の從ふ者が七十餘人、やがて龍が登りはじめた、乘りおくれた小臣等は龍の髯に捉かまつたが、髯が拔けたので地に墜ちた。

註　黄帝昇天の地は、今の河南省河洛道内にある荊山（一名覆釜山）の下にして鼎湖といふ。

黄帝が岐伯に問ふ。

『余聞く。上古の人は春秋皆な百歳に度りて動作衰へず、今時の人は半百にして動作皆衰ふるは、時世異なるがゆゑか、將た人の之を失するがゆゑなるか。

岐伯答へて曰く。

『上古の人、其の道を知る者は、陰陽に法《のっと》り、術數に和し、食飲・節あり、起居・常あり、妄りに作勞せず、故に能く形と神と倶にして、よく其の天年を終へ、百歳に度りて去る。今時の人は然らず、酒を以て漿《みつ》とし、妄を以て常とし、醉うて房に入る、欲を以て其精を竭《つく》し、耗を以て其の眞を散ず、滿を持することを知らず、神を御することを解せず、其の心を快うすることを務めて、發生の樂に逆ふ、起居節なし、故に半百にして衰ふるなり。

十古仙

赤松子《せきしようし》　神農の時の雨師。能く火に入つて燒けず、常に西王母を崑崙山に訪ひ、石室の中に止り、風雨に隨つて上下す、神農の少女之を追うて到り、亦た仙となる。

容成子《ようせいし》　黄帝の師たりしことあり。後、周の穆《ぼく》王に見《まみ》えて補導の術を授く、之に依つて生を守り氣を養へば、白髮も再び黑く、拔けた齒がまた生えた。

廣成子《くわうせいし》　黄帝の時崆峒山に隱居してゐた。黄帝が訪《たづ》ねて道を問うた時『至道の精《せい》は窈々冥々至道の極は昏々一切の思慮をすてて、はじめて長生ができる、多智は失敗のもとだ』と。彼は千二百歳になつたが少しも衰老の狀がなかつた。

甯封子《ねいほうし》　黄帝の製陶所の長であつた。あるとき、異人が來て竈《かま》の火を掌《つかさど》つてくれて、五色の烟を出すことを敎へた。封子は烈火の中に入つて、能く烟につれて上下した。

赤將子輿《せきしやうしよ》　黄帝の時の人。五穀を食はず百草の花を喫《く》つた、堯の時に至り木工となつた。これも風雨のまゝに上下することを得た。

偓佺《あくせん》　槐里《くわいり》といふ所の採藥父《くすりほり》であつた。かねがね松の實をたべ、體に數寸の毛が生え眸《ひとみ》は四角、走る事が馬よりも迅《はや》かつた。堯帝に松の實を獻《けん》じて服用法を敎へたけれど、帝は其れを服せず、仙人になれなかつた。他《ほか》の服用者は皆長生した。

洪崖先生《かうがいせんせい》　黄帝の樂官で、道を修めて仙と爲つたのだとも言ひ、また堯の時に居《ゐ》て其の時三千歳であつたともいふ。漢の世に終南山の絶頂で、衞叔卿などいふ仙人たちと碁を打つてゐる所に、叔卿の子が訪《たづ》ねて往つた事がある。

馬師皇　黄帝の獸醫。馬の治療に妙を得てゐた。ある日、龍か降りて來で　師皇の前にうづくまつて、耳を垂れ口をあけて何か求める様であつた。師皇は視てすぐ其の病氣を知つて、唇の下に針をしてやり、口の中に甘草湯《かんざうたう》を注《つ》ぎこんでやつた。龍の病はすぐにいえた。これより他の病龍も診療を乞ひに來るやうになつたが、そのうち師皇を負うて昇天した。

王倪《わうげい》　伏義神農のころ、既に道を得てゐた。黄帝も敎を乞うた事がある。其後も時々世の中に現はれて來た。飛行自在であつた。

何侯《かこう》　堯の時から一族三百餘人と蒼梧山に隱《こも》つて、耕作などしながら、長生を求めてゐた。舜が天子となつて後、此の地を巡幸し、何侯の家に泊られた。すると、天の使者が降りて來て、舜に昇天の時刻を告げた。其の翌、天上から美々しい行列をそなへて迎へに見え、舜は白日昇天をせられた。其れから年を經て、何侯《かこう》のうちに天上から藥を下されて、酒の中にいれよといふのであつた。一家三百餘人此の藥酒を飲んで、餘りを屋根にふりかけた、間もなく、家《いへ》、人《ひと》、もろ共に昇天して、何侯は太極仙人となつた。今も嶷山に舜廟があり、其の傍に何侯廟もある。

鐵拐仙人

餓死者の體へ魂の宿替

鐵拐先生《てつかいせんせい》は姓は李《り》、早年にして道を得、巖穴にこもつて、尙ほ修養をつとめてゐた。元來立派な男ぶりであつたのだが、一日、李老君に招かれて華山に赴くに際し、一人の弟子に『俺《おれ》は魂《こん》だけあちらに往《い》く、魄《はく》は此處に體と共に留めておくが、若し七日を經て還らぬ時は、體《からだ》を燒いてしまつて宜しい』といひつけて出掛けた。

其の弟子が母の病氣の報知に接し、俄かに出立することになり、六日しか經たぬ先生の體を始末して了つた。さて、先生はちやんと七日目に還つて來たけれど、體《たい》も魄《はく》もないので困つてしまひ、そこらに轉がつてゐた餓死者の屍體を見つけ、據なく其れに入る事にしたのである。鐵拐先生が酷く醜く、そして跛《びつこ》なのは其れだからだ。

周の昭王の晝寐

心を入れ換る手術

羽人

周の昭王《せうわう》が晝寢《ひるね》の夢に、羽毛《とりのけ》の衣裳を着た異人が現はれた、王はかね／＼登仙の術にあこがれてゐたので、異人に其の傳授を懇請《こんせい》せられた。彼がいふには、

『大王の精智がまだ開かれてゐない、物欲《ぶつよく》に蔽《おほ》はれて居ては、長生久世《ながいき》はお求めなされても、まだ得られませぬ。

『それでは、どうか欲を絶つ方法をお示し下さい。

王は跪伏《きふく》して嘆願せられた。彼の異人はつと近寄つて指頭《ゆびさき》で王の胸に畫《すぢ》をかくと、其處が忽ち裂けて口を開《あ》く．びつくりして王の夢は覺めたのである。胸に傷こそ無いが、血は流れて衣《きもの》も濡《ぬ》れてゐる、不思議の夢であつた。王は此から胸の疾《やまひ》になつて、食物も欲しくなく、音樂も聽きたくなくなられた。かくて十日ばかりも過ぎた。また彼の羽人《うじん》が來た。曩日《さつき》の夢の羽毛《うもう》の衣を着た異人の事を、王は羽人と呼ぶのである。羽人は王に、

「大王の心臓を取り換へまする。

彼は小さい綠色の嚢《ふくろ》を開いて、續脈丸《ぞくみやくぐわん》と補血《ほけつ》散とを取出し、王の胸に丁寧に擦《こす》り込んだ。胸の痛みがなくなつた。

王は此の奇藥を乞うて、玉の函《はこ》に入れ、金の紐《ひも》で結んでおいた。實に不思議の効能を有する藥で、脚に塗《ぬ》るときは、天地萬里の外を飛び行《ある》くこと咫尺の内に遊ぶが如く、之を服用するときは老いず衰へず、不死の命となるのである。

相思頌　　江淹

棘枝碧澗　臥根石林　日月斷㆑色

霧雨恒陰　綠秀㆓八炤㆒　丹實㆓四臨㆒

公子不㆑至　山客徒尋

岩を叩けば
美人出づ

匡續（字は君平、南楚の人）

匡續《きやうしよく》（匡阜先生）は老子に就いて道を修め、廬山の虎溪《こけい》のほとりに茅の庵を營んで隱棲《かくれが》としてゐた。

何時からか、一人の少年が遊びに來るやうになつた。談論が高尙奇偉なので、心密かに尊敬の念を生じてゐたところ、少年の方から言出した。

「劉越と申す者です、先生一度お遊びにお出下さい、家《うち》は前山《ぜんざん》の東麓に二丈許の高き石の立つてゐる處です。」

續《しよく》は喜んで日を期し、其の山下に往つた。いかにも石は聳えてゐる、四邊《あたり》に家らしいものはない。妙なことだ！　ふと其石を叩《たゝ》いて見た、くわらり石壁が開いて二個《ふたり》の女《め》の僮《わらは》が出迎へ案内をするのであつた。跟《つ》いて行く、次第に中が濶《ひろ》くなる、大きな庭園があり、幾棟の華麗な樓閣が其間に建て列《つら》なつてゐる。

やがて先日の少年が神々《かう〳〵》しい衣冠姿《いくわんすがた》で現《あらは》れた、匡續を殿内に延《ひ》いて、さま〴〵欵待《もてなし》てくれた。匡續が心密かに『此處に留まりたいな』と想うてゐると、主人は早くも其れを覺つて『まだ陰功《いんこう》が積《つも》つてゐない、いづれは一所になるのだが』と言つて、玉酒《ぎよくしゆ》を三杯、延齡保命湯《えんれいほうめいたう》を一杯飲ませて、更に後會《こうくわい》を期して、石門から送り出した。

先生はふりかへつて見た、石は舊《もと》の如く頑然《ぐわんぜん》と聳え、扉《と》も隙《すき》もなく苔蒸《こけむ》してゐた。再び往《い》つて叩いて見たが、拳《こぶし》が痛むばかりで何の應《こた》へもなかつた。

幾年かの後に匡續《きやうしよく》は功が滿つてつひに昇仙した。後世、漢の武帝が此の地に巡幸して、匡續を南極大明公と尊稱し祠《ほこら》を建て祀《まつ》られた。

漢の諺

雖レ有ニ神藥一　不レ如ニ少年一

雖レ有ニ珠玉一　不レ如ニ金錢一

彭祖

俗眼を驚かさす

閉氣内息の法

彭祖《ほうそ》は堯に事へて彭城に封せられたことがあつた。虞、夏を經て殷の世に守藏吏《しゆさうり》となつてゐた、其時すでに七百歳、周では八百歳の頃、柱下吏《ちゆうかり》の職を奉じてゐたといふ。恬淡無欲で唯た養生治身を事としてゐた。常に若《わか》いみづ〳〵しい容《かたち》を有《も》つてゐた。

殷の王に召出されたが病と稱して閑居し、曾て宮中に伺候する樣なことも無い。あへて怪詭な術を顯はして俗眼を驚かすやうなことをせず、況んや自ら道を得てゐるなど口に出すこともなかつた、出行《であるき》をするのにも、質朴な風をして從者も伴《つ》れないのであるから、誰も有道の偉人と氣が付かうやうもなかつた。

平生、閉氣《へいき》内息《ないそく》の法を行つて、終日きちんと坐してゐた、時々眼を拭ひ體を摩《こす》り唇を舐《な》め唾を嚥《の》み、氣を服《ふく》する數十回なるを常とし、體やゝ安らかならぬときは導引《だういん》をやるのであつた。

采女《さいぢよ》といふ者があつた。少しく道術を得、其頃二百歳を越えてゐたが、五六十歳位に

采女と彭祖の延年法問答

四十九人の妻を喪ふ

見えてゐた。宮中に奉仕して優遇を蒙り大層贅澤なくらしをしてゐた。

ある日、釆女は勅命に依り、彭祖の處に往つて道を問ひ、特に益壽延年《ながいき》の法を尋ねた。

彭祖は之に答へて、

『白日昇天して仙官に補せられようとならば、是は重大な事で、君王の地位に在る方には修得が出來難い、併し長生をするだけなら精神を養愛し藥草を服用すればよろしい。長生は出來るが鬼神を役使し、虛空を飛行することは出來ぬ。藥を服んでも交接の道が適當でなければ藥の效は無い。自分は幼年より薄運で東西に流離し此迄に四十九妻を喪《うしな》ひ五十四子に別れた、憂患が多かつたので和氣を損じてゐる、多分度世《どせい》（世を脫れ、仙人になる）は出來難からうとおもふ。大苑山に靑精先生といふものがある、千歲を經てゐる人だが、みかけは童子のやうである。日に五百里を步行し、終歲食はずに居ることもあり、一日に九たび食ふこともある人だ。此人こそ道を問ふに適當であらうと思ふ。彼とて聊か道を得てる者といふまでゝ仙人といふものでは無い。仙人といふ者は身を竦《そば》めて雲に入り翅《つばさ》なくして飛び、或は龍に乘つて上は天宮に到り、或は化して鳥獸と化し、或は江海の中をも潛行し、或は人間の間に出入しても人に其姿を知

現實を去らずして道に入る

長壽の眞訣

吐納導引の術（呼吸運動法）

られず、或は全く身を隱して他《ひと》に見えなくすることも出來る。面には異骨を生じ體には奇毛あり、概ね深僻を好んで俗流に交はらぬ。此等は不死の壽ありとも人情を去り、榮樂に遠かる、雀が化して蛤となるが如く其本質を失ふもので、予は此を願はぬ。已に道に入りても尙ほ甘旨《うまいもの》を食ひ輕麗を服し陰陽を通じ官秩に處り、老いて衰へず、長く世間に在り、寒温風濕に傷《やぶ》られず、鬼神衆精に犯されず、心のどかにくらして行くこそ貴ぶ可きことだとおもふ。人は養生さへ宜しきを得れば百二十歳までは生きられる、少し方術を知れば二百四十歳から四百八十歳に至られる、其道理を盡して行けば不死となれるのである。長壽の道は『傷《いた》めない』といふだけの祕訣に過ぎない。衣服、飲食、男女の道など適度に斟酌して身を傷めることをしない、傷めなければ病は起らぬ、壽《いのち》は長くなる。此の外記憶や思考に勞することも體を傷《いた》める、喜怒哀樂等の情も度を過ぎれば皆な身を傷める、世には特に房中の事を誡むる者があるは謬《あやま》つた言で男女の欲は人生に必然必須なのである、之を斷禁するは自然に反して害がある。其道を得ずして之を濫りにすれば身を傷めることは、猶ほ他の身を傷めるものとおなじ。次に大切なのは服氣の法、此の道を得れば邪氣が入《はい》らぬ、其れと身を治《をさ》めるの本《もと》は吐納《となふ》

輕を侮り難を求むるは愚なり

導引《だういん》の術である。朝から晩まで、己《おのれ》を責め過を思ひ、片時の安慰もなきまでむづかしい窮屈な規則がらめの修養をするのは、眞の道ではない。また、世を棄てゝ山林に往き、獨り、山居穴居に苦む者や、むづかしい經文の研究に疲れはてゝる者など、何の益もない。道を修むるには其の本を知るのが大事、前言ふ通り、其本《もと》はむづかしいものではないが、簡約な言は輕淺ぢやと侮つて之を服膺せず、強《し》ひて難澁な言を捜し求める、愚の至りぢや。長生の道を得るの要は簡短だ、身と心とを傷《いた》め害《そこな》はぬことに勉めるまでゝある。』

彭祖難に遭ふ

彭祖は服氣吐納、導引、房中の術を以て采女に授け、采女は之を天子に傳へた。天子は其法を守り、次第に驗《げん》があつたので之を秘密にしようといふ卑しい氣が起つて、彭祖を殺さうとしたので、彭祖は行方を隱してしまつた。其後流沙（戈壁の沙漠）地方に於て彭祖を見かけた人があつた。」

註（一）彭祖の姓は籛、名は鏗、顓頊帝の玄孫。
（二）後世、神仙家の房中術を說く者概ね彭祖を祖述す。

成都で再會を約す

姮娥・月の桂

羿《げい》は神人から仙藥を貰つて來て、まだ服まずにゐるうち、妻が竊み服《の》んで仙人と爲り奔つて月宮に奔つた。其れを月の精、姮娥《こうが》と呼ぶ。

月中の桂の樹は高さが五百尺、其の下に一人、斷えず斧を揮つて伐つて居るが、斫《き》つても〳〵すぐ斧創《をのきず》が癒著《ゆちやく》する。其人は吳剛といふ仙人で、過失に由つて罰を受け樹を伐らされてゐる。

神和子

六朝の時、張詠《ちやうえい》といふ者、京師《けいし》の封丘門口の逆旅《やどや》で一道士に遇つた、共に酒を飲んで『どうも名前を知らんでは物足りない』といふと、『神和子といふ者だ、他日、君と成都《せいと》で會《あ》はう』といつた。其後、張詠が成都《せいと》の太守に赴任して、此の事を想ひ出し、神和子といふ道士を捜させたが判らなかつた。

一日、天慶觀（成都の大きな廟）に遊びに行つたとき、儼然たる一道士の壁畫に「神和子」と題《しる》してあつた。

晏仙人

晏仙人は樵夫《きこり》だつた、故郷の鄞江の山に薪を採にいつて、岩の上に一道士が桃を食つてるのを見た、喫べかけて半分を給《く》れたのを喫べて以來、未然の事が判る樣になり、よく人の禍福を豫言し、ふしぎに當るので晏仙人と呼ばれた。

張天翁

張天翁は名を堅といつた。或る日羅《あみ》を張つて一羽の白雀を獲、深く之を愛養してゐた。夢に度々天の劉翁が來て何か責めては怒つて殺さうとするのだが、いつも白雀が豫め堅

天宮の座を奪ふ

に知らせるのでどうしても殺しあふせなかつた。夢の中の交渉では埒が明かないので、つひに劉翁は堅の家に降つて來た。堅は盛んに馳走して劉翁を引止めおき、そつと門に出て丶、劉翁の白龍車に乘り、急に龍に策つて天に登つてしまつた、劉翁は追掛けたが及ばない。堅は天宮に到つて劉翁の座を乘取つて百官を易《か》へ、門を塞いてしまつた。白雀の功を賞して上卿と爲し、以後白雀の胤《たね》は人間界に產ませないことにした。劉翁は本領を失つて五岳をあちこち彷徨《さまつ》きあるき、種々《いろ〱》災を爲すので、劉翁を太山の太守に任じ生死の籍を主《つかさど》らせることにした。

愚公

山が邪魔だ

大行山《たいかうざん》と王屋山《わうおくざん》とは、本《もと》、相連《あひつらな》つた大山彙《だいさんゐ》で七百方里を占《し》めて居《を》つた。麓に北山の愚公といふ九十歲餘の爺《ぢい》が住《すま》つてゐたが、出入共山越《やまごし》の不便に困るので、或る日家族に相談を始めた。

『どうも、山が邪魔で叶はぬ。どうぢや、此から一つ、お前方と一所懸命に對面《むかう》の山を

から取除けよう

切り平《たひら》げて、出入《ではいり》を便利にせうではないか。』

悴共《せがれども》は直に爺《ぢい》さんの大計畫に同意して、

『やりませう、山を削つて了《しま》ひませう。』

ところが婆《ばあ》さんが分別顏《ふんべつがほ》、

『お爺さんの其の齡《とし》で、小さい丘《をか》の片端をだつて切り缺くことはむづかしかろ、大行王《たいかうわう》屋《おく》のあの大山をどうする事が出來ませうぞい、それに、何處に土や石をやりなさるつもりぢや。』

山を海へ捨つる

『馬鹿こけ、婆め、土石は渤海《ぼつかい》の大海に投り込むまでぢや。』

早速工事に取りかゝつた。爺は子と孫と三人がゝりだ、岩を壞し土を掘り、畚《ふご》に入れて渤海の岸へと運び始めた。隣に住《す》む孀婦《やもめ》が『此はさて結構な御發起《ごほつき》ぢや』と、七歳の男子《むすこ》を加勢に出して來た。

北山から渤海までは數百里隔つてゐる、一年がゝりでやつと一往復が出來るのであつた。黃河のほとりに住む智叟《ちそう》といふ先生が、之を見て笑つた。

『何ぢや阿呆らしい、愚公が其の無けなしの壽命と力とで、彼の山を無くする事が出來

子孫永世の繼續工事

るものかイ。』愚公は之を聞いて嘆息して

『さて〳〵、判らん奴ぢやの、えらさうな貌をして、隣の後家や子供だけの分別も無いのぢやな。俺《おれ》は幾何も餘命はあるまいさ、けれども、子といふものも、孫といふものもあるぞよ、孫がまた子を生み、其子が又子を生み孫を生む、子々孫々、段々と生んで殖えて盡きる時はないぞよ。山は何ぢやい、大きくなるかい。一畚《ふご》削れば一畚《ふご》減《へ》らうがの、いつかは山が無くなつて平地になるのは眼に見えた判り切つた話ぢやないか。』

さすがの智叟も此には閉口した。操蛇《さうだ》といふ神が此の事を聞き、愚公があの決心をつづけたら、こいつは山が平げられるにきまつてゐると、此の事を天帝に奏聞した。天帝は愚公の誠心に感じて、夸蛾《くわが》氏の二子に命じて、二山を負《お》うて、一は北に、一は南へ移させた。そこで愚公が家のまはりは平坦に爲つて、何處へ出るにも山坂を越える不便が除《のぞ》かれた。

王次仲

王次仲は塾《じゆく》に通學してゐたが、其の家は外の學生に比して甚だ遠いのに、登校が誰よりも早過ぎるのを先生が不審に思つた。或は家《うち》に歸らず途中の何處《どこ》からか通ふのでないかと疑うて、人に調《しら》べさせて見たが、毎日たしかに家から通ふに相違なかつた。次仲いつも長さ三尺許の木片を持つてゐて、塾に居るときは背尾《うしろ》にかくしてゐた。友達が其を取上げようと思うて、捜すと決して見當らなかつた。

次仲は年長じて後、從來の文字の書きづらいのを改良して隷書を工夫し出した。始皇帝は彼を召《め》したが應じなかつた。其ならば搦《から》め取つて來いと命じたので、檻車に乘せて護送して來た、其途中大鳥に化して檻を脫《ぬ》けて西山に至《い》つた、そこで大小二枚の翮《はね》を落した。其處を後に大翮山《かくざん》小翮山といふ。

鳥に化する
王次仲

更に上を行く犢の口

許由、巣父

許由《きよいう》が河の流れで耳を洗つてゐると、牛を牽いて巣父《そうふ》が來かゝつて『何をしてゐる。』と尋ねた。『堯《げう》がおれに天下を譲《ゆづ》らうと言つたから、誰がそんなめんどくさいものを引受るか、貴公で世の中は治つてる、其で澤山ぢやないか、と言つて來たんだが、どうもつまらない言を耳に入れたものだから、今、綺麗に洗つてゐる處だ』と言つた。

巣父《そうふ》は之を聞いて『お前が高山深谷に隱れて居れば可《よ》いのに、時々《ときどき》世間《せけん》を出あるいて、餘計な事にも口出しをして、なまじひ賢人だの智者だのといふ評判を取るから、そんなくだらぬ相談も掛けられるのだ、其んな奴の耳を洗つた流《ながれ》に、俺《おれ》の犢《うし》の口は汚《よご》させられない。』とぷり／＼怒つて、巣父はズツと河上の方へ往つて犢に飲ませた。

天下大亂、周室衰微

老子

老子《らうし》は楚《そ》の苦縣《くけん》の人である、苦縣の城址は今の河南省の鹿邑《ろくいふ》縣附近に在つて、所謂中《ちゆう》原《げん》の地である。母の胎内に在ること八十一年（或は七十餘年とも）にして、或る日母が庭内の李《すもゝ》の樹のほとりを逍遥せるとき、その脇腹《わきばら》を割いて出た、生れながらに能くものいひ、件の李樹を指して此は我が姓なりと言つた、故に姓は李氏で、名は耳《じ》、字は伯陽と命《つ》いた。また老子とも老聃《たん》とも呼ばれるのは、生れた時既に白髪であつたからで、聃といふのは、耳輪《じりん》が漫《すべら》であつたからだとも、大きな耳たぶが垂れてゐたからだともいひ傳へる。

老子の生れたころ、周《しう》の天下は亂れて、十數個の諸侯が各地に割據して爭奪を逞うし、王室の權威全く衰へ、遂には西北の夷狄《いてき》に壓迫せられ、王都を老子の故郷に近き洛陽《らくやう》に遷し、天子も今はやう／＼一諸侯ほどの僅かな土地を領するに過ぎなかつた。老子は之に事へて圖書館長の職を奉じてゐた、衰へたりとも、さすがに舊い周の王室には典籍の儲藏も少からず、種々の禮法も仍ほこゝに存して居た。聰明で篤學な老子は夙《はや》く名利の

孔子來つて老子に禮を問ふ

念を絕つて、此の間に在つて靜かに研究と思索《しさく》に耽つて何十年かを過した。

孔子は老子よりもやゝ年下であつた。孔子の故鄉も舊國たる魯《ろ》の國、周公以來の文化が存してゐたのではあるが、禮樂政刑の舊典を調べるには、地方で不十分なこともあるので、洛陽の都に上つて往つた。そして當時の最高知識たる老子を訪《たづ》ねた。孔子は禮樂を以て天下を治めることを主旨としてゐた。で、其に就いて先づ老子の敎を乞うたのであつた。すると老子は斯う答へた。

『君が硏究しようとする所は、其の人と、骨と、皆な朽ちはてゝしまつたのぢや。今ごろ其んな詮索は餘計なことぢや。良賈《りやうこ》は深く藏《ざう》して虛《むな》じきが如し、君子は盛德あつて容貌愚なるが如しと言うてある。君はまづ何よりも君の驕氣と多欲と淫志と其の態度とを去ることぢやな、どれもこれも君の身に取つて益の無いことぢやからな。外にいふことは無い、それだけぢや。』

孔子が聞かうと欲する點には、何も答へてくれなかつた。まるで世界の違つた人のやう、老子の超然たる態度と風采と語調とには取りつくしまが無かつた。こきおろされたまゝ、孔子は空しく引きさがるの外はなかつた。歸り路に、孔子は、弟子に向つて嘆息

老子は夫れ龍の如きか

しつつ。

『鳥は飛ぶ、魚は游《およ》ぐ、獸は走る。けれども、走るものには網《あみ》、游ぐものには綸《いと》、飛ぶものには矢、それ〴〵捕りやうがあると知つてゐる、が、龍に至つては何とも致しかたがない、風雲に乘つて忽ちに天に上つてしまふ、あの龍ばかりは手のつけやうがない。今日遇つた老子は其の龍ぢや。』

青牛に駕して西に出づ

老子は、つく〴〵と亂れ行く世を見てゐたが、今は何とも手の付けやうは無い、暫く時節を見なければならない、其の間にまだ自分の爲すべきことがあると、斷然官を辭してしまつた。一輛の青牛車に駕《の》つて都を出て、西へ向つた。

周と秦との境には函谷關《かんこくくわん》といふ險要な關所《せきしよ》がある。關の令、尹喜《かしらゐんき》は（或は關の令尹・喜と讀んだのもある）篤學にして徳行あり、ことに天文に精しかつた。東方に紫氣《しき》起り西へ向つて來るを見て、聖人が此の關《くわん》を度《わた》られるのだと覺《さと》り、之を迎ふべく四十里がほど路を掃き清めて待ちうけた。老子は白輿《しろこし》に乘り、青牛に牽かせ、徐甲《ちよかふ》といふ者に御《ぎよ》せしめて、此の關にかゝつて來た。氣高い老子の相貌は誰が目にも異常の人だと想はれた、關吏は直に長官に報告

關令尹喜老子を迎ふ

した。尹喜は歡んで禮裝を整へて數里の外に出迎へて、老子に見《まみ》え、恭しく拶挨をして、さて、

『どうか暫く弊舍《へいしや》に御逗留を願ひ奉る。』と、いふと、老子は迷惑さうに、

『俺《わたし》は、關東に住ひ致す賤しい者でござる、聊かの田地が關西に在るに依つて、ちよと見廻りにまゐりまする者、どうぞ此のまゝ御通し下されイ。』と、白ばくれた。

尹喜は地べたに頭をすりつけて、

『いや／＼大聖人が御出ましになることは兼て承知致して居りました。陋《むさ》くるしくは御座りますが、どうか暫く御足を御停め下されまして、御慈悲に御親教を下しおかれまする樣願ひ上げまする。』

關尹喜弟子となる

老子は色々辭退するけれども、尹喜《いんき》は既に其れと見拔いて、千歲の一遇、いつかな懇《こん》請《せい》をやめぬ、其熱誠に動かされて、つひに老子はこゝに車を停めて、師弟の契を結ぶことゝなつた。尹喜は有らむ限りの鄭重を盡くして老子に事へ、老子も快く滯留して、日夜懇ろに教を垂れ、國を治め身を修め奢《おごり》を去り欲《よく》を滅《めつ》する至道《しだう》の要領を授けるのであつた。

御者《ぎよしや》の徐甲《ちよかふ》は久しく給金を貰《もら》はずにゐた、此度主人が官を罷《や》めて、流沙だとか崑崙だ

老子のいたづら草花を化して美人とす

御者は一堆の白骨

とか、何時歸るのか當てどもない旅《たび》に出るので、少し氣遣ひになつて督促をして見たが、老子は旅行を卒《をは》つたら皆一緒に黄金で拂つてやるといつた、徐甲も其を承知して何處までも供《とも》をする約束で來たのであつた。關所《せきしよ》に滯在中、徐甲が青牛を野に牽いて、草を食《く》はせてゐるのを見て、老子は彼の氣を試みようと思つた。手近《てぢか》い一本の草花を採つて美人に化《くわ》せしめて、牧牛《うしかひ》の處に往かせ徐甲を慰めさせた。すると徐甲は有頂天になり、此の美人と夫婦とならう、其れには錢が要《い》るといふので、老子との前約に背いて、急に關《くわん》令《れい》の處に訟《うつた》へて延滯給金の支拂を請求した。すると、老子は

『徐甲《ちよかふ》お前はおれに二百餘年も隨《つ》いてゐる、普通の人なら疾くに死んでゐる筈のを、おれが生《い》かしておいてゐるのだ、其れを念《おも》はず訟へるのか。』

と叱ると、徐甲は忽ちに打倒れて一叢《かたまり》の白骨となつて了つた。尹喜《ゐんき》は憫れに思うて徐甲の爲めに赦罪を乞ひ更生《かうせい》を願つた、老子が笑つて宥《ゆる》すと一言いふや否、白骨は元《もと》の徐甲と生きかへつた。尹喜は給金を拂つてやり故郷に還らせることにした。

『尹喜《いんき》は何時までも老子を留め、あくまで教を受けようと願ふけれども、老子は先を急ぐので、尹喜が爲めに特に著述をして殘すことにした。其の著述は五千餘字。卽ち今の

老子五千言の著述

老子は天地の精、不朽に存在す

世に傳はつてゐる――幽玄深奥なる『道德經《だうとくけい》』である、著者の名を其のまゝ書名に『老《らう》子《し》』とも呼ばれる。まことに、僅か五千餘字の中に天人《てんじん》の理を窮《きは》めた――全く獨創的な――空前絶後の妙經《めうけい》――別けても神仙の道を講ずる者は最上の寶典と崇めるところである。代々《よゝ》の學者が智力を盡した註釋は原文の何千何萬倍にも上つてゐるが、泉を汲むやうなもので、汲み盡したものは曾て無く 汲めば汲むほど新しいものが湧き出づるのである。

道德經を書き卒《をは》つた老子は、伏し拜む尹喜《いんき》等《ら》を後《あと》にして、函谷關《かんこくくわん》を立ち出でた。青牛《せいぎう》車《しや》の輪《わ》は西へ／＼と轉《てん》じ去つた。誰も老子の行方を知つた者は無い。後世の道教家《だうけうか》の說では老子は天上の太上老君《たいじやうらうくん》である、太上老君は元始天尊《げんしてんそん》の化身《けしん》である、元始天尊は天地渾沌《こんとん》たるの時始めて化《な》り出《い》でたる神で、天地の精《せい》、至上至尊の神である、李氏の老子と生れる其以前にも、屢〻世に現はれたことがあつた、彼の道德經を示した後には印度に入つて釋迦と化《な》つたのである、其後本國に歸つて又さま／＼の神仙や偉人英雄に現《げん》じて道を說き世を濟《すく》ひ、今尚ほ何處かにどんな人かに生れて化導《けだう》しつゝあるのだといふ。

註(一) 唐の天子は姓は李だから、老子を先祖だとして追尊し、玄元皇帝と諡をつ

け、帝都は勿論各州にまで廟を立て祀つた、後又た太聖祖高上大道金闕玄元天皇大帝と長々しい尊號に更めた。

（二）老子は三皇五帝の時代には萬法大師、盤古先生、金闕帝君、鬱華子、九靈老子、廣壽子、廣成子、赤精子、祿圖子、務成子、尹壽子、夏禹の時には眞行子、殷湯の時には錫則子、文王の時には文邑先生、越に在りては范蠡、齊に在りては鴟夷子となつた、また漢では河上公、廣成子と僞つた。其後の世に老子の形を以て顯はれたことも度々である、「蓋し世として出てざるはなく、塵刧に先つて行化し、無極に後れて常に存す」といふ。

（三）老子の形體は、白首にして面は黄白色、額は廣く三五の達理あり、眉美しく、眼大きく、耳長く、齒疎ら、唇厚く、鼻は純骨の雙柱にして鬚美はしと。

尹軌

尹軌《いんき》は關令尹喜《くわんれいいんき》の徒弟で、尹喜より仙道を傳へられ、兼ねて天文、纖緯の學にも通じで居た。其の昇天する前、神丹を携へ天下を周歷して人を濟うた、即ち腰に漆塗の竹筒を十ばかり偑《さ》げて、其中に藥がいれてあつた。其一粒を持つて居れば、兵亂の間に居ても禍を被らず、疫病の流行の際、一粒を門に塗れば其侵入を防ぐことが出來るのであつた。

猛虎五里の境に蹤を絶つ

弟子の黃理が仕《すま》へる陸渾山《りくこんさん》地方は、屢々虎が出て害を爲すので困つてゐると聞いて、四本の木柱に秘法を施して、黃理の家から東西南北各五里を距る地點に、一本づゝ埋めさせた、其れ以來虎が現はれても五里の處で引返した。

怪鳥が屋上に來て鳴くと訴へたものがあつた、卽ち符《ふ》を其處に立てゝおくと鳥は符の側に死んでゐた。

鉛を銀に化す

貧乏で親の葬式が出來ず、嘆《なげ》いて居る者があつた。尹軌はあはれに思つて、其の子に四五斤の鉛を買はせ、之を携へて自ら荊山に入つて、爐を構へ、鉛が溶けたころ、米粒ほどの藥を投じて攪拌《かきま》ぜると、純粹な銀に化《な》つた。之を貧兒に投けて、『他《ひと》にいふな』と誡めた。

錫が金になる

又、官に納めねばならぬ錢百萬文の期限が切れて牢獄に打込まれてゐる者があつて、其の家族が救助を乞うて來た、尹軌は數千文を出して、家人に錫を十斤買つて來させ、之を溶かして一匙《さじ》の藥を和ぜて純金と成した、官に償ふに餘りがあつた。

玉子

玉子《ぎよくし》は姓名を韋震《ゐしん》と言つた、南郡（今の湖北省）の人である。周の幽王に徴《め》されたけれども之に應ぜず、『人の一日世に在るのは一日を失ふのだ、日に〳〵生を遠ざかつて死に近づくのだ、然るに、人は富貴を貪つて眞性命《しんせいめい》を養ふことを爲《し》ない、誰も皆死ぬ、死んだとき、王侯の位も、金玉の山も、灰土に何のまさる所がある、神仙となつてこそ無窮の生命は得られるのだ。』と言つて、長桑子《ちやうさうし》を師として諸般の道術を學び、別にまた自家創見の法を起して數多の著述を爲した。性を養ひ、病を治し、災を消し、禍を除くい方法が皆備つてゐた。

一日は一日を失ふ

試みに玉子の奇術を擧ぐれば、たちまち強風を發し、雷雨雲霧を起し、或は草木瓦石を禽獸龍虎に變化させ、或は已《おのれ》の一身を分つて百千人と爲し、空中を飛び、水上を歩するも自由である。水を噴《ふ》けば珠玉と爲し得る、而かも其が何時までも變質を來さぬ。全く呼吸を止めてゐることも出來る、さういふとき推しても動かず、興《おこ》しても起《お》きず、曲

瓦石龍虎に變ず

泥の馬

水上の大赤光

げも伸ばしもならない、そのまゝ放置すると數十日を經て自ら起きるのである。いつも弟子と同行するときは銘々泥を丸めて馬を作つてやる、そして皆に目を閉ぢさせる、間もなく大きな逞ましい馬になつて一日千里を走る。また息を吐けば五色の氣となつて數丈の高さに起《た》つこともある。飛鳥に指《ゆび》させばばたりと墮ち、水に符《ふ》を投すれば魚鼈《ぎよべつ》の類が岸に上つて來る。弟子達に千里の外の物を見させることもある。器に水を盛つて之を吹けば水上に一丈の赤光が立つて輝りかゝやく、此水を以て内服又は外用として有らゆる病氣を治すことが出來る。

玉子は後に崆峒山《くうとうさん》入に入り仙丹を調合し、其れを服《の》んで白日《まひる》に昇天し去つた。

列子

列子《れつし》は名を禦寇《ぎよかう》といひ、周の時代の鄭國《てい》に生れた。壺丘子林《こきうしりん》や關尹子《くわんいんし》に師事し、修道九年にして能く風に乘つて行くやうになつたが、四十年間故郷鄭の農村に蹤《あと》を晦《くら》ませて居たので、鄭の君や大官はいふに及ばず、郷黨と雖も禦寇の如何なる人物なるやを知るものはなかつた。鄭の饑饉《きゝん》に遭つた年、衞國に移住した。學は黄老の冲虚を主とし、『眞人といふものは、覺めた時も自ら萬事を忘れ睡つても夢はない』と謂つた。その虚言ならざる證據として左の例を擧げて居る。

鄭の饑饉と移住

徹底した健忘症

宋陽里の華氏《くわし》といふ者が中年になつて健忘症に罹り、朝のことは夕方忘れて了ひ、宵のことは朝忘れて居る。道を往く途中で歩行くことを忘れ、室に居て坐ることを忘れ、先後も今も忘れて了ふ。家内中が大に心配して、占つて貰つたが何病か判らず、祈禱も醫藥も全然效驗がなかつた。時に魯の國の一儒者が自分なら此の病がなほし得ると言つたので、華氏の妻は、財産の半分をやる約束で治療を請うた。

一儒者の治術

儒者は『これは占や祈禱や醫者の手で癒る病氣ではない。心を取り替へ心の動き道を變らせねば癒ることはないのだ』といふので、その治術を施して見ると、裸で置けば着物をくれといひ始め、空腹になると食物をといふやうになり、暗い所へ入れると明るみへ出たいと云ふまでになつた。儒者は大得意になり、病人の子を呼んで『病人はもうこつちの者だ。けれども拙者の術は秘密の術だから、人の出入を禁ぜねばならぬ』といよ〳〵一室に籠つて、七日の間その秘術を施した。それは如何なる事を施したものか、幾年が惱んだ大病が忽ち拭ひ取つたやうに本復した。

病氣全快の悲哀と憤怨

處が平癒した華氏が喜ぶかと思ひの外、非常に立腹し、妻は離別し、子は勘當する、手槍をおつ取つてその儒者を逐ひ廻はすといふ怖ろしい怒り方であつた。村の人達が漸くのことで取り鎭め『どうした譯か』と詢ねると、華氏は『俺が忘れて居たうちは、天地が何處に在るか、天災地變があらうとも、戰亂殺戮があらうとも、蕩々然として何事も覺えなかつたのに、今は明瞭に既往數十年間の存亡得失が記憶に浮び、哀樂好惡がむらむらと心に迫つて來る。これから先更に如何なる存亡得失、哀樂好惡が起るかと思ふと頭がぐら／＼するが、一瞬間として忘れられなくなつた。これは何《ど》うしたものだらう。』と慨嘆した。

生存の年代と著書

禦寇の言説は概ね斯の如く、幻恠を極めたものである。禦寇生存の年代は莊子よりも早く、莊子は屢々列子の語を引用して居る。又、列子八篇中には、子貢が孔子に列子の說に就いて尋ねたことが記されてあり、關尹子に從事したとあるに據つて見ると、老子の後、孔子と殆んど同年代であつたらしい。遺著と稱せられる列子八篇は、道教が盛になつてから『沖虛至德眞經』といふ六ケ敷い標題が付け加へられた。

評(一) 現存の列子は後代の假托の作なりといふ論證をした人も多いが、其文體から見て漢代より下るまいといふ人もある、兎に角面白く讀まれる本だ。

莊周

莊子名は周、梁の蒙縣の人で、梁惠王《りやうのけいわう》、齊宣王《せいのせんわう》と同時だといふ、孟子と同時代の人である。嘗て漆園、(地名ともいひ、漆畑ともいふ)の官吏であつた。學、窺はざる處なく、黄帝老子の學說に深く、併せて周公孔子の學にも精通し、現存の莊子一部はその大部分莊周の遺著である。

髑髏との問答

莊子、嘗て楚を遊歷し、途に朽ち果てた髑髏《どくろ》のソツクリしたのを見付け、鞭でコツコツと敲きながら、髑髏に向つて、『生を貪り、理に背き、嗜欲歡樂の爲めに精神を使ひ盡してさうなつたのか。或は亡國賣國的の犯罪でもあつて誅戮されたか。或は泥棒、詐欺でも働いて、肉身に耻を捧けたくないので自殺でもしたか。または貧乏で野垂死をしたのか。壽命が盡きて白骨になつたか。』と語り、引き寄せて髑髏枕に寢込んだ處が、夜半

王者に優る死界の樂

生存の歡樂と如何

廟堂に置かれるより泥中が好い

になつて髑髏が夢に現はれて言ふには『先刻私に對して發した五ツの問は、論客辯士の言葉のやうなもので、三文の値打もないことだ。君の考は皆人生の累であつて、死者にはないことなのだ。望みならば死界の話を聞かせようか、死界といふものは、上に主君もなく、下に家來もない、悠々として、天地を領域とするのであつて、四海に君臨する王者の樂と雖も及ばないのだ』と語つた。

莊子は腑に落ちず『それなら若し造物主が君を生きて居た時に返らせ、手足皮肉も立派に備はり、君が親愛の父母妻子や鄕里の友人などに會はせるとしたら何と思ふか』と詢ねて見ると、髑髏は、忌やな顏をして鼻の邊りを蹙《ちゞ》め『どうして、四海君臨《くんりん》にも優《まさ》るこの樂を棄てゝ、またあの穢い世界の煩累《うるさ》い處へ往《ゆ》けるか』と答へたさうだ。莊子は嘗て妻に先立たれた時、瓦の盆を敲いて歌を唄つて居て、弔慰に來た友人惠施《けいし》をビツクリさせたさうである。

楚の威王は莊子の賢才を聞き、宰相に招聘した。使が夥しい幣物を捧げて受任されんことを懇請した處が、莊子笑つて『聞く處に依れば、貴國に三千年前に死んだ神龜《しんき》があつて、王が大そうこれを貴び、錦の笥《はこ》へ入れて、廟堂の上へ崇《あが》め祠《まつ》つてあるといふが、骨となつて廟堂に崇められるのと、生きて泥の中に尾を曳いて居ると、何ちらが好いだらうか』と問うた。使は『それは泥《どろ》に尾を曳く方が良《よ》いですとも』と答へた。莊子聲に應じて『歸れ！　泥に尾を曳くのだから』と一喝《かつ》した。

國家の束縛は眞つ平

　威王は尙ほ諦《あきら》めず、再び使を出して迎へに行くと、莊子は使者に對ひ『君は祭壇に用ゆる犧牲《ぎせい》の牛を知つて居るか、犧牲に用ゆるまでは幾年が旨い物を食《く》はされ、さて、いよいよ綾錦を着飾らせて太廟へ牽入《ひきい》れられるのだが、その時、おれは埃溜《ごみだめ》の豚になりたかつたと思つても、どうにもならぬではないか。折角だが歸つてくれ、俺は埃溜《ごみだめ》に伸《のび》々して暮したい。國家に縛られるのは嫌なことだ』。遂に終身宮廷には就かなかつた。

遂に仙界の仕官

　莊子は死去して後、上帝から闇編郎の官に就けられ、諸仙人の綱紀治安係を奉職したと列仙傳は書いて居る。

蕭　史

蕭史《せうし》は秦《しん》の穆公《ぼくこう》の時の人。簫《せう》を吹くのが上手で、いつも吹くたびに孔雀や白鶴が庭に

鳳凰に乘る夫妻

降りて來た。穆公《ぼくこう》の姫君の弄玉《ろうぎよく》といふのが又ひどく簫が好きだつたので、父に乞うて蕭史の妻となつた。彼は日々妻を教へて鳳凰の音《ね》が出るやう練《な》らさせた。數年、練熟の妙に入つた、弄玉が簫を吹いてゐると、鳳凰が屋《いへ》の上に來て棲《とま》る。穆公は之が爲に鳳臺を建てゝくれた。二人は其の臺上に住つて食はず飮まず幾年降りもしなかつた。終には夫婦共鳳凰に乘つて雲の上へ飛び去つた。

葛由

木刻の羊に騎る葛由

葛由《かついう》は周の成王の時の人、羊の木刻《きぼり》を作つて賣るのを生活としてゐたが、ある日、其羊に騎《の》つて蜀の國へ往つた、蜀の王侯貴人は之を見て、異人だ、仙人だと追ひ慕うたが、木羊《もくやう》の足が早くて誰も追ひ付くことが出來なかつた。

葛由は峨嵋山の西南方最も高く深奥い綏《すゐ》山といふ處に隱れた、たま／＼尋ねて往く者は二たび山から出て來ない、皆な仙人となることが出來るので、諺に『若し綏山に一たび眺望することを得ば、仙たるを得ずとも亦豪ならん。』

白鶴に駕する太子晉

王子喬

王子《わうし》喬《けう》は周の靈王の太子、晉《しん》といふ人である、好んで笙《しやう》を吹き鳳《ほう》の鳴く聲を出すのであつた。伊水、洛水の邊に遊行してゐたが、仙人浮丘公《ふきうこう》に遇ひ、之に從つて嵩高山《すうかうざん》に登り其のまゝ留つて修道の人となり、王位の望みを捨てた。柏良といふ者が辛うじて尋ねて來たのに對し、七月七日に緱山《こうざん》の頂《うへ》に我を待つ樣宮中に傳へよと命じた。果して其の日白鶴に乘つて山頂に降りた。父の靈王は是非とも王子を取戾さうと數多の臣僚を率ゐて待ちかまへたのであつたが、王子の姿は遠くより望まれるだけで、どうしても近づけない。王子は下《した》を見おろし、手を擧げて父王及群臣に別れを告げつゝ、遙か天上に飛び走つた。

註（一）王子喬の祠は緱氏山に在り、子晉祠、昇仙太子廟と稱せられたが、今は仙君廟と稱す、河南省偃師縣の南。

（二）此の仙君廟には則天武后即ち大周の天冊金輪聖神皇帝の御製御書の巨大な

る昇仙太子碑がある

（三）柏良は一書に桓良とある

江陰北有子英廟。子英即野人也。善入水捕魚。得一赤鯉。將著家。池中養之。後長徑一丈。有角翅謂子英曰。我迎汝身。汝上我背。遂昇於天。爲神仙。晋時人。（述川異記）

東南有桃都山。上有大樹名曰桃都。枝相去三千里。上有天鷄。日初出照此木。天鷄則鳴。天下鷄皆隨之鳴（同）

鬼谷先生の鑒別

秦始皇不死の仙草を求めしむ

徐福

秦の始皇の時、或る處に多く枉死《わうし》者《しや》があつた。鴉《からす》のやうな鳥《とり》が草を啣《くは》へて來て、死人の面《かほ》に覆《かぶ》せると、たちまち起きて活《い》き返《かへ》つたといふことであつた。當時、天子は仙術を求むるに熱中して居られたので、此の噂を聞いた官吏から、其旨《そのむね》を奏上した。始皇は其の草を取り寄せ、特使を派《は》して鬼谷《きこく》先生の許《もと》に訊《たづ》ねに遣《つか》はしたところ、先生は一見して。

『此れは東海の中に在る祖洲《そしう》といふ島に生える不死の靈草《れいさう》である、一名を養神芝《やうしんし》ともいふ、草の形は菰《こも》の苗《なへ》の如くして長さ三四尺、叢生《さうせい》してゐるものだ、其の一株《かぶ》で以て千人を活かすことができる。』と答へた。

始皇帝は之を聞いて、果して左樣の靈妙な仙草が有るものならば採集《さいしふ》に遣はさうと之が探檢に堪ふべき方術の士を求めさせた。山東の産《うまれ》で徐福といふ者が其選に當り大命を奉ずることになつた。

徐福の航海

童男童女各五百人

註(一)徐福は徐芾徐市とも傳へられる、福《ふく》と芾《ふつ》、市《ふつ》、音が近い。
(二) 山東省卽墨縣、今の青島沖《せいたうおき》に徐福島あり、徐福が東航の前暫く此に住したといふ。
(三) 東海中に蓬萊、方丈、瀛洲の三神山あり、仙人此に住み、不死の草生ずといふ。東海の三神山、世界のはし〴〵の項參照。
(四) 我が紀伊國に徐福の墓といふのがある。

徐福は遠洋航海に堪ふべき數艘の大艦を艤装《ぎさう》して山東の一角より出發することになつた。其の一行《かう》には沿海の諸縣より選拔した倔强《くつきやう》の船員を乘組ませた外に、十五歳以下の容儀正しい童男童女各五百人を乘せた。

祖洲《そしう》といふは、大陸から七萬里を隔てた洋中《おきなか》に在つて、五百方里ほどある島だと信ぜられてゐた。

いよ〳〵、徐福の船は、不老不死の仙草を採るといふめでたい望を載せて、渺茫たる東海に向つて帆《ほ》を揚《あ》げた、順風は吹き續く、間《ま》もなく煙波の間に影はかくれて了《しま》つた。

さて沿岸の官吏は、徐福が歸國の吉報をいちはやく都に報告して皇帝の感賞に與《あづ》からうと、望樓《ぼうろう》を建《た》てるやら、狼煙《のろし》の設備をするやら、種々の手配りをして、日に〳〵東の空

皇帝の望むものは唯た一つ

刻々に迫る防く可らさる敵

始皇待ち詫びて死す

を待ち眺めるのであつた。忽ちに月日が經つて其の歳も暮れたが、其れらしい帆影《ほかげ》は見えない、また其の翌歳も空しく經《た》つて了《しま》つた。

始皇帝は、さしも數百年間亂れに亂れた天下を一統し、德は三皇に過ぎ、功は五帝にも過ぎ、六國の富を併せて此世《よ》は我が世《よ》、何一つ不自由は無い樣なもの丶、まゝにならぬは日に〱迫つて來る老《おい》といふ敵《あだ》であつた。鬢《びん》にも鬚にも何時とはなしに白いものが殖えて來て、眼も耳も、齒さへ筋さへ、體力の總《すべ》てが衰へを覺えて、如何に人智を盡して準備された快樂が眼前に捧げられても、其れを十分に受けて味はふこと、樂しむことが能きなくなつて來るのであつた。四海の富も、王者《わうじや》の威力もかうなつては果敢《はか》ないものである。欲《ほ》しいものは今は唯だ彼の仙草ばかりであつた。

何れの海邊《うみべ》にか、仙島から還りの船が漂着《へうちやく》したといふ報知は無いかと待ち焦れるのであつたが、何處からも何のたよりも無い。もどかしさの餘り、善美を盡した咸陽の宮にも落付かず、江南、東海、北海の岸《きし》と、年々萬里の涯《はて》をさまよひあるくうち、とう〱始皇の天壽は盡きて、巡幸の途上遂にあへなく崩御となつて、徐福の船は長《とこ》しなへに還らなかつた。

鶴に化して歸郷

丁令威

丁令威《ていれいゐ》は遼東《れうとう》の人、道を靈虛山に學んで、後《のち》、鶴に化して天下を遊行《ゆぎやう》し、或る日故鄕の遼に往つて城門の華表柱《くわへうちう》の上に棲《とま》つてゐると、一少年が之を見て矢を番《つが》うて射ようとした。鶴は飛びあがつて空高く舞ひながら、斯う言つた。

『鳥あり、鳥あり、丁令威。
家を去つて、千年、今始めて歸る。
城郭は故《もと》の如く、人民は非《しか》らず。
何ぞ、仙を學ばざる、塚《つか》、累々《るゐ〳〵》。』

安期生

安期《あんき》生《せい》は瑯琊《らうや》阜鄕《ふきやう》の人で、海岸地方に藥を賣り歩いてゐたが、昔から、さうしてゐる

安期生と始皇の懇談

餘《よ》ほどの老人だといふので、千歳公《せんざいこう》といふ混名《あだな》がつけられた。秦《しん》の始皇が仙人を探して瑯琊《らうや》地方に巡幸したとき、安期生は召し出され、天子と三日三晩話しつづけた。數萬の金帛を賜はつたが、皆阜郷亭に殘し、尙ほ赤玉《せきぎよく》の舄《くつ》と書一通を留めた。共書には『後、千歳、我を蓬萊山下に求めよ』とあつた。始皇帝は使者を遣はし海上遠く捜索させたが、蓬萊山《ほうらいざん》には到らず、風波に遇うて皆還つた、阜郷亭《ふきやうてい》及海邊《かいへん》數ケ所に祠を立て丶安期生を祀つた。

黄石公

始皇を撃ち損ず

黄石公《くわうせきこう》は堯帝《げうてい》の時に天より隕《お》ちた五星の一つで土星の精だツたといふ。張良が秦の始皇を殺さんと圖り、博浪沙《はくらうさ》で力士をして鐵椎《てつつゐ》を巡幸の鹵簿《ろぼ》に投ぜしめたが、始皇は運好く免れた。始皇は天下に大捜査の網を張つて犯人を索めた、張良は姓名を變じて、下邳《かひ》（江蘇省内）の城下に潛《かく》れてゐた。剛勇智略の士なれども、張良は容貌が優柔好美、婦人のやうであつたため危險な人物と誰れが思はう。悠々として日を送りつ丶、良は密かに天下

圯上の老人履を拾はしむ

一巻能く帝王の師さなす

の形勢をうかがうてゐた。

或日張良は城外の圯橋《いけう》を渡つてゐたが、どうしたのか一人の老人が穿《は》いて居た履《くつ》を橋の下に落し、だしぬけに張良に『あれを取つてくれ』と云つた。張良はむつとしたが、老人のことだからと思ひなほして、履を拾つてやると『足へ穿《は》かせろ』と飽迄傲慢な態度である。跪いて穿かせてやると、老人は足を投げ出し『孺子《じゆし》敎《をし》ふべし、五日の後夜明け方に此處で會はう』と言つた。張良は 此は異人に違ひないと思はれたので、五日後の朝早々往つて見ると、老人はもう來て居た。『老人と約して遲れるとは何事ぢや、更に五日後に來い』と叱かれた。此度の期日には鷄鳴と共に往つて橋上はまだ暗かつたのに、また遲くて叱かれた。更に又五日の後、夜半から往つて見た、老人は居なかつた。やゝ少時してから來て、機嫌よく挨拶をして一卷の書物を出し、『俺は黄石公といふ者ぢや。これを讀めば、帝王の師となれる。十三年目に濟北穀城山《せいほくこくじやう》で又會はうぞ』と言つて飄然立ち去つた。

後十年にして、張良は漢の高祖の軍師となつて、秦を征伐し、山東地方に轉戰し十三年目穀城山（今山東省東阿縣內）へ往つて見ると、果して一塊の黄色の石を發見した。高祖はつひ

呂后、の張良を誤る

に四海を一統して張良を留侯《りう》に封じた。後、張良は『臣、三寸の舌で帝者の師となり、萬戸に封ぜられ、列侯に列するは名譽の極である。今は世に望む所なし、願はくば人間の事を捨てて、赤松子《せきようし》(仙人の名)に從つて遊ばん』と謂つて、以來一切の穀類を食ふことを止め專ら導引(仙家の呼吸法)の術を行ひ、長生の術を修めて居たが、高祖の皇后、呂后が深く良の功を德とし、無理に馳走を薦《すゝ》めたので、已むを得ず之を食つた、後八年にして病なくして死んだ。其墓の上には常に黄氣が數十丈立ち騰《のぼ》つてゐた。赤眉《せきび》の亂で、賊徒が帝王公侯の墓を荒らしまはつて、留侯のも發掘せられたが、棺の中に劍があるばかりで、屍體は無かつた。

白石先生

白石を常食とす

白石先生《はくせきせんせい》は白石山に棲《すま》つてゐたのでさう呼ばれるのであつた。平生《へいぜい》、白い石を煮て常食としてゐたが、偶《たま》には肉も食ひ酒も飲む、穀物もたべぬことはない。日に三四百里を歩行《ある》くのは平氣だつた。

彭祖より二千年の兒

天界の煩を怕る

極めて壯健で何年經つても四十位にしか見えなかつたが、彭祖《はうそ》の頃に已に二千歲餘の齡《とし》であつた。好《よ》く神を拜しまた仙經《せんけい》を讀んでゐた。或時彭祖が『なぜ昇天《しようてん》の藥を服《の》まぬか』と問うた時、『なにも、天上が人間界よりも樂しいときまつたわけでもないから、俺《わし》は依然此世界に居ることにして、たゞ老死《らうし》せぬだけの法を行うて居るのぢや。一體、天上界には尊い方が多くて、吾々共其《それ》に奉仕をするのは、人間界に居るよりめんだうなものぢや』と言つた。

昇天して仙官になることに汲々たる者はつまり天上の聞達《ぶんたつ》を求めるものだ、人間界の功利《こうり》を脫《のが》れる人を隱遁するといふが、白石先生の如きは仙人界の隱遁者なのである。

黄初平

牧羊兒、道士に伴ひ去らる

黄初平《くわうしよへい》は牧羊《ひつじかひ》をしてゐた。十五の時であつた。或る道士が通り掛つて、良《よ》いたちの兒だと見《み》、仙道《せんだう》を敎へると、伴《つ》れて往つて了つた。兒の初起《しよき》は、いろ〳〵其の行方を搜したけれど見つからなかつた。

金華山上、兄弟の邂逅

白石を叱すれば白羊の群と化す

四十年も過ぎてから、或る日城内に行き一道士に遭つた、心當りはないかと、弟が失踪當時の顚末を話したところ、其は金華山に居る牧羊者《ひつじかひ》だらうと言つたので、道士に伴ひ其の山に登つて、幸に弟を尋ねあてた。故郷の事を話したり別後の事を訊《き》いたり、悲喜こも〲語り合つた末、兄は弟に、

『お前は牧羊《ひつじかひ》をして居るといふが、羊は何處に居るのか』と尋ねた。

『山の東べたに居る』

兄は一人　山東《やまひがし》に往つて見たけれども、たゞ白い石ころばかりで、羊は一向見えない還つて弟に。

『羊は居ない』

『居るとも、だが兄さんには見えないんだ』

弟は案内に立つて、曩《さき》の白石原《しろいしばら》に往つた。初平は聲高《こわだか》に叱した。

『起て！　羊！

すると不思議！　累々たるそこらの白石《はくせき》が、むく〳〵と動き出して、やがて起《た》き上つた見ゆる限り白羊《はくやう》の群となつた。何萬頭と數知れぬ夥《おびたゞ》しさ、原《はら》一面が蠢《うごめ》くのである。

兄の初起《しよき》も發心《ほつしん》した。其のまゝ留つて弟の初平《しよへい》に仙道を學び、共に松脂《しようし》や茯苓《ふくりう》など服用して五百年も經つた、不老不死、童子のやうな顏をしてゐた。坐《すわ》つて居れば形が在るが、立てば見えなくなり、日中行《ある》いても影《かげ》が射《さ》さぬ、其後兄弟打連れて鄕里を見にいつた。親族は死に果てゝゆかりの者も判らなかつた。二人は復た共に山に還つた。兄は名を魯班《ろはん》、弟は赤松子《せきしようし》と改めた。此の兄弟より藥を敎へられて仙人となる者、數十人。

引ぱりだこの酒作り

酒客

酒客《しかく》は梁《りやう》の城内の酒家に傭《やと》はれてゐた。此の男が作つた酒は風味が格別なので評判を取り、日々莫大の利益を擧げてゐた。一旦何か過失があつて、主人から逐ひ出されたが、此から酒がいつも酸敗して、其家はとう〳〵潰れた。

外の酒家から、此の男は引ぱりだこにされ、娘の聟に迎へられ、去つたり來たり彼方《あつち》此方《こつち》に酒を作つてあるいた。

百年ばかり後には梁の奉行《ぶぎやう》になつてゐた。頻りに羊萊《やうらい》を作る事を人民に勸め『三年後に大饑饉が來る』と戒しめてゐた。果して大饑饉が來たが。梁の民《たみ》は準備があつたので、餓死を免れた。五年ほどで官を辭して何方《どこ》へかそれぎり姿をかくした。

鹿皮公

山上へ昇降器

鹿皮公《ろくひこう》は山東淄川《しせん》の人。府廳の小吏《こやくにん》で、機械の製作にすぐれた腕をもつてゐた。岑山《しんざん》の絶頂に神泉《しんせん》が湧くのだが、容易に登る事が出來なかつた。此の小吏は長官に申出で、工事を始めた。轆轤《ろくろ》や懸閣、梯道、種々の奇構を設けて、誰も樂々《らく〳〵》と登降の出來る設備を完成して、頂上には神祠を建てた。自分は此後山の上に留つて、芝草《しさう》を採り神泉を飲んで、七十年ばかりも過ぎた。

淄水の氾濫《はんらん》が豫想されたので、家族親類六十餘人を皆山腹まで上らせておいた。果して洪水が來た、淄川城は全く洪水に沒して無數の人畜が溺死した。水が退《ひ》いて親族等は下山し、自分は鹿の毛衣《けごろも》を着て、何處ともなく立ち出てた。其後も、をり〳〵彼の閤中に居たり、城内に藥を賣つてあるいたりするを見かけた者がある。

山圖

山圖《さんと》は少年の時乘馬が好きであつたが、馬から落ちて脚を折《くじ》いた。山中の一道人がくれた藥を服《の》んで、一年許もかゝつて傷は癒《なほ》つた。其の藥を服《の》んでから、一切飮食が嫌《きら》ひになつた、其れで健康は佳《よ》く身が輕る〴〵となつて來た。道人を探して『どういふわけなんでせう』と尋ねると、道人は『俺《わし》は五嶽の神の使者《しゝや》で、處々《しよ〳〵》名山を經《へ》めぐつて藥を採る者ぢや、俺《わし》に隨《つ》いて來たらお前さんは死《し》ななくなるぞよ。』といつた。山圖は此の道人に隨從すること數十年に及んだ。一旦母の喪《も》に歸つて來て、一年ばかり經《た》つて、又、山に登つて往つた。

騎龍生

渾亭《こんてい》といふ處の或る小池の中に龍の子を十頭ばかり集めてゐる男があつた。池の側《はた》に

龍の仔を養ふ

廬を結んでたんねんに飼養をして、二十歳頃からおほよそ五十年ばかりもさうやつてゐた。はじめ守宮《やもり》ほどであつたのが段々成長しては一つ二つつゞ何處かへ往つて了《しま》ふ、皆居なくなると俄かに大水が出て廬《いへ》も男も跡形もなくなつた。

それから又何年か經つた、龍に騎つて此の男がやつて來た、『さあ誰でも彼でも此處から五百里以外に去《い》かぬと皆死んでしまふぞ』と言つた。信ずる者は立退いたが疑うてばかにする者もあつた。其の秋洪水が來て一萬人ばかり溺死した。

陰生

糞汁の奇蹟

長安の都の渭《ゐ》橋《けう》の橋《はし》の下に陰生《いんせい》といふ乞食がゐた。市中に物貰ひにあるいてゐるとき町の者が糞汁をあびせた、陰生《いんせい》は何氣ない様な風で、そこを立去り、外の街で歩いてゐたが、もう其時は衣類も何も汚《けが》れてゐなかつた。奇怪な奴だと奉行《ぶぎやう》が捕縛して牢屋にぶち込んだ。どうしたのか、すぐまた市中に貰つて歩いてゐた。いよ〳〵妖術使ひだと又引捕へて械《かせ》をはめて殺さうとしたけれども、いつか脱《ぬ》け去《さ》つて了つた、彼の糞汁を注《か》けた者の家《うち》はひとりでに崩潰して十餘人壓死した。

費長房と壺公

怪しい賣藥翁の寢室

壺の中に飛び込む

長房と壺公の接近

汝水《ちよすゐ》の流に近い今の汝南縣廳のある所は、古しへ縣壺城《けんこじやう》と稱した、おもしろい名である、或は懸瓠《けんこ》と瓠《こ》の字も書く、城の形勢が瓠《ふくべ》を懸《か》けた樣であるから、さういふ名が生じたのだといふ地名解釋說もあるが、實は仙人費長房《ひちやうばう》の故事から起つたのだといふ。

漢の時代の事だ。費長房《ひちやうばう》は此の城内の小吏で城樓の監視をしてゐた。其頃市内に何處から來たか分らぬ賣藥翁があつた、一個《ひとつ》の壺《つぼ》を店頭《みせさき》に懸《か》けておくので人は此の翁を壺公《ここう》と呼んでゐた。壺公の藥は病症に適中してよく利いた、價は廉いが買手が多いので每日巨額の賣上《うりあげ》になつた。其幾分を留めて餘《よ》は皆貧窮な者に施して了《しま》ふのであつた。何處も店商ひは夕方限りの慣ひである、賣藥翁も日が暮れると店を罷《や》める。さうしてヒラリと彼の壺の口に飛び込んでしまふ。誰も其と知る者は無かつた。獨り費長房が城樓の上から見てゐて、『此れは常人《たゞびと》では無い』と思つた。

此より費長房は閑々《ひま〳〵》に壺公の店のまはりを掃除したり、時々食物《たべもの》を贈つたり、萬事氣を注《つ》けてあげる様にして、崇敬の念を表してゐた。だん〳〵心安くなつた。或る日、長房に『今夜、暗くなつてからそつと來る樣に』と言つたので、長房は大きに喜んで、人影の無いのを見定めて訪ねて行つた。翁は『俺《わし》のする樣《やう》に……』さう言つて、壺の中に飛び込んだ。長房も續《つゞ》いた。

壺中の金殿樓閣

壺の中には、廣々と打展《うちひら》けたる世界があるのであつた。重門《ちやうもん》があり、其奥深く樓閣が聳えてゐる。中央の宮殿を圍んで、異草珍木奇石怪巖を配置した一大庭園である。長房は正殿に請《しやう》ぜられた。壺公は此地《こゝ》の主翁《あるじ》と見えて、坐席の左右に數十人の侍者がつつましく立つて命を待つてゐる。長房がひどく恐縮して立ちすくんでゐると、壺公は近く席《せき》を進めさせて、心安う語りかける。

『俺《わし》は仙人ぢや、天上の仙官であつたが、職務の過ちで暫く人間界に流謫《りうたく》せられたのぢや、お前は教ふるに足る性《うまれ》ぢや、それで俺に近くことが出來たのぢや。』

長房はまことに有難く心得て、地に頭《かしら》を叩《たゝ》いて拜伏し、

『私は無知《むち》の俗人で御座いますが、どうか御愛憐を蒙りまして御教《おをしへ》に與《あづか》ることが出來ますれば、何よりの仕合せで御座います。』

城楼上の別宴
仙人流謫の期滿つ
身替りに青竹一本の縊首

『よし〳〵、決して他言は無用ぢやぞ。』

其の内に善美を盡した酒肴が出た、二人は快く談じて其夜を更した。

其後暫く日を經て、壷公は城楼に上つて來た。

『流謫《りうたく》の期が滿つたわい。俺《わし》は仙界《せんかい》に歸るのぢや。別れに一杯酌《く》まうと思つて、楼下《した》まで酒を少し持つて來た。』

長房は部下に命じて其酒を楼上に揚《あ》げさせようとしたが、なか〳〵重くて擧げられない。十人掛りでも尙ほむづかしいので、壷公に其趣をいふと、笑ひながら下《お》りて往つて一本の指で輕々引つ提げて上《あが》つて來た。僅か一升入りほどの酒器であつた、さしつおさへつ二人が一日飲みづゞけたが、一向酒は竭《つ》きなかつた。

『さて、いよ〳〵俺が立つとなると、隨《つ》いて來《こ》れるかな。』

壷公は斯う確《たしか》めるのであつた。長房は求道の念は深い、壷公に隨行したいのは山々なれど、家族がむづかしく言ふだらう、其れが心配であるといつた。『其れは何でも無い』と壷公《ここう》は青竹を一本、長房の身長《たけ》に合せて切つた。

『此青竹を、人の目につかぬ樣、家《うち》に歸つて何處かに吊《つる》して來たらいゝのだ。』

さう、敎へられた如くに計らつて、長房は家から引返して來た。家《うち》では青竹は宛然《そつくり》長房の姿に見えてぶら吊《さが》つてゐた。之を發見した家人は何故に縊死したかと驚きわめいて救《たす》けようとしたが、どんな治療も活《い》かすことが出來なかつた。泣く〳〵葬式をすることになつた。其時、長房は家の樣子を見に歸つたが、誰にも我が姿は眼にとまらぬらしい。青竹はまさしく費長房として鄭重に葬られた。長房は今や家族の繫累がなくなつた、心おきなく壺公に隨つて深山の奥に分け入つた。

物凄い仙道の苦行

壺公はさま〴〵に費長房を試練した。或る時は荊蕀の中に留《とゞ》まらせておいた。やがて豹虎の群が取り圍んだが、長房は少しも恐れなかつた。或る時は空室に仰臥せしめて其胸の上に高く朽繩《きうじよう》を以て萬斤の石を吊り下げ、而《しか》も其繩をば數多の蛇が咬み切らうとする、それでも長房は枕を移《うつ》すことをしない。長房が求道の決心堅うして且つ其の師を信ずることの如何に深いかといふことが證明せられたので、壺公は來つて、長房を勞《いた》はり

糞を食ふ試驗で落第

撫《さす》つて『お前は敎《をし》へるに足《た》る』と喜んだ。併し尙ほ一つ確《たし》めようと、此度《こんど》は屎《くそ》に三匹の蛆が蠢《うご》めいて居るのを喫《くら》へと命じて見た。穢《きたな》さと臭《くさ》さと氣味惡さ、二眼《ふため》と顏の向けられるものでは無かつた。さすがに『此は』と心のうちに閃《ひらめ》いた。壺公は嘆息した。

『あゝ九分九厘まで成道《じやうだう》して居たが惜しいことに、此れで心が動いたのう?』

長房も遺憾であるが、今更致方が無い失敗であつた。そこで壺公に暇乞ひをすると、竹杖を一本與へて『此れに騎《の》つて、其の行くまゝに任せて居れば、自然行きつく處に行きつくのぢや。用《よう》が濟んだら其の竹は葛坡(地名)に投げ棄てるが可《よ》い。』尙ほ、一つの符《ふだ》を授け『此符《こりふ》を持つて居れば地上主者《ちじやうしゆしや》として、すべて地上の諸鬼神を使役命令するの權威がある。是より後は使者《ししや》といふ官名を稱して宜しい、諸病を治し災厄を除《はら》ふ權能《のう》も與《あた》へられたのぢや。』

使者の官名を餞別に貰ふ

地上諸鬼神を使役する權限

註 葛坡は今の河南省汝陽道新蔡縣の西北地

費長房は厚く壺公に禮を述べて、名殘惜しくも彼の竹杖に跨つた。忽ち眼がくらむばかりの速度で馳せ出した、茫々幾千里の空中を飛び過ぎたのであらう、とんと停《とま》つた、昔しの我が家《や》の門前に立つて居た。

長房我家へ還る

がや／＼と門内から家人が出て來た、幽靈だ化物《ばけもの》だと畏れて近づかない。『鬼《き》ぢやない、人間だ、乃公《おれ》だ／＼』と、事由を辯明するけれども、現に葬式を濟《すま》したんだから容易に信じてくれない。據なく共々《ともぐ》打連れて長房の墓を發掘した、果して棺の中には唯だ竹杖

竹杖一條の龍と化す

贋太守の正體は老鼈

が一本横はつて居た、やつと皆に安心された。長房が家を出て、壺公に隨つて山に入つたのは僅か十日左右《ばかり》の氣がしたが、家人と談じて見ると旣に已に十數年。

騎《の》つて來た竹杖は、壺公の命を守つて、葛坡といふ處まで棄てに往つた。水を望んで投つけた。顧みると忽ち一條の大きな青龍と化《な》つて、白浪を捲き起して見る間に水底に潛《かく》れて去つた。此れは葛坡君といふ龍神であつたのだ。

爾來、費長房は符《ふ》を以て鬼《き》を逐《お》ひ災厄を除《はら》ひ病氣を治療した、一として効驗顯著ならざるはなく、痛《いた》く世人の尊敬する所となつた。每々《まいく》人と對話しながら、獨語《ひとりごと》の樣に憤怒又は叱責の聲を漏らすことがある、怪んで其譯を尋ねると『今、鬼魅《きみ》の奴等《やつら》が不法の事があつたからだ』と言つた。

其の頃、汝南に變な妖怪があつた。時々太守の官廳に、太守同樣の容貌服裝で從騎を隨《したが》へ堂々と乘り込んで來て、廳の內外を押しまはしてあるく。誰も其眞贋を鑑別することが出來ないのでひどく困つて居た。費長房が或る日登廳した、恰も此の贋《にせ》太守の巡視に出會《でくは》した、天守は長房を視て體がすくんで逃げも得爲《えし》ない、窘窮《きんきう》の極衣冠を解きすてて地上に拜伏し、偏へに活命《くわつめい》を哀求して、長房は叱して『正體を現はせ』と命じた、忽ち一個の老鼈《らうべつ》と化《な》つた、其大きさ車輪の如く頸の長さが一丈にも餘つた。符《ふ》を添へて葛坡君宛《あて》に護送させた、其翌日見ると符札《ふだ》が坡邊に立つてゐて、妖怪は長い頸を其の札《ふだ》に卷きつけて死んで居た。

龍王の姦通

東海の龍王、東海君が葛坡君に會ひに來たことがあつた、滯在中、葛坡君の夫人に私通した、龍王ともあるべき者が不埒の至りだと、費長房が怒つて東海君を捕へて禁獄に繫ぐこと三年に及んだ。東海沿岸地方は行雨《かうゝ》の當局者が不在で、一滴の濕りもなき三年の大旱で非常の災害を來たした。長房はたまゝゝ東海沿岸を巡行し、地方民が雨乞ひをやつてゐるのに氣が注《つ》いて『東海君はおれが禁獄させてあのまゝ忘れて居たのだ。早速今出して雨を降らせてやるぞ』と言つたが、間もなく大雨が降り注いだ。

狸の馬を召し上ぐ

嘗て人と同行して居たとき、裘衣黃巾《きういくわうきん》の一書生が、鞍《くら》の無《な》い馬《うま》に騎《の》つて來た、長房を見てあわたゞしく馬より下りて叩頭拜伏した。長房は彼に對つて『他《ひと》の馬は還せ、貴樣は助けて遣すから』と言つた、連れの人が怎麼《どう》した事かと尋ねたら『あれは狸だ、土地《とち》神《しん》の馬を盜んで來たのだ』と答へた。

縮地の術

來客が見えたのに何も馳走が無かつた、長房は一寸坐《さ》を外《はつ》して瞬刻の間に宛《ゑん》城まで名物の鮓《すし》を買ひに往つて來て、客に供した。蓋し長房は縮地の術があつて千里の先《さき》を眼の前に引寄せて來ることが出來た、放せば伸びて舊の距離になるのであつた。また千里を隔てた數個處で同時に長房を見ることもあつた。

註（一）費長房、壺公の傳說は神仙中最も廣く流布したもので、詩文圖畫あらゆる藝術方面に此の傳說を取扱つたものが多い。

（二）符また符籙といふ。文字の如き記號にして朱又は墨にて書き、鬼神を驅役するに用ふ。其種類甚だ多い。日本のまじなひ札、お守札の如きもの。

（三）費長房は後に符を失つて威力が消滅し衆鬼の爲めに殺されたともいふ。

（四）惡鬼驅除、及治療の符は壺公より出たものだと信ぜられて居る、總稱して壺公符と稱せられ、之に關する澤山の書籍が有る。

楊梅頌　江淹

實跨㆓荔枝㆒　芳軼㆓木蘭㆒　懷㆑蕊挺㆑實
涵㆑黃糅㆑丹　鏡日繡壑　焰霞綺巒
爲㆓我羽翼㆒　委㆓君玉盤㆒

谷春

谷春《こくしゆん》は漢の成帝の時の郎官。不圖した病ひで死んでしまつた。不思議に屍體が冷《つめ》たくならないものだから、棺に入れたが釘は打ちつけずに家の內において、家族は定例の喪《も》に服してゐた。

三年目に、城門の上に谷春が衣冠を正して坐つてゐるといふので、城內の大騷ぎとなつた。ともかく、家人は之を迎へ取らうとしたけれども、谷春は肯《がへ》んじない。棺の蓋《ふた》を開けて檢《しら》べると、衣裳はちやんとしてゐて、屍體は無かつた。谷春は城門に留まること三日にして姿をかくし、こんどは長安城の門の上にとまつた。其が聞えて、家族が迎へに行くと、復た見えなくなつて、太白山に往つた。で、山上に祠を立て、祀ることにした。此から時々其の祠に來て宿まることがあつた。

屍體冷えざること三年

劉根

全身尺餘の長毛を生ず

王莽の詔に應ぜず

劉根は(京兆長安の人、字は君安)少年より學力品行共に優れ、登用せられて郎中の官に就いてゐたが、(漢の成帝の綏和年間)仙道に志し、官を辭し世を棄てゝ嵩山《すうざん》に入つた、直下五千尺、峻絕なる巖壁上の石室を修行の室とした。夏冬共裸體で過すうち、身に毛が生えて一二尺の長さとなり顏色はいつも十四五歲ぐらゐに見えた、但し鬚は多かつた。人と對坐中俄かに高冠を戴き黑《くろ》い衣《ころも》を着た姿になることがある。誰れも其のいつ着替《きかへ》をするかは氣が付かなかつた。

王莽の時、頻に使をやつて劉根を迎へたけれども、根は之に應じない。嵩山地方を管轄する郡の太守、衙府君《かうふくん》といふのが度々《たび〳〵》屬官の王珍や趙公を御機嫌伺ひに遣はしたが、たゞ輕く禮をいふ迄で、他《ほか》の事に渉らなかつた。次の太守高府君の着任後疫病《やくびやう》が流行して非常に死者が多く、太守の家中さへ悉く傳染した。因つて再び王珍を使者として疫病驅除の術を求めさせた。劉根は直に何處そこの地を掘つて酒を沃《そゝ》げといふことを教へた、其通りにすると直ちに流行が止んで病人も悉く全快した。

其後の太守張府君は、劉根を以て妖術を弄し民を惑はすものなりとし、召寄せて之を殺戮しようと企てた。全府の官吏等は速に他國に避ける様勸めたけれども、劉根は平氣で太守の召に應じて廳《やくしよ》に出頭した。此時府廳には多くの賓客が列坐し、刀、棒、捕繩などを用意した五十餘人の者共が嚴重に待ちかけたが、根は恐れ氣《げ》もなく太守に對坐した。張府君は聲を厲まして。

『劉根、汝《そち》は何の道術がある。』

『はい〳〵。』

『鬼《き》を召《よ》ぶことが出來るか。』

註 鬼《き》は其意義廣く、死人、靈魂、山川草木金石の精、地獄の役人、其他超人間的能力ある各種の者を指し、西洋の惡魔、日本のばけもの、もの〻けに似たり。

『出來まする。』

『では、鬼《き》を此廳前《このちやうぜん》に召び出して見い、能《で》きなかつたら、汝を殺すぞ。』

『え〻最易《いとやす》いことで……筆硯を拜借致しまする。』

鬼を召ふ命令書

拉し來つた太守の亡父母

劉根は落付いて、鬼《き》を召《よ》ぶ文書《ぶんしよ》を作つた。間もなくガチヤ〳〵と金物《かなもの》の音がして、何か嘯くやうな聲が聞えた、其聲が非常に清亮で聞く者の身にしみわたる、皆震《ふる》へあがつて肅然と容を正くするのであつた。

さうするうちに、廳《ちやう》の南側の壁《かべ》が五六尺さつと劈開《ひら》いた、甲冑《かつちう》に身を固めた兵士が五六百簇《むら》々と現れて來た、赤服の兵士が五六十人拔劍《ぬきみ》を携《たづさ》へ、一輛の車を擁して牽《ひ》き出《い》でる、其等が出てしまふと、開いた壁がピタリ元の樣に口が塞がつた。

劉根は語氣嚴肅に命令を下《く》だすと、赤衣《せきい》の兵士が敏捷に車上の被覆《おほひ》をはねのけた。老《ち》翁《ち》と老婆《ばゝ》が二人、大きな繩《つな》で背手《うしろ》に縛りあげられてゐるのだつた。兵士等は其の翁婆を引きずりおろし、廳前に持つて來て其處の柱に吊りさげた。

太守がぢつと其の翁婆《ぢいばゝ》の顏を見ると、此《こ》はいかに、自分の亡《ばう》父母であるのである。正しくさうだ、何とした事かと驚きあわてる太守に對して、翁婆は涙まじりの怒り聲。

『我れ存命の時、汝《そち》はまだ官も低く、碌々孝養も致さず、然るに今妄りに神仙尊官に無禮を働いて、其がため、死後に斯樣の恥辱と苦痛を與へる、情ない、不孝者奴が、何の面目があつて、人の上に立たれるのぢや。や。』

車と共に壁中に消ゆ

と責め立てた。太守の坐からすべり落ちて、彼は劉根の坐前に頭を叩きつけて、

『どうぞ父母《ちゝはゝ》は御赦し下さい、どの様な御罰をも私が受けまする。』

劉根は兵士等に對し『宜しい、引取れ』と命じた。翁婆は車に載せられた、車は元の壁に向つて牽かれる、壁に口が開く、車がはいる、兵士等もぞろ／＼と皆隱れ去る、やがて壁が閉ぢられて故《もと》の如くなつた。

そして劉根の姿も、もう其處等に見えなかつた。

其後太守も夫人も發狂した、一月のうちに子供等も殘らず、一家死に絶えて了つた。

韓衆

仙道修行の經過

府の屬官、王珍は屢々使ひに往つて劉根にうけが好かつた。太守の死後、王珍は劉根に其の仙道を學得した經歷を伺つて見た。根は包まず其顚末を話した。かうである。

根《こん》は仙道を得たいと思つて、深山に入つて、靜坐精思を試みてゐた。後に華陽山に往《い》つた。一人白鹿に車を牽かせ、後《うしろ》に十餘人の從者、左右に四人の玉女《ひじん》、皆十五六歳の美

貌を隨かへてやつて來るのに出會つた。是れは仙人にちがひないと思つて、根《こん》は拜禮を爲して敎へを乞うた。すると其の神人は、

『汝は韓衆といふ名を聞いたことがあるか。うゝ、あるか、其の韓衆であるぞ。』

根は意《はか》らず、此の大仙に逢うたのを驚喜して、

『何といふ私は仕合せ者で御座りませう、大神《たいじん》にお目通《めどほり》が叶ひまして……私は道に志して多年苦心を重ねましても、不幸にして良師に遇はず、空しく年月を過しました、いろいろ方書《はうしよ》を研究して實驗も致しましたが、どうも成績が得られませぬ、私の天命と機根が應じないからであらうかと悲觀致して居りました。今日幸に大神《たいじん》にお遇ひ申上ましたのは日頃の願が届いたので御座ります。どうか憐れと思召して要訣をお示し下されませ。』

劉根は此の機會を逸すまいと、一所懸命哀願流涕するのであつた。神人も之に動かされた。

『坐《すわ》れ！　汝《そち》に告《つ》げる。汝《そち》には仙骨があるのぢや、それで乃公《おれ》に遇ふことも出來たのぢや、併しまだ骨髓も氣血も筋肉も成《な》つて居ない、むやみに藥《くすり》を用ゐたとて力《ちから》が得られる

仙道にいろいろの差別あり

學仙の要は服藥に在り

先づ三尸を去れ

ものでない。長生を欲するならば先づ病を治《なほ》すことに努めよ、而して十三年經つたらば仙藥を服してよろしい。そもそも仙道には數個の差別がある。天に昇り雲を蹋《ふ》む者、五岳に遊行《ゆぎやう》する者、單に不死となる者、尸解《しかい》して仙と爲る者と、かうある。凡て仙道を修《しゆ》する者は、要《えう》は服藥に在る。藥には上下あり、仙にも品級がある。房中の事、び行氣、導引の事、並びに神藥の事を知らざれば仙となる能はざるものである。藥の上《じやう》なる者は九轉還丹、太乙金液、此を服すれば皆立ちどころに天に登ることが出來る。强《あなが》ち修行に歳月を積むに及ばぬのぢや。其次の藥は雲母、雄黄の屬《たぐひ》、たゞちに雲に乘り龍に駕することは出來ぬが、鬼神を使役し、又は變形變化を爲すことが出來て長生する、其次には草木の諸藥ぢや、能く百病を治し虛弱を補ひ老衰を防ぎ、穀を斷ちて氣を益し、不死の身となることが出來るのぢや。先づ長生を欲するならば三尸《さんし》を去ることぢや、三尸が去れば志意が定つて嗜欲が除かれる。さあ此の神方五篇を授けるぞ。此をよく讀むがよい。伏尸《ふくし》は常に月の始と中、終りの三たび天に上つて人の罪を申告《しんこく》するのぢや。天上の司命官は之を聽いて其人の壽命を縮めるものぢや、元來、人身には神《しん》があつて人の生《せい》を欲するものであるに、尸《し》は人身に在りながら其人の死を欲するのぢや、人が死すれば神は無形《むけい》の中《うち》に散じて鬼《き》となる、之を祭祀すれば其鬼は來つて其の饗《そなへもの》をうけるものぢや。夢に惡人と闘ふことがある、此れは身中の神《しん》と尸《し》とが戰ふのぢや。」と教へた。

さて劉根は此時授けられた神方に依つて藥を煉り、之を服して遂に仙と爲ることが出來た。

王珍は時々、根が符を書いて何かを呼出すことのあるのを見た、人が來て此の符を持つて行く樣におもはれた、又た誰かを訊問したり、答辯する樣であつたり、鞭《むちう》つ聲が聞えたりすることもあつたが、形はつひぞ、見たことが無かつた。地上に血のこぼれてゐたことは往々あつたが、共れもどうしたわけか判らなかつた。根《こん》は、後、王珍にいろいろ仙術を授けてやつた。そして自分は鷄頭山に入つてしまつた。

琴高

琴高《きんかう》は能く琴を鼓し、嘗《かつ》て宋の康王の侍從となつた。冀州涿郡地方に出沒すること二百餘年に及び、依然として壯容を保つてゐた。

或る時『涿水《たくすゐ》の流れに龍の子を捕へに行く、何日《いつく》歸つて來るぞ。』と弟子たちに言ひのこした。弟子達は齋戒身を潔《きよ》うし、河側《かはばた》に祠を設けて其の日を待つてゐた。噂を聞き傳へて仙人の不思議を見ようと、何萬の人民も集つて來た。約束どほり琴高は水の中から浮きあがつた。大きな緋鯉の背に乘つたまゝ祠の中に坐つて衆人の禮拜を受けた。おほよそ一月ばかりにして、再び水に入り去り、もう此度は還らなかつた。

負局先生

負局先生《ふきよくせんせい》は鏡磨師《かゞみとぎ》の混名《あだな》がたつた。いつも磨鏡局《ときだうぐ》を負《お》うて吳《と》（今の蘇州）の城内や田舍をふれ歩く。磨き賃はたつた一文だ、それできつと病人は無いかと訊ね、若し有れば、紫色の丸藥を出してやる。それが善く利く。前後數十年間何萬人と治《なほ》してやつたに、一錢も藥禮は受けぬのであつた。

後、吳山の斷崖の上に往つて、藥入れを崖《がけ》につるしておいて人に施した。其の山を又去るに臨んで『おれは蓬萊山に還るんだ、世間の人助けに神水《しんすゐ》を流してやらう』と言つておいた。崖下の流れがいつとなく白色に變つた。それを掬《すく》んで飲めば、よく病氣が治るので、川筋《かはすぢ》の村に幾個も祠を立てゝ此の先生を祀ることになつた。

鷄に皆名がある

祝鷄翁

洛陽の尸鄕北山《しきやうほくさん》の麓に百年このかた千頭以上の鷄を飼つてゐる老人があつた。人から祝鷄翁と呼はれてゐた。其の數多い鷄に一々名や字《あざな》が命《つ》いてゐて、其を呼べば間違なく走つて來るのであつた。鷄や卵を賣つて巨萬の富が積《つも》つた。其の錢をそつくり殘して、翁は遠い南方の吳の國に往つて、此度は池をしつらへて魚を飼ひはじめた。

其後翁は吳山に昇つて棲《す》んだが、其のまはりには何處から來るか、無數の白鶴孔雀其他の禽鳥が集つて來て、樂しげに遊び戯れる。

李八百（蜀の人）

唐公昉の家に苦力奉公

李八百の本名は判らない、幾代も前から世に居るので、齢《とし》を推しはかり、少くとも八百歳になるだらうといふので、李八百といふ渾名《あだな》が通《とほ》つてしまつたのである。長く山林に隱れてゐることもあり、突然市中に現はれることもある。

漢中《かんちう》の唐公昉《たうこうはう》といふ人が仙道に志《こゝろざ》しはありながら良師を得ずに居《ゐ》るのを知つて、李八百は之に教授してやらうと思つた。先づ試《ため》して見ようと考へて、唐氏の家に苦力《くーりー》となつて住み込んだ。まめ〳〵しく働くので、主人の眼にとまつて、深く可愛がられるやうになつた。

全身濃血流る

そこで、李八百は假病《けびやう》をつかつて今にも死にさうに苦んだ。唐公昉は大に驚いて、すぐに遠方の良醫を迎へるやら名藥を購ふやら、たちまち數十萬錢を費したが、費用のことなど氣にも掛けず、只管《ひたすら》憂慮して、どうかして助けてやりたいものだと、尙ほいろいろ手に手を盡すのであるけれど、治《なほ》るどころか、李八百は更に惡瘡が吹出して、全身膿《うみ》

主人に膿を甜めて呉れ

血《ち》が流れ臭氣近く可らずといふ有樣になつてしまつた。

　唐公昉は如何にもそれが可哀さうでたまらない、『どんな事をしても、お前の體を治《なほ》してやりたいものだ』としみ〴〵李八百を慰めるのであつた。すると李は『わしの瘡《かさ》は人が舐《な》めてくれたら治るだが……』と言つた。で、唐公昉は三人の婢《こしもと》に命じて丁寧に李の體《からだ》を舐《な》めさせてやつた。李がまた『婢《こしもと》が舐《な》めたんぢや駄目だ、旦那《だんな》が舐めてくれると治るだが』と言ふ。何處までも親切な主人は、遲疑《ちぎ》せず、直ぐに瘡《かさ》を舐《な》めてやつた。『いや、まだ駄目だ、治らねエ、奧樣が舐《な》めてくれたら、ほんとに治るべエ』と李はねだるのであつた。

酒の風呂に浴みる

　唐夫人《とうふじん》も快く承知して李八百の膿《うみ》の流れる瘡を舐めてやつた。李は『あゝ、こんどは治《なほ》る、三十斛ばかり美酒《いゝさけ》が要《い》る、酒で浴《ゆあ》みをすればきつと治る』と言つた。大きな器に酒を湛《たゝ》へてやつた。李八百は起き上つて全身酒の中に浸《つか》つた。瘡は洗ふに隨つて脫《と》れ、眞白な美しい肌になつて、瘡の痕跡《あとかた》も殘らない。そこで唐公昉に對して李八百は。
『吾は仙人である。汝《なんぢ》、仙道に志ありと聞き聊か相試《あいこゝろ》みたのである。心底の程見屆けた、まことに道を敎へるに足る者、今こそ傳授を致さう。』

一家族の若返り

唐公昉夫婦と、前の瘡を舐めた三婢と、皆其の酒に浴《ゆあ》みさせた。五人共忽ち顔色が若く美しくなつた。唐公昉は此時授けられた丹經《たんけい》に依り、雲臺山中で仙藥を調合し、其を服んで仙人と爲つた。

劉　憑　（江蘇、沛の人）

盜賊の矢皆己に返る

劉憑《りうへう》は三百餘歳になつて尚ほ容貌が若かつた、仙道を稷邱子《しよくきうし》に學び尤も禁氣《きんき》（まじなひ）の術に長じてゐた。嘗て長安の都に赴かうとしてゐると聞いて、諸商人が數多訪問して來て同行を願つた、當時盜賊が出沒し 交通が頗る不安であつた、劉憑に異術がある、之に同伴すれば安全だといふわけであつた。

劉憑は商人たちの請ひを容れ、百餘人で出發することになつた、一行の貨物は何萬金の價に上つてゐた。果して途中の山路に於て盜賊に襲はれた、數百人が弓を張り刄を露はして四方より一行を取圍んで脅迫した。かねて期《ご》したる劉憑は少しも驚かず賊に向つて『不埒者共、命知らず奴《め》、縛り首になつて鳥や鳶の餌食《えじき》になりたいのぢやな、うぬ等の弓箭が何の役に立つものか』と罵つた。不思議や、賊等が放つ箭は悉く飛び返つて、自分等の體に突き立つので、彼等は大あわてにあわてるのであつた。

　ところに大風が吹き起つた、大木の幹が吹き折れ、塵が揚り砂が飛ぶ、賊軍は立ちずくんで怎麼《どう》することも出來なくなつた。

賊魁天兵の誅を受く

『推參な蛆蟲奴等《うじむしめら》。やア／＼天兵《てんぺい》、發頭人《ほつとうにん》から刺し殺してしまへ』と激しく下知をすれば、天兵の姿は見えぬが、賊兵殘らず叩きつけられたやうで、地上にへたばり兩手を背にまはして動くことも出來ず、せつせと息ぜはしく今にも壓しつぶされさうな有樣、中にも首領らしい奴三人は鼻から血を噴《ふ》き頭が裂けて死んで了つた。殘りの者のやつと口の利《き》ける奴が『御勘辨下さい、きつと改心致しますから』と斷れ／″＼な言葉で謝罪《あやま》つた。

　一行の内、勢ひに乘じて盜賊を切り殺す者もあつたが、劉淵は之を差止めて『本來悉く殺して了ふのであるが、今後きつと行ひを改めるならば赦してつかはさう』と言つて、天兵《てんぺい》に手を緩めさせた。賊等は、やつと自由を得て散り／＼に逃げ散つた。

　其他、劉淵が屢々異術を現はした事、つひに漢の武帝に聞えて宮城に召出され、其術を試みられることになつた。御殿の下に怪物がゐて、どうかすると、數十人、赤《あか》い衣《ころも》を着て髮を披つた奴どもが、燭を持つて馬を乘り廻はすことがある、取鎭めが出來るかとの詔であつた。『其れは小鬼《せうき》共《ども》の戯れで御座りませう』と言つて御受けをした。其夜、侍臣共が先きの御言葉の如き服裝をして行列を作つて殿下から出て來たところを、劉憑は殿上に待構へてゐて符《ふだ》を擲つた、すると皆地にひれふして各自《めいめい》の携《も》つてゐた燭火《ともしび》で口を燒いて氣絶した。

武帝は大に驚かれ、是は鬼《き》ではない、朕が試《た》めしにやらせたのぢや、許してつかはせとの御意《ぎよい》に依り、法を解《と》いてやつた。

趙瞿（上黨の人、字は子榮）

癩病のため石室中に捨てらる

趙瞿《てうく》は癩病《らいびやう》に罹《かゝ》つてだん〳〵重《おも》るばかりであつた。或る人が家《うち》の者《もの》に教へた。

『氣の毒ながら息《いき》のあるうちに捨てるがよい、若し家で死なれると、子々孫々の末まで此の病氣に罹るものだよ。』

家人は相談のあげく、家《いへ》のためには換へられぬと、遠い山の中に石室《いはむろ》を選び、其入口

三仙客仙丹を贈る

には木砦《もくさい》を作つて虎狼の害を防ぎ、一年の糧を備へ日用の器具を附けて、其處に病人を置くことになつた。

趙瞿《てうく》は一人山中に捨てられて、悲しさやる方なく、身の薄命を嘆き、晝も夜も涙にくれてゐた。百餘日も過ぎた。ある夜、石室《いはむろ》の前に三人の人が立つて瞿《く》に對し、『お前は何ぢや』と尋ねた。此の深山に常人《じやうじん》の來る筈はない、必ず神靈の來臨ならんと、瞿は推しはかりて、吾身の素性、不幸の次第を語り哀憐を求めて叩頭した。

其の人は砦《とりで》の中に入つて來たが、雲か瓦斯《がす》かの様で、ふは〳〵と往つたり來たり、何も礙《さは》るものが無い様である。趙はいよ〳〵尊敬の念を深うした。

『是非癒《なほ》りたいのか、藥が服《の》みあふせられるかの』と其人がいつた。

『いえ〳〵、此の惡疾が助かりますれば、足を斷たれ鼻を割かれても厭ひませぬ、どんな藥でも服みまする、御助け下されませ』

神人《しんじん》は、そこで松子《まつのみ》、松柏脂《しようはくのやに》各五升を賜はり、『此を服《の》めは病氣が治るのみならず長生《ちやうせい》が出來るのぢや、此の半分ほど服《の》めば癒《なほ》る、癒つても服みやめるなよ』と誡《いまし》められた。

果して趙瞿の難病は藥の盡きぬうちに治つて了つて、全く强健な體に復《かへ》つた。喜び勇

郷に歸り家人を驚かす

んで家に歸つた。家人がびつくりして、『此れは鬼《き》だ、幽靈だ』、と恐れさわぐのを制して、具《つぶ》さに事の次第を語つて安心させた。

此後二年ほど續けて彼の藥を服んだ、だん〳〵容子が若くなつて、皮膚の光澤も美《うる》はしく、歩行飛ぶが如く、七十歳を過ぎて齒も丈夫で、雉や兎は骨ながら嚼《か》む、重いものを擔《かつ》いで疲れるといふこともない。百七十歳になつた。夜臥《よるね》てゐたところが屋根裏に何か鏡のやうに光るものが見えた、他《ほか》の者に問うても見えないといふ、一日經《た》つてから一室内がひどく明かるくなつて、夜間灯《ひ》なしに細字がよめる。

鼻上に戯れる二少女

或時彼は自分の面上に人が居るのを見た、長《たけ》三寸ぐらゐの二人の美女である、其の鼻の上で戯れるのを常としてゐたが、追々生長して人並になり、前や側に出て來る樣になつた、斷えず琴瑟《きんしつ》の聲が聞え、欣々然として樂しげな風であつた。

趙瞿は人間に在ること三百餘年、常に童子の如き顏色をしてゐた、後、山に入つて行方が判らなくなつた。

王　興（陽城の人）

王興《いうきよう》は壺谷《ここく》といふ處に居た士民で、全くの無學、文字も知らねば道《みち》を學ぶなどの意《こゝろ》もなかつた。

武帝嵩山の菖蒲を採る

漢の武帝が嵩山の上の大愚の石室に登り道宮を建てゝ神を祀り、東方朔、董仲舒などに潔齋祈《き》請《せい》をこめさせて居たところ、夜半に至つて、忽ち、其長《たけ》二丈餘とおぼしき仙人が出現した、耳が頭《あたま》の巓《いたゞき》から生《は》え出て肩まで垂れ下つてゐる。武帝が禮を施して、『何《いづ》れの神なりや』と問ふと『吾は九嶽(山名)の神なり、此の嵩山の中岳で石上に一寸九節の菖蒲あり、之を服すれば長生すると聞き及べるを以て、採りに來りしなり』と答へたかとおもふと、姿は消えてなくなつた。

武帝君臣の懈怠

武帝は侍臣等に『あゝは申したが、彼は今更道を學び藥を求むる初心の輩ではない、必ず中岳の神であらう、假りに姿を現《げん》して朕に採集服用を教へたのであらう』と、直に其の菖蒲を捜し採らしめ持藥にして服用して見たが、二年ばかり經《た》つうち不快を覺えるので、帝は服用を止めて了《しま》つた　從官などの帝に倣つて服用してゐた者も持久《つゞけ》るものは無かつた。

唯だ王興ばかりは仙人が天子に教へたと傳聞して、深く之を信じ、親ら之を採集して服《の》み續けて居た。いつまでも老いず、幾代《いくだい》も生き長らへ居たが、其中いつか見亡つてしまつた、多分山にでも隱れたのであらう。

焦先（字は孝然、河東の人）

白石を煮て食ふ

焦先《せうせん》は常に白い石を食し、人にも分け與へたが、熟《よ》く煮えた芋のやうであつた。日々山から薪を伐り出して村民に施し、毎日一軒づゝ其戸口に配つておく、年々斷えず同じ様にやつてゐた。若し、人が見て上れと言へば家の内へ上りもし、馳走をすれば喫べもするが、決して談話は爲《し》なかつた。漢が亡び魏の代となつた頃、黄河《くわうか》のほとりに草庵を結び獨り其中に住ひ、薪を賣つて生活《くらし》とし、ますく\行を正し道を修めてゐた。

灰燼中から歩き出す

或る夜野火《のび》が出て草庵に燃え移つたので、村人が駈けつけて見ると、焦先はきちんと庵中に坐して動かず、火が燃え過ぎて後、徐《しづ》かに灰を打ちふるつて立ちあがつた。更に又た庵《いほり》を作つて住つてゐた。一冬大雪が降つて村中の民屋も多くつぶれた、此の草庵も倒れたが焦先が出て來ないから、壓死《あつし》したのでないかと、掘り開けて見たら、雪の下に大汗かいて熟睡して居た。焦先《せうせん》に人が敎へを乞うても知らぬと言つて辭退する、かうして居ること二百歳ばかり、時々は老人になり、時々は若返つたりしてゐた。

東陵聖母（廣陵海陵の人）

頑夫の迫害

東陵聖母《とうりやうせいぼ》は杜氏《とし》の妻である。劉綱《りうかう》に就いて道を學び、形を易《か》へ身を隱す變化自在の術を得た。道を信ぜぬ夫《をつと》には妻のする事がとかく氣に入らなかつた。治療や厄除けを賴まれて、妻が人に應接したり外出したりするのが腹立たしく、「妖術を使ひ、妻たるの務を爲さぬ者」として官に訟《うつた》へた。官は聖母を獄に收《をさ》めた。しばらくして聖母は獄窓から脫《ぬ》

履一雙の遺贈

神使、青い鳥

兄弟二人相容れず

けて飛び去つた、あれ〳〵と獄卒共がいふうち、雲に隠れて了つた。獄内を調べると窓の下にかはゆい履《くつ》が一雙《ひとそろひ》殘つてゐた。此事が評判になつて廟《ほこら》を立て、聖母を祀つた。何か禱ることがあればあらたかな驗《しるし》があつた。廟には常に一羽の青い鳥が棲《とま》つてゐた、失《なく》し物のうかゞひを立てると、其の青鳥が飛んで往つて品物の在り所を敎へるので盗人も盗めなくなるし、拾ひ物も匿くすことが能《で》きなかつた。

劉安

一尺の布《ぬの》も、尙ほ縫ふ可し。
一斗の粟も、尙ほ舂《うすづ》く可し。
兄弟二人、相容れず。

漢の文帝は、民間に此んな歌を謠《うた》ふものがあるのを聞いて、愧ぢ且つ悲しんだ。兄弟仲が善ければ僅かの布《きれ》も乏しい粟《あは》も一緒に使《つか》ふことが出來るのに、天下の富《とみ》を擁《よう》しながら、兄弟樂みを共にし得ないかと、民が謗《そし》るのであつた。

劉安、王に封ぜらる

天下の學者を集めて大著述

仙人八公の出現

文帝は多くの兄弟中唯一人生殘つてゐた淮南王《わゐなんわう》の長《ちやう》といふのを殺したのであつた。勿論長《ちやう》には幾度も〳〵不法の行があり、其の度毎《たびごと》に見のがしてゐたが、遂にどうにも宥《ゆる》し難い大罪を犯したので、懲らしめのため、淮南《わゐなん》の領地を取上げて僻遠の地に謹愼を命じたところ、我儘《わがまゝ》な彼は憤怨《ふんえん》の餘り飲食を斷《た》ちて餓死したのであつた。

溫厚慈仁なる文帝は心にも無い非難を受けるのが信《まこと》につらい、『朕《おれ》が淮南《わゐなん》の土地《とち》を食《むさぼ》つてしたこと〻思ふのか、情ないことだ』と嘆息して、長の遺子《ゐし》四人はそれ〴〵諸侯に封《ほう》じてやつたが、其長男たる安《あん》をまた淮南王《わゐなんわう》と爲《な》した。

劉安《りうあん》は卽ち漢の高祖の孫である。幼より聰明で學問を好み音樂に長じてゐた、父の變死もあることだから、陰德を施し人民を愛撫《あいぶ》し、後世に名譽を貽《のこ》さうと志した。各方面の學者方術の士を優遇したので四方から智能德行の士が幾千人と集つて來た。是等の人の智識を集めて政治、道德、神仙等に關する大著述をした、其の大部分は今尙ほ存し『淮《ゑ》南子《なんし》』と稱せられてゐる。

仙人の八公といふのが、王の門に詣《い》つた。八公の頭髮鬚眉みな白かつた。門吏は八公の樣子を王に申上げた、王は侍從を遣《つか》はして八公に詰問《きつもん》させた。

『我が王は第一に延年長生、不老の道を求められる、第二に博識精通の大儒を、第三勇猛多力の壯士《さうし》を得たいと欲せられるのである。然るに先生は旣に如何にも御老體、卽ち老衰を駐《とゞ》むる術も無いかと見受けられる、隨つて賁育《ほんいく》(古の勇士)の勇《いう》も御坐るまい、三墳《ぷん》五典(古の書名)窮理盡性《きゆうりじんせい》の學識も覺束《おぼつか》なく存ずる……』と言ひかけると。

『老年ぢやから取次けないのぢやな、はツはツ。』

今まで皎首《しらが》のよぼ〳〵爺《ぢい》さんであつた八公は忽然と消えて、十五六歲の水も滴《したゝ》るばかりの美少年と變つた。侍從は仰天して宮中に駈け込んだ。間もなく、王が跣足《はだし》で飛び出して來て此の八童子の脚下に三拜九拜した。其のうち數多の臣僚《けらい》も集つて來て、威儀《ゐぎ》を整へ、八童子を請《しやう》じて宮殿にする、出來るかぎりの優遇を爲し、劉安は自から王者の尊貴を捨て、全く一個の弟子として恭しく敎を乞うた。

八公は王の誠意に感じて其請を容れ、八童子は舊の老人の姿に復《かへ》つた。さうして言つた。

『仙家には樣々の奇術がある、例へば坐《ゐ》ながら風雨雲霧を起《おこ》すこと、地を畫《くわく》して江河《かうか》と爲すこと、土を撮《つま》んで山岳を爲すこと、高山を崩《くづ》し深泉を塞《ふさ》ぐこと、虎豹《こへう》を收束《しうそく》し、蛟《かう》龍《りう》を召致《せうち》し鬼神を使役《しえき》することなどは容易なことぢや。次ぎに分身《ぶんしん》の術がある、吾身《わがみ》を數個の同じ姿に現《あら》はし、容貌《ようばう》も隨意に變更させる、隱形《おんぎやう》の術は先づ已《おの》れ一個の姿を隱し或は坐《すわ》れば見え立てば消える、他人を隱《かく》して或は六軍の大衆《だいしう》をも見えざらしめる。白日《はくじつ》を暝《くら》くすることもでき、空中を飛び水上を走り、波底《はてい》を潛《くゞ》ることも自由にできる。

また火に入つて焚けず、水に入つて濡《ぬ》れず、刀にも矢にも傷《きず》つかず、寒に凍《こゞ》えず、暑に汗《あせ》せず、其他黃金白銀の煉製《れんせい》はもとより、萬物一切隨意に變化させ、雲に乘り龍に駕して天上の仙宮に到ることも出來るのである。不老不死、天地と共に窮《きはま》りなきに到るのが仙家の極意《ごくい》である。其は王の誠意《せいい》と堅《けん》志如何に依つて得られるのである。』

八公仙藥を完成す

王は八公を信仰しきつた、日夕朝拜して誠意を以て事へた。八公は折り〳〵所謂其の異術を試みて王に示した。種々の祕經《ひけい》もおひ〳〵に傳授した、つひに昇天の仙藥も煉成《れんせい》して、服めば何時でも服めるまでに準備した。

劉安に對する大疑獄

然るに玆に意外の事が起つた。王の太子遷《せん》が劍術自慢で郎中の雷被《らいひ》と立合ひ、負けた意恨で雷被を殺さうとし、雷被《らいひ》は王や太子に關する有る事無い事、天子に讒訴《さんそ》し、ひいきびいきの關係が面倒になつて、つひに淮南王《わゐなんわう》・劉安《りうあん》は謀反《むほん》を圖つてゐるといふ大疑獄とまでなつてしまつた。

溫和な文帝は旣に崩ぜられ、淮南王《わゐなんわう》とは從兄弟《いとこ》の景帝が繼がれたが、其代《よ》も過ぎて、今は景帝の子の武帝の御代《みよ》となつて、劉安とは血緣《けつえん》もやゝ薄《うす》くなつて、文帝の時とは萬事の取扱も異《ちが》つて來てゐた。無實の罪にもせよ、種々羅織《しゆくらしよく》されたる證跡も多い、辯解はなか〳〵容易で無ささうで、劉安は深く心を傷《いた》めてゐた。

八公は平氣で、王にかう言つた。

『此れは天意で御座る、天が君を早く召《め》されるので御座る、斯樣な事でも起らなければ一日一日と、君はなか〳〵此の世をお捨てなされまい。』

八公は準備旣に成れる彼の仙藥を共に服して、王を急《せ》き立て、馬を並べて、山上に駈け登り、其處から白日、天に昇り去つた。王と八公とが昇天した巖の上には後まで人馬の足跡が凹《くぼ》んでゐた。

劉安は昇天の後、仙宮に入つたが、尊貴に育《そだ》つて卑下《ひげ》の禮にならはず、時々に橫柄な言葉遣ひなどをするので、不敬罪として指彈《しだん》された、八公が取りなしで追放だけは宥《ゆる》さ

淮南王、仙宮の厠番人を命ぜらる

雲中鷄犬の聲

東方朔の大自慢

れて、三年が間厠勤務《かはやきんむ》を命ぜられ、滿期の後は散仙《さんせん》(無官無職の仙人)として天上に留まることが出來た。

八公が王と共に服用した仙藥の容物《いれもの》は、宮廷に打ち散らして往《い》つたのを、鷄や犬などが舐《な》めまはしてゐたが、其等も空に舞ひ上つて昇天し、暫く雲中に鷄犬の聲が聞えたといふ。

註 劉安・八公の登仙せし山を後世八公山と呼ぶ、安徽省鳳臺縣西北に在り。

東方朔 (字は曼倩、山東平原の人)

東方朔《とうばうさく》は初め天子に上書して、

『臣、朔《さく》は少《わか》うして父母を失ひ、長じて兄嫂《けいさう》に養はれ、十二にして書を學び、三冬にして文史用ゐるに足る、十五にして擊劍《げきけん》を學び、十六にして詩書を學びて二十二萬言を誦《しやう》す、十九にして孫吳の兵法、戰陣の具、鉦鼓の教を學び、亦た二十二萬言を誦す、又、常に子路の言に服す、臣、朔、年二十二、長《たけ》九尺三寸、口は懸珠《けんしゆ》の如く、齒は編《へん》

宮中顧問となる

貝のごとし、勇は孟賁《もうほん》がごとし、捷《はや》きこと慶忌《けいき》が如く、廉《れん》は鮑叔《はうしゆく》がごとく、信は尾生《びせい》が如し、此《かく》のごときは以て天子の臣たるべし、臣、朔、死を冒《をか》して再拜して以て聞《ぶん》す。』とおそろしく高慢をならべ立てたものであつた。武帝は却つて之をおもしろがつて採用せられ、金馬《きんば》門待詔《もんたいせう》として側近《そばちか》く顧問《こもん》に召使はれることゝなつた。朔は滑稽を弄しながら極めて眞面目に天下國家の爲めに盡したことが數へ切れぬほどある。武帝が神仙を好まれたので、朔はまた之に關する澤山な貢献を爲した。

世を朝廷に避く

曾て酒に醉ひ地に據つて歌うた。

『俗に陸沈《あはず》して、世を金馬門に避く
宮殿にこそ世は避け身は全くすべかりけれ
何ぞ必しも深山の中、蒿廬《くさや》の下のみならん』

此の歌の如く、朔は『世を朝廷の間に避けてゐるのだ』と言つてゐた。

朔が死ぬるとき、同僚に『天下の人に朔の何たるを知る者はない、知つてる者は唯だ大伍公だ』と言つた。武帝は之を聞いて、大伍公を召して聞かれたが、『存じませぬ』といふ。そこで更に『其方は何が長所か』と尋ねられると、『天文は心得て居りまする』と言

東方朔は歳星の化身

つた。『どうだ天上の諸星《しよせい》は皆在るか』『はい、皆在ります、ただ歳星《さいせい》(木星)が四十年ばかり見えませぬで御座りましたが、此頃復《ま》た見えまする。』之を聞いて武帝は『あゝ東方朔は朕が傍に十八年も居たものを、歳星だとは知らなかつた』と天を仰いで嘆息せられた。

黄安（代郡の人）

黄安《くわうあん》は童子の貌《かたち》をしてゐた、かねて硃砂《しゆさ》を服用して全身眞赤である。裸體《はだか》で廣さ三尺許の龜の上に坐つてゐるが、歩《ある》くときは其の龜を負《おぶ》ふのであつた。何時から其の龜に乘つてるかと、人が訊《たづ》ねたとき『さあ何年だか、此奴《こいつ》は三千歳に一度頭を出すんだが、おれが此奴《こいつ》を手に入れてからも、もう五たびか頭を出したよ』

茅君

兄弟三人の仙人

父が懲罰の杖却つて碎け飛ぶ

弟二人共に二千石さなる

三茅君《さんばうくん》は、茅氏《ばうし》の兄弟三人共に仙人と爲つたのをいふ、長男が盈《えい》、次は固《こ》、季《すゑ》は衷《ちゆう》である。茅盈《ばうえい》は大茅君《たいばうくん》と尊稱される。

茅盈《ばうえい》は幽州の人（今の北京地方）幼少より淸虛を好み、十八歳にして遂に家を棄てゝ山西の恒《かう》山《さん》に入り修道し、後、山東の龜山蒙山等《きさんもうさんとう》を歴遊し悉く仙訣《せんけつ》を得た、卽ち二十餘年にして道が成つたので故鄕に還つて來た。此の時盈は歳四十九、父母も尙ほ健かであつた。

父は其の遠遊を怒つて『汝父母を棄てゝ放浪し、妖妄《えうばう》の術を求める不屆者不孝者』と罵つて、懲罰《ちようばつ》の笞《むち》を加へんとした。茅君《ばうくん》は跪《ひざまづ》いて『長らく孝養を怠りしは申しわけありませぬが、もとは父母の御長壽、家門の平安を冀ふための修道に外ならず、平に御容赦《ごようしや》を願ひ奉る』とわびたけれども、父は聽かない、杖《つゑ》を振りあげ茅君の背を見かけて打ちおろした。併し杖は背に當る前に碎《くだ》けて數十段《きれ》になつて飛び散つた。

父は息子の仙道成就《せんだうじやうじゆ》を認めぬわけにいかなかつた、懲《こ》らすよりも怖《おそ》れ、怒るよりも歡び崇《あが》むるのであつた。此の噂は忽ちに廣がつて遠近より道を求める者や病氣、災厄の驅除を乞ふものが蝟集《ゐしふ》して來た、茅君は其のまゝ父母の家に在つて此等の人を救うてゐた。

二人の弟は同時に出世して、固は武威《ぶゐ》の太守、衷《ちゆう》は西河の太守に赴任することになつた。郷黨《きやうたう》の譽れとあつて華々《はなばな》しい見送りが行はれた。兄の盈《えい》は此の見送りの中にあつて『俺《わし》は二千石（大守の祿高）にはならぬが、來年四月三日には登仙する、今日の賑やかさに劣るまいよ』と笑つたが、誰も負惜《まけをし》み位に聞き流してゐた。

其の時が來た。漢の宣帝の初元五年四月三日。

門前數千坪の廣さ、寸草もなく掃き清められ、靑絹《あをぎぬ》の幄舍《あくしや》が建て列《つら》なり、下は一面白《はく》氈《せん》が敷きつめられてある、何時の間に誰が設備をしたのか判らない。

大茅君奉迎の仙官

招かれるとも追《お》はれるともなく、郷黨《きやうたう》の人々は、皆身裝《みなり》を整へて玆《こゝ》に集つて來た。幄舍内《あくしやない》の机の上には金盤玉杯が並ぶ、美酒佳肴珍果があとからあとからと處狹《ところせ》く出て來る、誰かすゝむでもなく、皆當然の豫定の事の樣に打ちくつろいで宴會が始まるのであつた。其のうち絲竹金石の妙音《めうおん》が響きわたる、衆客皆歡《くわん》を盡した。樂《がく》はさらに天上に起《おこ》つた。萬人齊《ひと》しく空《そら》を仰げば朱衣玉帶の文官が數百人、其のあとから武官の旌旗甲仗《せいきかふちやう》が光彩《くわうさい》日に耀く、卽ちお迎への仙官一行である、やがて地上に降りて來て數里の間に整列した。使者は恭しく茅君《ばうくん》に奉迎《ほうげい》の辭《じ》を述べる。

茅君は父母、家人、親友、郷黨の人々に一々別れを告げて、徐《おもむ》ろに來迎の羽蓋車《うがいしや》に登

二人の弟、官を捨てゝ仙を求む

つた。紫の雲が冉々《ぜんく》と湧いて一行は次第に天上へ昇つて行く。

官に在る二人の弟は兄の昇天を聞いて、即時に官を棄てゝ家に還つた。兄が東山に在ると聞いて訪《たづ》ねて往《い》つて、道に入らむことを求めた。兄は『汝等悟ること何ぞ晩きや、今や年巳《としすで》に老いたり、されど勤《つと》むれば倘ほ地仙《ちせん》となるを得べしと、是より二弟に延年《えんねん》不死《し》の法を教へた。後、兄弟共に江南句容《こうよう》縣の東南なる句曲山《こうきよくさん》に住《ぢう》した、世人は三茅君と敬稱し山の名を茅山と呼ぶやうになつた。

註（一）茅君の祖先、茅濛は秦の世の人で鬼谷先生を師とし長生の術を受け、後、華山に入つて道を修め薬を合せ龍に乘り雲に駕し、白日昇天した。

（二）後世の道教家では、茅君は「吳越の神仙を統べ、江左の山源を綜ぶる者」と尊崇してゐる。

（三）四節隱芝を食へば仙界に於て眞卿の位を得、金闕玉芝を食へば、司命と爲り　流明金英を食へば司祿と爲り、長曜雙飛を食へば司命眞伯と爲り衣光洞草を食へば總主在左御史之任と爲る、大茅君は盡く此の五の物を食つたので、壽は天地と齊しく、位は司命上眞、東嶽上卿と爲り　前項の職任を帶ぶるのだといふ。

服閭

山東の莒縣《きよけん》に服閭《ふくりよ》といふ風來者《ふうらいもの》がゐた。海岸地方を歴《へ》めぐつてゐる中、三人の仙人と、ある祠廟の中で博奕《ばくち》をやつて瓜《うり》を賭《か》けた、

『瓜を皆擔《かつ》いで隨《つ》いて來い、眼は瞑《つぶ》れ』

と仙人達がいつた。瓜は黄《きいろ》いのと白いのと五六十もあつた、言はれるまゝにしてついて行つたが、やがて、

『眼を開け!』

眼を開いて見ると、方丈山に來て居るのだつた、方丈山は蓬萊山よりも南に在つて、海上遠い神山である。此より後莒縣《きよけん》に往來し、方丈山にあり餘つてゐる珠玉珍寶の類を持つて行くと、莒縣《きよけん》の方では善《よ》い價に賣れた。久しく經《た》つてから服閭は頭《かしら》を半分剃落し赭《あか》い衣《きもの》を着て顏もひどく老い衰へてゐた。舊知の人が、怎麼《どう》したのかと聞けば、ちよつと廟の物を濫用したので罰を受けたと云つた。其後數年して、此度は顏容《かおかたち》も若く立派に

海上の仙島方丈山に到る

なつて來た。頭《あたま》も平生の通りになつてゐた。

吃者、仙人を訴ふ

子主

子主《ししゆ》といふ吃者《どもり》が、突然江都王《こうとわう》に訴へ出て『甯先生はわたしを三百年も使つておあし」を給《く》れません』といふ。狂人らしい。『先生は何處に居るのか』と訊《き》くと『龍眉山《りうびさん》の上に居りまする』といふから、王は吏《り》をして此の吃者《どもり》を伴《つ》れて見にやつた。龍眉山の巔《いただき》にゆくと、巖石の上に、全身毛に被《おほ》はれ髮を垂れかぶつた大きな耳の人が、徐かに琴を彈じてゐた。

甯先生だなと思つて、吏《り》は叩頭《おじぎ》をして、吃音《どもり》が訴への趣をいふと、先生は『そいつは俺《わし》の比舍《となり》の者の九世の孫ぢやが、お前餘計なことに關係せんがよい、お前の家《うち》には女子が三人急死《きふし》するではないか』と叱つた。忽ち大風が吹き起つた。

吏は驚いて山を逃げ下り、歸つて見ると、宮中に双傷があつて女が三人死んだといふのであつた。江都王は山上に祠を立てゝ鄭重に甯先生を祀つた。

朱雀、赤龍

赤髪童顔

陶安公

淮南《わゐなん》の六安城内に陶安公《とうあんこう》といふ鑄冶師《いものし》があつた。火加減に妙を得てゐた。あるとき爐の火が立ち騰《のぼ》つて紫氣《しき》が天を衝《つ》いた。安公は恐れて突《つ》ッ《ー》伏《ぷ》してゐると、朱《あか》い雀が飛んで來て、『安公、安公、冶《や》・天と通ず、七月七日赤龍を以て汝を迎へむ』と囀《さへづ》つた。其日に到つて、大雨《たいう》降《ふ》りそゝぎ、赤龍《せきりう》が庭に降《お》りて來た。安公は之に騎《の》つて飛ひ上つた。城中城外數萬の人が、あり〳〵と見おくる雲の中に、安公は手を振り〳〵別れを告げて、東南の空へ消えうせた。

赤斧

赤斧《せきふ》は戎《えびす》の人で碧鷄祠《へきけいし》といふ社《やしろ》に事へてゐた。水銀を作ることが能《で》き、其れと丹《たん》と硝石《せき》とを錬《ね》り合《ちょ》せて服用すること三十年にもなつた。あとへ年を取つて童子の如く若返り、頭髪は皆赤くなつて來た。後、華山に登り禹餘糧《うよりやう》といふ藥を採つて蒼梧《さうご》、湘江《しやうこう》地方に賣り歩いた。幾代《いくだい》も同樣であつたが、其の手掌《てのひら》の中に赤い斧の形がついてゐた。

呼子先

酒屋の婆さん登仙のお伴

漢の闕下《くわんか》の卜師《うらなひ》、呼子先《こしせん》は百歳餘の老翁であつた。かねて行きつけの酒屋の老嫗《ばあさん》に、突然『これ〳〵急に支度をなされ、中陵王《ちゆうれうわう》からのお請待《しやうたい》だ、お前も伴《つ》れて行つてあげるわい』とせき立てた。日が暮れると、仙人が二個の茅狗《かやのいぬ》を携へて呼子先を迎へに來た。子先は一個に老嫗《ばあさん》を載せた、自分も一個に跨つて、やツといふと龍になつた。忽ちまひあがつて華陰山の上へ行つた。これから、時々、山の上から老翁の聲で、『子先《しせん》も酒屋《さや》の嫗《ばあ》も此《こゝ》に居るぞよ』

黄阮丘

賣藥翁と地震

黃阮丘《くわうげんきう》は睢山《すゐざん》の上の道士、裘《かはごろも》を着、髮を被《かぶ》り、耳の長さが七寸、口に齒が無い、日に四百里も歩いた。山上に葱薤《ねぎにんにく》を植ゑてゐた、時々山下に藥を賣りに出る、百餘年間誰とも知られずに居たのであつた。廣陵の人、朱璜《しゆくわう》といふ者の哀願に依り毒瘕《どくか》を治《なほ》してやつたので世間に神人だといふことが知られてしまつた。そのうち地震が起つて山路が塞《ふさが》つて、世間との交通が絶えたが、預《あらか》じめ山下の人に告げておいたので誰も危害を受けなかつた。

女几

酒代に仙書の抵當

女几《ぢよき》は陳の城内で酒を賣つてゐた。酒が非常に旨いので仙人が來て飲んだ、書物を五巻酒價《さゝだい》のかたに預けて去《い》つたまゝ久しく取りに來なかつた。女几《ぢよき》が開いて見ると仙術の書で、養性交接の法を説明してあつた。ひそかに其れを寫し取つて其の法を行ふと容貌が若く美しくいつも二十歳ぐらゐである、かくて三十年も過ぎた頃、前の仙人が飄然とやつて來た。女几を見て笑つて『道を盜んで師なし、翅《つばさ》あつて飛ばず』と言つた。女几《ぢよき》は家を棄てゝ仙人に隨つて山に入つた。

產婆貧に仙道を得させる

木羽

木羽《もくう》は鉅鹿《きようく》(今の直隷省平鄉縣)の人だ。母が貧賤で助產《じよさん》をなりはひにしてゐた。或る家の產《さん》に取りあげた嬰兒《あかんぼ》が、パッチリ眼を開きぢつと視つめて大に笑つた。どうも氣味が惡い。其の夜の夢に、赤い冠をかぶつた者が嬰兒《あかご》を抱《かゝ》えて『此れは司命君《しめいくん》(人間の壽命を司る神)の生れがはりぢや、お前には禮をする、お前の子の木羽《もくう》に仙道を得させてやる』と告げた。後に子を生んだ、前の話を信じてゐるから、木羽《もくう》と名を命《つ》けた。襄《さき》に取りあげた子が十五になつた、一夜、美々《びび》しい車馬が迎へに來た、此の子は其れに載《の》つて木羽の門口から『木羽々々、我が爲めに御《ぎよ》せよ』と呼んで、二人一緒に去《い》つて了つた。

玄俗 (河間の人)

一文藥、王の難病を治す

影のない人

玄俗《げんぞく》が藥は七丸《ぐわん》一文《もん》、萬病が癒《なほ》るといふので好く賣れた。河間王が瘕《か》といふ病をわづらつて百方治療を加へたが、一向癒らないので、玄俗の一文藥《もんやく》を試みると、蛇が十四五匹も下《くだ》つて直に快くなつた。大に喜んで玄俗を召して病因を尋ねると、「王の瘕《か》は先祖の餘殃《よあう》であつて、王自身の招かれたものでない、それに王は此の頃乳鹿《こうちしか》を放《はな》された、それは麟母《りんぼ》であつた、仁心《じんしん》が天に感じて此の玄俗《わたし》にお會ひなされた」と申した。王の老侍臣《らうじしん》が「私の父が玄俗を見たとき彼には影《かげ》が無かつたと申しました」といふので、王は早速、玄俗を日なたに出して檢視すると、まことに影《かげ》が映《さ》さないのである。王は王女を配《めあは》せようと望まれたが、玄俗は其夜逃げ去つた。

蘇仙公（桂陽の人、或は曰ふ、蘇仙公、名は林、字は子元）

蘇仙公は早く父を喪ひ、家が貧しく牛牧《うしか》ひなどしてゐた。村の小兒等と交替《かうたい》で牛郎《うしかひ》となるのに、仙公が牧《か》ふ日は牛がおとなしく草を漁《あさ》りあるいて、夕方になれば整然《ちやん》と　て歸るのであるが、他の小兒が牧《か》ふ日にはなか／＼さういかない、牛の群が四方に驅け散ら

鮓を出して母を驚かす

竹杖の本體は龍

天上からの使者

ばつて、歸りに纏めるのが大變だ。外の兒等が『不思議だな、何か術があるんだな、仙公には。』と怪んだ。いかにも仙公は幼少の頃から道術を得てゐたのであつた。

食事中、母が『鮓《すし》が欲しい、町《まち》に往つたら買つとくがよい』と言つた。仙公は箸をたべかけの飯碗に挿《さ》して立つた、錢《ぜに》を持つて出かけたが、間もなく歸つて鮓《すし》を出した、『何處から買つて來た』と母がいふと、『城内から』と答へた。『城内は百里の上あるではないか、母をばかにする』と怒つて笞《むち》で打たうとするので、仙公は其手にすがつ、『うそではありません、鮓《すし》を買ふとき御祖父《おぢいさん》も城内に來て居ました、そして明日家に來ると言ひました、明日になつたら、うそでないことが解ります』と言ふ。明朝果して母の父が隣村からやつて來た、『昨日仙公が城内に鮓買ひに來て居たつけ』と話したので、母は大に駭いて、始めて我子に不思議の術があることを知つた。

仙公はよく鹿に乘つてあるいた、また竹杖を一本持つて居た、人は蘇生竹杖《そせいちくぢやう》と呼んでゐたが、其杖の本體《ほんたい》は龍であつた。

仙公はやゝ長じて立派な青年になつた。或る日、家の内外を綺麗に掃除した、友人が『誰が來るのか』とたづねた。『今日は天上からお客だ』といつた。

西北の空に紫の雲がたなびいて來た、白い鶴が其雲の中から舞ひ出てゝ、仙公の家の上に輪《わ》をかいて段々低くやがて庭におり立つた……かと思ふと、儀容端正《ぎようたんせい》な十八九歳の少年であつた。仙公と對向つて鄭寧に挨拶をかはした。仙公は母に『私は天上から召されて仙人になりますので、今、迎へが參りました、お暇をしなければなりません』と言つたので、母は驚き悲み『お前が居なくなつて私はどう暮します』とかこつのであつた。

母に遺した不思議の櫃

仙公も涙ながらに、『其れは御心配なさいますな、庭の井戸と裏《うら》の橘《たちばな》の樹があなたを養ひます、また此の櫃《ひつ》をあげときます、入用のものがあつたら此をお扣《たゝ》きなさい、併し開けてはいけません』と慰《なぐさ》めて、別れを告げ、顧み〳〵、立出てたが、紫雲が身を包んでふは〳〵と空に騰る、白い鷗が歡ばしげに飛びかふ、漸くに高く小さく、見えなくなつて了《しま》つた。

白日昇天

翌年、夏、天下に疫病が流行した。仙公の母が妙法《めつはふ》を授《さづ》かつてるといふので治療を求めに來るものが夥しい、母は教へておかれたまゝに庭の井水一杯と裏《うら》の橘《たちばな》の葉を一枚づつ頒《わ》けてやる、之を貰つた者は皆全快して厚く謝禮をした。また何か缺乏を感ずると母は其を念《ねん》じながらこつ〳〵櫃《ひつ》を叩《たゝ》く、望み通りの物が出て來る。其の内三年經つた。餘

櫃の中から二羽の白鶴

怖ろしく變つた仙公の面影

墓畔三年の哭聲

り不思議さに櫃《ひつ》の蓋《ふた》を開くと、バタ〳〵と二羽の白鶴が飛んで去《い》つた、其の後は物が欲《ほ》しくていくら敲《たゝ》いても何も出て來なかつた。でも、不自由は無かつた。百餘歳で安らかに命が終つた 村の人たちが世話をして相當の葬禮をした、東北の牛脾《ぎうひ》山《さん》の上で號哭《なげき》の聲が聞えた、仙公にちがひ無いと思はれたので、官民共に其山に登つて弔慰《くやみ》の言葉を述べた。哭聲はあり〳〵と聞えるが、仙公は姿を現さない『どうぞ一目仙容《おすがた》を拜ませていたゞきたい』と一同が願つた。空中より答へて『久しく世間と遠ざかつて形も異樣になつてゐるから、見たらば驚かれるだけの事だから』と辭退するのを、尙ほ請うて已《や》まぬものだから、つひに半面と片手とを露《あら》はして示した。皆細毛が密生して常人とは異つてゐた。弔問の官民が歸るとき、仙公は『此險阻な山谷を上り下りせられるのは氣の毒に堪へぬから、眞直な近道を作つてあげませう』と言つた。忽ち山頂より麓まで一線に大きな橋が架《かゝ》つた。皆其を渡つてやす〳〵と歸つた。最後の一人が振りかへつて見ると、橋はもう消えて大きな赤龍が河の方に向つてすうつと去《さ》つて了つた。

仙公が母を哭した處に桂竹《けいちく》が生《は》えて、風の無い時にも其が搖《うご》いて墓の掃除をするのであつた。三年の間は仙公の哭聲が聞えてゐた。

白鶴の爪痕
詩句を現す

其後白鶴が來て郡城の東北城樓の上に止《と》まつてゐるのを見て、或る者が彈《たま》をはじきかけて射落さうとした、すると白鶴は城樓の板を攫《つか》んだが、其痕が漆で書いたものゝやうに見えた。其句には

『城郭は是《ぜ》なり、人民は非《ひ》なり。
三百甲子《かふし》に一たび來歸す。
吾は是れ蘇君なるを、何とて彈《またはじ》くことを爲《す》る。』

今に、修道《しうだう》の人は甲子の日毎に、香を焚いて仙公の舊居に參拜するのである。

程偉の妻

漢の程偉《ていゐ》が妻は、道を得て、變化自在の術に長《た》けたる者であつたが、夫《をつと》には其の偉《えら》さが解らなかつた。夫は郎官の職に在つた、或る時、車駕に隨行すべきことが生じたのに、服裝が不十分だと大心配をして居ると。妻は

『衣《きもの》が足《た》らぬだけなんでせう、そんなにふさぐことはありません。』

二匹の美しい絹が忽然として現はれた。支度に十分であつた。

夫の慾の皮

夫《をつと》も少し仙術を學び、欲ばつて金銀煉成の法を行はうとした、なか〳〵うまく煉成《れんせい》が出來ない。頻りにぢれて五月蠅《うるさ》いものだから、妻が、少しばかり、何かの藥を取り出して水銀に合はせて煎じたら、すぐに純銀に化《な》つてゐた。其の眞似をして見たが、夫《をつと》にはやはり出來ない、妻にねだつても、其の方を授けてくれない。『あなたは祕法を得られない骨相だ』と言ふ。是非とも敎へよと無理にせがみ立てたので、妻はころりと死んでしまつた。其實、尸解《しかい》して仙去したのであつた。

慾を厭うて仙去す

註 尸解・死んだと見せて一旦屍體と爲り、其實は生きて仙と爲ること　後に棺を開けば衣裳はあつて屍體なし。

成仙公（名は武丁、桂陽の臨武烏里の人）

成仙公《せいせんこう》は後漢の時、臨武縣の小吏を勤めてゐた。公用で都に行き其の歸途、長沙郡《ちやうさぐん》で宿を取りそこねて、大きな樹の下に露宿《のじゆく》をしてゐた。夜半に樹上《きのうへ》で『長沙に往つて藥を

二白鶴の話を偸み聞く

玉函に秘された武丁の姓名

雀語を解し滿廳を驚かす

貰らう』といふ聲が聞えた、明けてから上《うへ》を視ると梢に二羽の白鶴がゐた。妙なことだと思ひながら、其處を去つて長沙の城内に入つた。白い笠をかぶつた人が二人先に行つてゐる。呼止めてそこらの酒亭に請《しやう》じて食事を偕《とも》にした。二人は遠慮なく喫《た》べて、禮もいはず、さつさと出かける、成《せい》も默つてついて行つた。何里か過ぎて、二人は成をふりかへつて、

『君は何か求めることがあるのか、いつまでも跟《つ》いて來るのは。』

『私は賤しい者ですが、あなた方の御敎へにあづかりたいと思ひまして、お伴を致します。』

二人は顔を見合せて微笑した。立停つて玉函《ぎよくかん》を取り出して名簿を調べはじめた、成武《せいぶ》丁《てい》といふ姓名が載つてゐた。そこで丸藥を二粒《つぶ》武丁《てい》に服《の》ませた。そして『君は地仙（地上に住む仙人）になれるのだ』と言つた。二人と別れて武丁は故郷に還つた、此時から、人でも物でも、其眞相を看破《かんぱ》する力を得、禽獸の鳴聲も意味が解る樣になつた。

武丁が縣に還つてから、其の上官たる周太守の處に使ひにやられた。太守は人を知るの明があつた、一見して武丁を奇とし、左右に留めた、非次《ひじ》に拔擢して文學主簿（官名）と

宴會に臨んで酒を噴く

縣廳の火事に酒の雨

した。ある日、廳内で多くの人と共にゐる時、雀の囀り合ふのを聞きながら、思はずフフンと笑聲を漏らした。他の者が『どうなされた』と訊ねた、『いや、今、東の街で車がひつくりかへツて米が飜《こぼ》れたと、雀どもが誘合《さそひあ》つて食《た》べに行つたからサ』。奇態な事をいふと小使を見せにやつたら、それに違ひなかつた。

武丁が陞進の早いのに大分不平な者もあつたが、太守は取り合はなかつた。間もなく正月になつた。元日の朝會には三百餘人も集つた、武丁は行酒《かうしゆ》（儀式の宴會に酒をつぐ役、良い人が勸める）であつた、一巡《じゆん》酌《つ》いではつた時、忽ち酒を啣《ふく》んで東南方の空に向つて噴《ふ》きかけた。衆客愕然として之を怪んだが、太守は何かわけがあるだらうと尋ねて見た。すると『今、臨武縣で火事が起りましたから、此れで消しましたのです。』と言ふ、馬鹿らしいと皆は笑つた。翌日になつて、武丁は『嚴肅なるべき元日の朝會に不敬の擧動ありし者』として告發された、所に又た、臨武縣から『當縣廳で元朝儀式の央《なかば》、市中に火を失し、折から南風激しくて官廳に延燒せんとし、極めて危急に迫つたが、突然、西北より黒雲捲き起つて縣廳の上に掩ひ來つて大雨を降らし、倏忽《たちまち》にして火を滅した、其雨が酒氣が有つた、甚だ奇異の事であるから報告に及ぶ』と言つて來た。これで、誰も、武丁は凡人でない

白騾に乘つて去る

棺裡一本の青竹杖

として尊信する樣になつた。

後に、太守は特に武丁の爲め城西に邸宅を築いて、自由な生活を爲さしめた、家族は母と弟の外小兒が二人あつた。二年ばかり經つて、武丁は僅か數日の病氣で死んだ。太守は自ら出張して假埋葬をさせた。三日目に、武丁の友人が、臨武縣から武昌岡を越ゆるとき武丁に遭つた、白騾《はくら》に乘つて西の方へ向つて行くから、『何處にお出なさる』と訊《き》いたら、『一寸迷溪《めいけい》に行くのだが、家を出るとき大刀を戶の側に忘れておいた、それから履《くつ》は鷄屋《とや》の上に在るから、さう家《うち》の者に言つてかたづけておく樣言傳を賴む。』と言うて、さつさと騾《うま》を急がせて行つて了つた。で、友人は武丁の家に立寄ると、哭聲《こくせい》が聞《きこ》える、葬儀の騷ぎ中だから、驚いて、さツき武昌岡で遭つて如是《かく》如是《かく》だつたと家人に語ると、家人は『いえ〳〵大刀も履も確かに、棺に納めた、なんで外に在らう』といふ。兎に角急いで此事を太守に報告させた、遂に棺を發《ひら》くことになつた。棺の中には、武丁の身長と同じい青竹杖が一本あるばかりであつた。

還年却老の仙術

丸藥一粒で人も驢羊も食物など要せず

沈建

沈建《しんけん》は代々官吏の家であつた。若い時から仙道が好きで官吏を嫌ひ、導引服食《だういんふくしよく》の術や還年却老《くわんねんきやくらう》の法を學んだ。又た能く病氣の治療に長じてゐたので、地方の人々に尊敬せられた。

嘗て、遠方に旅行すると言つて、婢《をんな》一人、奴《やつこ》三人、驢馬一匹、羊十頭を知邊《しるべ》の家に預けた。預ける前、人にも獸《けもの》にも丸藥を一粒づゝ服《の》ませておいて、そして預《あづ》け先《さき》の主人に『唯だ居所《ゐどころ》さへ當《あ》てがつて下さればよい、飲食の御心配は御無用』と言ひ殘して往《い》つたのである。

「先生、のんきな事をおつしやる、此の十五の巨《でか》い活物《いきもの》を預けて、食代《たべしろ》も置かずに、まア怎麼《どう》なることであらう。』と心配に堪へないが、乾《ひ》ぼしにされるものでも無いから、取りあへず腹ふさぎの支度をしてやつた。

奴も婢も食物《たべもの》の香《か》を嗅いただけで吐氣《はきけ》がついて食べられない。驢馬や羊も飼料《はみ》を嫌つ

不飮、不食飛行自在

擊たずして鳴る太鼓

て、強《た》つてやれば厭らうとするのであつた。仕方なく其のまゝにしておくと、百日も經《た》つた後には、奴婢は血肉が著しく好く、以前より一體健康になつたし、驢馬や羊もまるまる肥え太つた。とう〳〵三年過ぎて、主人の沈建がぶらりと歸りて來た。また丸藥を一粒づゝ皆に呑ませると、舊の如くに飮食を攝《と》るやうになつた。

沈建自身は此から一切物を食べず、體が輕くなつて飛行自在、何處ともなく往つたり來たりしてゐた、三百年ばかり後、消息が絶えてしまつた。

王　喬

王喬《わうけう》は漢の明帝のとき尙書郎から轉じて葉縣令《せふけんのれい》となつた。畿內の縣令は毎月朔日に參《さん》內《だい》する例であつたが、王喬が來るとき車も馬も無い樣であるのを、帝は不審に思召され、太史(官名)の某に氣を付けるやう命ぜられた。王喬が入朝する時には葉縣の城門の太鼓が、誰も擊たぬのに鳴つて、共聲が宮中まで聞えるといふ不思議もあつた。そこで太史は次の朔日に宮門の上に見張をして居ると、例の太鼓が鳴り響いて、葉縣の空から宮殿に向

小鴨が沓に爲る

二つの橘の中から四老人生る

つて二羽の鳧《こがも》が飛んで來た、是が怪しいと羅《あみ》をかぶせると二つの舃《くつ》に爲つた。見ると、それは正《まさ》しく曩に尙書郞の時に王に賜つた品であつた。

其後、天から玉棺《ぎよくくわん》が縣廳の堂前に降《くだ》つた。推しても引いても動かない。王喬は『天が我を召されるさうな』と、沐浴して衣冠を整へ、其の棺の中に横たはると、ひとりでに蓋《ふた》がかぶさつた、城東に葬つたが、其翌朝見ると、自《おのづ》から高大な土饅頭が築かれてゐた。縣内の牛は何家《どこ》のも皆汗びしよになつて喘《あへ》いで居た。

巴卬人

蜀《しよく》の巴卬《はこう》の某家に橘樹園《きつじゆゑん》があつた。秋の末に二個殘つた橘《たちばな》の實《み》が三四斗入の壺ほどに大きくなつた。餘り大きいので園主《ゑんしゆ》も不審《いぶかし》がつて其を摘《ちぎ》らせて見ると、重さは常の橘と變らなかつたが、實《み》を割つて見たら、兩個《ふたつ》とも中に二人づゝの老人がゐた。身長が二尺許、眉も鬚も眞白だが、血色の好い肌膚は青年の樣であつた。二人相對坐して象戲《しやうぎ》をさしてゐて、實《み》を割られても一向平氣に談笑しつゝ、暫く象戲をさしつゞけ、勝負がつく

仰山な賭物

と、一人の翁《おきな》は

『君が乃公《おれ》に、海龍王の第七女の髪を十兩輸《ま》けたんだよ、其から又た、智瓊仙女《ちけいせんによ》の額黄《がくわう》が十二、紫絹の上被《うはぎ》が一枚、絳臺《かうだい》山の霞實散《かじつさん》が二貼《こふ》、瀛州《えいしう》の玉塵《ぎよくちん》が九斛《こく》、西王母の療《れう》髓凝酒《ずゐぎようしゆ》が四杯、熊盈娘子《いうえいぢやうし》の躋虚龍縞襪《せいきよりうかうべつ》が八枚、其だけ輸《ま》けたんだから、後で王先生の青城草堂で俺《わし》によこすのだよ。』

今一人の翁はかう言つた。

『王先生は來ると言つたが、來ないな、橘中《きつちゆう》の樂しさも商山《しやうざん》（秦の四皓が隱れた山）に減《ま》けないな。』

食つても減らぬお辨當

『僕は饑《ひも》じいよ。龍根脯《りうこんほ》を食べよう。』

外の一人はさう言ひながら、袖の中から一本の草の根の樣なものを出した。其の形が龍にそつくりで、頭《かしら》、尾《を》、脚《あし》も鬚も揃うてゐる、削つては喫《た》べ、削つては喫べするが、はしからまた元のやうになるのであつた。喫《た》べるだけたべて水をふくんで噀《ふ》きかけると、大きな龍に化《な》つた。四人の翁は共に其の龍に乘つた、雲がむく／＼と湧き出し、風が吹き雨がざアと來て天地晦冥となつた。

暫くして霽《と》れた、翁も龍も、橘の殼も見えなかつた。

張道陵

張道陵《ちやうだうれう》(又は張陵)は沛國豐《はいこくほう》の人(今の江蘇省徐海道)初め儒學を修め博く五經に通じ、後、つひに長生の道に志して官途の望を擲ち、去つて北邙山に入り、更に蜀に赴き鶴鳴山《かくめいさん》(或は曰く鵠鳴山)に住むこと多年、種々の天人降下して方術《はうじゆつ》を教へ妙經を授けたといふ。自分も數多の著述を爲し、説教を始め病氣の治療を爲し、次第に師事する者が殖《ふ》えて、弟子數萬を算へる樣になつた。依つて祭酒《さいしゆ》(役名)を立てゝ、其等を支配せしむること、恰も官府の制度に擬し、一時は政治的勢力をさへ得る樣になつた。

新に道陵の教に入る者には、五斗の米又は種々の物資を醵出《きよしゆつ》せしめたので、五斗米道《ことべいだう》と呼ばれるに至つた。此等の物資を以て貧窮を賑はし、道路交通を便にし、其の他の社會事業に貢獻した。

道陵の子を魯《ろ》、孫を衡《かう》といひ、世々其の道を繼ぎ、其子孫江西の貴溪縣龍虎山に在つて張天師・張眞人と尊稱されてゐる。

註　(一)神仙道を宗教化したのは張道陵に始まる。
(二)道陵も其妻も白日昇天したと傳ふ。

王　烈

山岳崩壞、巖穴の青泥

敲けば響を發す

王烈《わうれつ》は青年時代已《すで》に博學多識の聞《きこ》え高く、時の名士中散大夫・稽叔夜《けいしゆくや》に敬愛せられ、共に學問を勵みあひ、また共に山に入つて藥を採りなどもした。

獨《ひとり》、太行山中に分け入つた時、俄に轟然たる地響きがした。其の方へ尋ねて往つて見ると、數百丈山崩れがして、青色の巖石が裂け、其の裂け目に口徑《さしわたし》一尺許の穴が開いて、青泥《あをどろ》が流れ出てゐた。手に掬《すく》つて丸めるとすぐに堅《かた》まつて石に化《な》る、嚼《か》めば米の飯の様で味も臭《にほ》ひもよく似てゐる。王烈は桃の實ほどの大きさに丸めて五つ六つ持つて歸り叔夜に示した。叔夜は珍しがつて取つ見てるともう、すつかり青石《せいせき》に化《な》りきつて、敲《たゝ》けば恰も銅の音がする。なにしろ奇異な物だと叔夜は王烈を促がして、一緒に現場を檢べに行つたが、山の裂け目は已に合して何事もない舊態に復してゐた。

二巻の仙書

石室の所在を逸す

王烈は河東《かとう》の抱犢山《はうとくさん》に往つて、一石室を發見した、室内には石の卓《つくゑ》があつて、其上に素書《そしよ》(仙人の書)が二巻置いてあつた、披《ひろ》げて視たが何の字だか彼には判らない、其中から五六十字、字形を暗記して歸り稽叔夜に示した、稽には其が皆讀めたから、烈は喜んで二人打伴れて其書籍を取りに行つたが、道徑《みちすぢ》は判然とおぼえてゐるのに、どうしたことか、此處等《こゝら》だと思ふところに石室が見當らなかつた。あとで、王烈は『叔夜はまだ道を得るに早いから見付からなかつたのだ』と自分の弟子に言つた。王烈は三百歳を越えて尚ほ少しも老衰の姿が無かつた、其後行くへが分らなくなつた。

〔註〕稽叔夜、名は康、竹林七賢の一人、老莊を好み養生篇を著はす、風姿俊逸、醒めて孤松の獨立するが如く、醉うては玉山將に頽れんとするが如し、後、罪を獲て刑せらる、死に臨みて琴を彈し其秘曲の絕ゆることを嘆ず、大學生三千人上書して赦を請へども文帝許さず、しかも後、帝も之を悔ゆ。

欒巴（蜀郡成都の人）

欒巴は少年から仙道を修めて俗事に與《あづか》らなかつた。蜀郡の太守は躬《みづか》ら巴《は》の家に詣《い》つて

壁一重で猛虎に變ず

神様の逐電

頼み込み、功曹の官に就いて貰つたが、下僚の扱ひをせず、師友の禮を以て十分尊敬を表してゐた。

巴陵の太守が蜀に來たことがあつたが、欒巴に對し、『功曹は仙術を得て居られるさうぢやが、一度其の不思議を拝見したいものぢや』と願つたので之を承諾して起ち上つた、ぢり〱壁に向つて進み、雲の動く様に漸々姿が見えなくなつた。壁の外では虎が出たと言つて大騒ぎが始まつた、虎はのそ〱功曹の官舎に向つて行つたので、怕々覗《こは〲のぞ》きに往つて見ると、虎ではなくて欒巴であつた。

其後、孝廉といふ名譽の推薦を受けて都に入り郎中に任ぜられ、更に豫章の太守に榮進した。領内の廬山廟の神に奇怪な事がある、神は神座の帳《とばり》の中に居て、參詣の者共と話をしたり、また酒を飲みかはして空中に杯を飛ばしたりなどする、祈願に應じて舟を保護して其舟だけに風を與へて航行をさせるといふ様な事もするので、大評判となつてゐたが、欒巴が赴任して、其の廟に往くと、忽ち神が行方不明になつて了つた。

『あれは廟鬼、妖怪のしわざで、天官の神業《かみわざ》では無い、百姓を惑はすものだから、きつと取押へて退治しなければならぬ。』

齊郡太守の婿

と、欒巴ば事務を下役《したやく》の功曹に代理せしめ、自ら追捕に向つたが、容易に行方が判らなかつた。彼の廟鬼は齊郡地方に逃げて行つて、一個の學者に化《ば》けすまし、善く五經に通じてゐるので評判が高くなり、齊郡の太守は之を重んじ愛女を以て之に妻すに至つた。

欒巴はやつと此事を探り當て、太守に面會して其事由を述べ、婿の引渡しを要求した、太守が召喚《せうくわん》するけれども出て來ないので、欒巴は今はと、符を書いて空に向つて嘯くと、忽ち其符を受取つて持行くものがある樣だつたが、誰の眼にも其姿は見えぬのであつた。符《ふだ》が壻《むこ》の家《うつ》に届けられると、彼は妻に向つて『あゝ行かねばならぬが、行けば必ず命は無い』と言つた、やがて太守の前に符《ふ》を握つて婿が出頭したが、欒巴を見ては進むことが出來ない、

老狸斬らる

『老鬼《らうき》！　正體《しやうたい》を現はさぬか。』

巴が叱聲に應じて、忽ち一匹の老いたる狸となつて、頻に叩頭して命《いのち》を乞《こ》うたけれども、巴は假《ゆる》さず『殺せ』と命令を下した。見る〳〵空中から刄《やいば》が下りて、狸の頸は地に墜ちた。太守の娘には既に一人の子が生れてゐたが、此の騷ぎで其れも狸の姿となつた、亦た殺された。

一啣の酒で洛陽から成都の火を消す

欒巴は豫章郡に還つて太守の事務を執つた、郡内にさま〴〵の鬼《き》が多く、特に獨足鬼《どくそくき》といふものが人民の難儀となつてゐたが、巴が來てからは鬼《き》の患へは絕えて、すべての妖邪悉く消滅した。

欒巴《らんぱ》は洛《みやこ》に召返されて尚書郎に榮轉した。ある歲元旦の朝會に、巴は後れて參内をした。しかも酒氣を帶びて居た。御酒を賜はつたのを飲みはしないで、口に啣んで西南の方に向つて噴《ふ》いて了つた。重ね〴〵不謹愼不敬の所爲だと、係りの官より彈劾したので、天子より其理由を訊ねになつた。欒巴の奉答に曰く。

『決して不敬の存念は御座りませぬ、臣《わたくし》の鄕里で、臣が鬼を追ひ病を治するのを德とし、生きなから祀《まつ》つて廟《べう》を建てゝ居ります、今朝早くより鄕里の父老が臣の廟《べう》に集り酒を供へて祭つてくれますので、臣は已むを得ず其れを受《う》けまして、聊か酒氣を帶びました次第で御座ります。また、御殿で丁度御酒を賜はりまする際、蜀郡《しよくぐん》成都の城内に火事が起つたのを心付きましたから、戴きかけた御酒の口にあるのを、其のまゝ噴いて火を消し止めましたので、決して不敬の心に出た所爲《しわざ》では御座りませぬ、御調べ下されば眞僞は判然致しませう。』

成都府の上奏

早速蜀郡に向つて事實取調の急使が派遣されたが、其れと行き違ひに、成都より上奏が來た、其れは、元旦の朝食後頃に市中に失火があつて大事にも及ぶべき處、忽ち東北より三陣の大雨が降り來つて火は自づと消し止められました、不思議なことには、其雨が人に掛つたのが皆酒氣がありましたといふ報告であつた。

兩星の圍棊

少年夭死の運命に泣く

三國時代、魏の領内の百姓、趙《てう》といふ家に可愛らしい少年があつた。五月の炎天に汗を流しながら畠に出て獨りせつせと麥を刈《か》つて居るところに、通りかゝつた人があつた。ひよいと趙少年が顏を擧げると、其の人はぢつと見まもつたが、やがて、

『おうおゝ』

と嘆息の聲を漏らして、行き過ぎようとした。少年は何だか氣になるので、

『もし〳〵。』と呼びかけた。

其の人も振り返つて立止《たちど》まつた。容貌はむさくろしいが、何となく氣高く見えるので

あつた。

『をぢさん、何かあるんですか、私を見て嘆息なさつたのは。』

丁寧に禮をしながら斯う訊ねると、

『お前は名前は何といふ？』

『私は趙顏《てうがん》と申します。私に何事かあるんなら、どうぞ、教へて下さい。』

『いや外でも無い、お前はナ、氣の毒ながら、二十《はたち》歳を越えず、夭死《わかじに》をする相が見えるのぢやよ、それでつひ嘆息をしたのぢや。』

少年は驚き恐れて、べたく＼と其人の脚下に身を伏《ふ》せ、

『仙人様、聖人《しやうにん》様、どうぞお助け下さい。』

頻りに拜む、旅《たび》人は困つた顏をしながら、少年を扶け起して、

『命《めい》は天に在る、わしが力《ちから》で救ふことは能《で》きぬのぢやテ……』

父子異人の跡を追ふ

少年は大に落膽して、一寸默つたが、何を氣が付いたか、いきなり飛び起きて馳け出した、一さんに吾が家に仕つて父親に、斯く＼の次第と語つた。其は大變と、父は直に少年と馬に飛び乘つて畠へ馳けつけた。もう其人は居ないが、遙か麥の穗がくれに其

明日を約す

延命の奇計

の行く姿が見える、父子《おやこ》は間もなく追ひついて、其人の行手を遮り、大地に鰭伏《ひれふ》した。

『御聖人様《おしやうにんさ》、仙人様、先生様・先刻悴《せがれ》の人相を御覽下さつて、二十歳前に夭死《わかじに》の相があると仰せられたさ　で御座りまするが、どうぞお力をもちまして此の獨り子の命を延ばして下さりませ、家の祀りが絶えまする、御慈悲で御座りまする、お願ひで御座いまする。』

二人が泣きすがつて道を通さぬので、其人も困つてしまつた。

『實の處、わしにも天命は奈何とも致しやうが無いのぢや、誠にはや氣の毒なことぢや、う〻何とか考へて見よう。お〻、かう爲《な》さ　、まづ二人共家《うち》に歸るのぢや、そして好い酒を一樽、鹿の脯《ほしにく》を一斤と、調《とゝ》のへておきなされ、わしが明日《あす》の午後必ずお前の家に行つて、考へを授けることにしよう、それで延命《えんめい》が出來るか出來ぬか受合はれはせぬが……』

父子は、是で幾分《いくら》か賴みの綱に取り附けたので、喜び勇んで家に歸り言はれた通り酒《さけ》と鹿脯《ほしにく》とを求めて、一圖《づ》に明日《あす》を待つてゐた。

先生は約束通りやつて來た。そして少年に斯ういひ含めた。

碁を圍む二老人を酒攻

『お前はナ、此から、あの麥畠の南の桑の大木《たいぼく》の下に行くのぢや、あそこに、二人の老人が碁を圍つて御座るぢや、其傍に行つて、此の酒を盃に注いで、二人の側に脯《にく》と一處に、そつと差出しておくのぢやぞ、老人達が飲めば、あとから〳〵酒を注いで、無くなるまで、さうして居《ゐ》なさい。若し先方から何か問はれても決して口をきいてはならぬ、たゞ默つて丁寧に極鄭寧《ごくていねい》にお辭儀を爲《し》つゞけるのぢやぞ、こしたら何とか助けて貰へまいものでも無い、わしは此家《こゝ》に吉左右《きつさう》を待つて居《ゐ》よう。』

老人初めて少年に氣付く

そこで、少年は桑の樹の下に往つて見た。果して二人の老人が碁を打つて居る、其のまはりには供人《ともにん》らしい者が、多勢《おほせい》、靜かに待つて居る樣子であつた。少年は其等にはかまはず、携へて來た酒脯《さけさかな》を碁盤の側に差出した。老人達は何の氣も付かぬらしく、碁盤から眼を放さず、互に一石、二石、考へては打ち下ろし、打ち下ろしては又考へ、何時か側《そば》に出してある盃を取つて飲み、つひ、また脯《さかな》にも手を出して喫べるのであるが、すつかり碁に氣を奪られて、少年が來て居るのも、絕えず酌をして居るのにも、氣がつかぬ樣子であつた。

やつと碁が終《をは》つた。碁盤から眼が離れると、北の方に坐つてゐた老人が不圖、少年に氣が注《つ》いて。

『これツ、少年お前はどうして此處に居るのぢやツ。』

重《おも》い聲でさう叱つた。少年は恐れ入つてたゞ無暗にお辭儀をするばかり、何とも答へをしない。南方の老人は笑つて、

『人の物をたゞ食《た》べて了《しま》うては申譯が無いといふものぢや、もう飲み食ひしてしまつたのだから、何とか人情が無ければなるまいてな。』

運命の訂正

『ぢやからとて、文書に、既に定《さだ》まつてある事は、變改しようがあるまいが。』

『ちよつと文書を見せてお貰ひ申さう、おゝ〳〵趙顏、壽《いのち》、十九歳とあるな……此は、いと易いことぢやが、かう改めるぢや。』

筆を取り出して、十と九の間に『レ』の返り點を附けてしまつて、少年にかう言つた。

『さアお前は助つたぞよ。壽命は九十歳ぢや。』

少年は其を覗いて見て、大安心、三拜九拜して、起ち上《あが》るや駈け出して家《うち》に歸り、待ち兼ねてゐた先生に此の次第を話すと、

北斗星と南斗星

『それは旨《うま》く行つた。めでたい〳〵。あれは、北の方に坐つてゐたのが北斗星で、南の

方のが南斗星、北斗は人間の死を書き注《い》れる役目で、南斗は生《せい》を書き注《と》める、いづれも尊い天上の仙官ぢや。」

少年の父親は大に喜んで、此の先生に種々手厚いお禮をしようとしたが、少しも受けず、さつさと歸つて去つて了つた。

漂然蹤を晦ます

此の不思議な先生は、當時名高い管輅《くわんろ》といふ大學者で、卜筮、相術《さうじゆつ》、特に天文には玄妙を窮《きは》めた人であつた。元來山東の平原の人で八九歳の頃より毎夜喜んで天文を觀察し稍長じて學識辯論共に群を拔いて神童の譽を得、十五歳の時、瑯琊の太守に招かれて百餘名の學者たちと討論をさせられたが、磊落雄壯、容易に滿座を壓倒し去つて一時に天下に名聲を轟かした。此人がやつた不思議の占《うらな》ひや豫言の話は澤山後世に傳はつて居る。

李　意　期（蜀の人）

千里急行の秘符

李意期は漢の文帝の頃から代々姿《すがた》を見せて居た、旅行の急を要する場合、李意期に賴めば、彼は符《ふだ》を書いて與《あた》へ、倘ほ其人の兩腋《りやうわき》の下にも朱でもつて何か書いてくれる、さうすると千里の路も一日のうちに往返《ゆきかへり》が出來るのであつた。

寸土に百萬の大都市

李意期が天下國州《くにぐ》の都會や名勝の見物ばなしをして聞かせるとき、聞き手が合點《がてん》が惡いときは、土をひねくつて型《かた》を作つて見せる、僅か一寸ばかりの大きさの中に、百萬の都城も、宮殿樓閣、街路、店舖、絡繹として往來する車馬人畜の雜閙まで、仔細分明に現はれて、すつかり合點がゆく。やがて其は消えてしまふのであつた。

孔元方

倒立の酒宴

左慈《さじ》の友人に孔元方《こうげんはう》といふのがあつた、後に西嶽《せいがく》に入つて仙と爲つた。或る時道術家たちが集つて元方《げんはう》を請待《しやうたい》した。戯れに酒飲み競技が始まつた、元方は七十餘歳の老人で平生あまり强酒でもなかつた、順番がまはつて來ると、元方は杖を以て地に立て、手に杖を握つて倒《さかさま》になつた、兩足は勿論上《うへ》に向いてゐる、片手で杖を支へてゐるばかり、宙に倒《さかさ》まになつてゐながら、片手で杯を把《と》つて酒を飲む、此れは誰にも眞似の出來ぬ絶技《はなれわざ》であつた。

沈羲

沈羲

天仙の降下

三個の仙使

沈羲は呉人である、蜀《しよく》に住つて道を學び能く消災、治病の術に通じ衆くの人を救濟してゐた。或る日妻の賈氏《かし》と共に牛車《ぎうしや》に乘つて外出した還り路に、白鹿、靑龍、白虎に牽かせた三輛の車に行逢つた。各車共に各々數十騎の從者がついてゐた、皆朱《あか》い衣を着、矛《ほこ》や劍《つるぎ》の光が耀《かゞや》いて威儀堂々たるものである。沈羲は肅《つゝし》んで路傍に避けて居たが、前なる騎兵が聲をかけた。

『沈羲君ではないか。』

『ハイ左樣で御座ります。』

『君が世人救濟の功德大なることは夙に天に聞えてゐる、若い頃から今に過ちもなく常に道を修めて怠らぬのであるが、天壽《いのち》が旣に盡きるので、此の度《たび》、天上より仙官を降《くだ》されて君を迎へられる次第、白鹿車に乘れるは侍郎《じらう》・薄延之《はくえんし》、靑龍車のが度世君《とせいくん》・司《し》馬生《ばせい》、白虎車は卽ち迎使者《げいししや》の徐福《じよふく》先生である。』と傳へた。

沈羲夫婦の昇天

四百年を經て故郷に歸る

昇天當時の光景

三仙人は、沈羲を招き、白玉《はくぎよく》の簡《ふだ》、丹玉《たんぎよく》の字を授けたが、彼には其は讀めなかつた。やがて夫婦を仙人たちの車に移し載せて天に昇るのであつた。其時近傍に耕作してゐた村民共は此の光景《ありさま》を望見してゐたが、深い霧が掩《おほ》ひかぶさつて、委《くは》しいやうすは判らなかつた。其のうち霧が霽れわたると、たゞ沈羲の車だけ殘つて、牛はそこらの畠の作物《さくもつ》を食つてゐた。

大變の事が出來たと思つて村民たちは、沈羲の家に此事を知らせた。家族の者は四方百里に手を分けて搜索を盡したが、踪跡を得なかつた、多分惡鬼《あくき》に攫《さら》はれて何處かの山谷に匿《かく》されたものだらうと斷念するの外はなかつた。

四百餘年を經て、飄然として沈羲は故郷に現れたが、誰も昔の知邊《しるべ》が有らう筈が無い。十何代かの子孫、懷喜《くわいき》といふ者をやつと搜し出して、其の家に數十日留つて居た。其間に登仙當時のことを話した。初め天上に到つた時、天帝に見《まみ》ゆることは出來なかつた。老君は東向きに坐つてゐたが、謝禮《おじぎ》することも口を利くことも禁ぜられ、たゞ默々として坐せしめられた。宮中の美しさは言語に絶えたもので、數百人の侍者は孰《ど》れも若くて美しかつた。庭には珠玉の樹があつて、其下には種々の靈芝《れいし》が叢生してゐた。龍や虎の

老君の風采

玉盃に盛る不老の神液

治病の靈符を授かる

類《たぐひ》も善く馴れて、樂しげに林の間に遊んでゐた。殿堂の壁には符《ふ》を懸けてあつた。老君は身の長一丈ばかりもあらうかと見受けられた、髮は結ばずに垂れてあつた、文《あや》のある衣の下から身體《からだ》の光がさしてゐた。沈羲が暫く默然としてゐると、玉女《ぎよくぢよ》が玉盃《ぎよくはい》を持つて來て、此れは神丹で、飮めば死《し》ななくなると言つた。夫婦共に一盃づゝ飮んだ。藥の後《あと》に大きな鷄卵ほどの棗《なつめ》を二つ、脯《ほしにく》を五寸づゝ賜《たま》はつて『暫く人間に還つて人民の疾病を治療せよ、若し天上に上りたいと思はゞ此の符《ふ》を竿の梢《さき》に懸けておけ、迎ひ取つて遣はす』との事であつた。そして一つの符と仙藥の處方とを與へられた。忽ち睡氣がさして來た樣であつたが、氣が付いて見ると、已《すで》に地上に立つてゐるのであつた。

沈羲が天上から授けられて來た符は靈驗の著しいもので多くの人を助けた。

介象（會稽の人、字は元則）

介象《かいしやう》は經學詩文百家の言に通じた立派な學者であつたが、道に志して會稽《くわいけい》の東山《とうさん》に入つた。變幻出沒《へんげんしゆつぼつ》測《はか》る可らざる奇術に長じ種々の不思議を現《あら》はした。

虎に額を甜められる

石を拾つて仙女に逢ふ

五丹經《こたんけい》といふ仙經《せんけい》があるといふことを聞き、之を求めんと天下を歴游したけれども遂に良師に遭ふことを得ず、再び山に入つて苦心修行し、ひたすら神仙に遭《あ》はんものと思をこめてゐたが、或る日、疲れて石上に臥してまどろんでゐると、虎が現はれて來て介《かい》象《しやう》の額《ひたひ》を舐めた。之に眼ざめて虎に對ひ、

『天が汝を吾が侍衛《じゑい》に遣《つか》はされたのなら此處に居れ、そこらの山神などが吾を試みによこしたのだつたら、とつとゝ去《さ》れ。』

かう言ふと、虎は見えなくなつた。

介象が山を出て或る谷に入ると、珍しい石を發見した、鷄卵《たまご》大《ほど》の紫色の光澤のうるはしいもので、そこら一面にちらばつてゐた。二個ほど拾ひ取つたが、谷が深くなつて進まれない、已むを得ず、山に引返さうとする途中、十五六歳の氣高い女子がひよつくりと見えた。容貌《ようばう》・服裝《ふくさう》、世にあるまじき美しさ、まさしく神仙の出現と信じて、介象は頓首《とんしゆ》九拜、

『どうぞ長生《ちやうせい》の方《はつ》を御投け下さりませ。』と哀願すると仙女は、

『其の手に持てる物を故《もと》の處に返《かへ》せ。』

象の絶穀三年、再び仙女に逢ふ

驚き急いで右を戻しにいつて來た。仙女はまだ待つてゐて、

『汝《そなた》はまだ血食《けつしよく》の氣《き》が盡きて居らぬ。今より三年間穀《こく》を斷《た》つがよい、其時また此處まで參るであらう。』

此れ以來、介象は一切穀物を食はず三年誠意《せいい》の修行を續けた後、曩《さき》の處に往つて見ると、仙女は既に悠然として立つて居た。そして還丹經《せんたんけい》(仙經の名)を一部、象《しやう》に授けて、

『此れを守れば仙たらむこと疑ひなし、ゆめ〳〵餘業に意《こゝろ》をみださるゝな。』と言ひをはつて仙女の姿は消えうせた。

呉宮の人となる

介象がかつて弟子の駱廷種《らくていしゆ》の宅に訪ねていつた時、折しも數名の學徒が左傳《さでん》(書名、春秋左氏傳)に就いて討論をしてゐた。あまり間違つた説が多いので、聞くにたへかね、介象は口を出して明晰《めいせき》に疑議《ぎぎ》を決《けつ》してやつた。非常の人だと皆驚嘆して、後《のち》、其人等より密かに呉《ご》帝《てい》に推薦《すゐせん》した。其とさとつて介象は官途に就くなど煩《うる》さい事だと身を匿《かく》さうとしたが、駱廷種《らくていしゆ》が無理に引止めておいた。果して天子より招聘《せうへい》の使が來た、其頃の都・武昌《ぶしやう》に迎へられた。呉帝は十分な優遇を與へて、特に『介君《かいくん》』と尊稱して之に師事《しじ》した。或る時、象から隱形《おんぎやう》の術を授《さづ》けられて、後宮《こうきう》に還られたが、誰も呉帝の行歩出入《かうほしゆつにふ》を認める者がなか

庭前の池から鯔魚

一瞬に成都へ往復す

つた。

また、帝の求めに應じて各種の果物の種を目の前に蒔《ま》いて卽坐《そくざ》に實《みの》らせたことがあつた、みな善く熟して美味であつた。帝と對話の際膾《なます》に作るには何魚《なにうを》が最《もつと》も良いかといふ問題になつて、介象は『鯔魚《しぎよ》が一等だ』と言つた。すると、帝は『其れは良いかも知らんが、海のもので、此の武昌から千里の外でなくては獲られない』といはれた。介象は『なに此處でも獲られます』と、直に庭前を掘つて池とし水を汲みこみ釣《つり》をはじめた。暫くすると大きな鯔魚《しぎよ》が潑溂《はつらつ》として釣りあげられた。帝は驚いて『喫べられようか』と疑はれた。『わざ〳〵陛下の爲めに取つて膾《なます》にしようといふのです、喫べられぬことがありませうか』と、其魚を厨房《れうり》へ廻して膾に作らせることになつた。帝は更に『膾には蜀《しよく》の薑《しやうが》が好い』と仰せられた。『其れも得られぬことはありませぬ、使者を御命《おめい》じ下さい そして代價を御もたせ下さい。』と言つたので、近臣の一人を使者に定め、薑代《しやうがだい》金五十文を與へた。介象は符《ふ》を書いて青い竹杖の中に入れ、其杖に騎つて斯く〳〵して往つて來る樣にと敎へた。

吳帝の使者は青竹の杖に跨つた、そして眼を閉《と》ぢると空を飛ぶが如くおぼえたが、程

一箇の梨を食つて脫去す

なく止《とま》つた、賑かな街路《まち》だつた、行人《かうじん》に聞くと蜀の成都《せいと》だといふ、急いで薑《しやうが》を買つた。其時呉から蜀の帝へ使に來て居た張溫が偶然《ぐうぜん》行き逢うた。呉帝の近臣が薑を提《さ》げてゐるので驚いたが、理由を聞いてから、然らば言傳《ことづ》てたいと、吾が留守宅への手紙を托した。使者は再び青竹の杖に騎つて眼を閉ぢた、すぐに故《もと》の宮中に歸つて來た、ちやうど膾《なます》の料理が出來たところであつた。

介象は、あの複雜な難《むつ》かしい符《ふ》の點畫《てんくわく》を熟知してゐて、普通の文字の如く樂々《らく〳〵》と讀むことができた。其を疑ふ者が、試みにいろ〳〵の符をば註《ちゆう》をかくして讀ませて見たが、一つも謬らなかつた。其他介象の法術は變幻窮《へんげんきはま》りなきもので、或は、一村の鷄犬《けいけん》を悉く數日間鳴かしめぬことや、一市の人を皆坐《みなざ》したまゝで起《た》たしめなかつたこともあつた。隱形變化《いんけいへんくわ》自在《ざい》にして親ら草木禽獸に化することも容易であつた。

介象が病に罹《かゝ》つたといふので、天子は宮女に梨を一籠持たせて見舞に遣はされた。介象は其の梨を食するや直に死んだ。屍體《したい》は勅命を以て懇《ねんご》ろに埋葬《まいさう》せしめられた。然るに、日中に死んで其の夕刻、千里も下流《かりう》の建業《けんげふ》（後の南京）に往《い》つて、其地《そこ》の御苑《ぎよえん》の役人に梨の種を、『此れは天子より賜はつたのだ』と言つて種《う》ゑさせた。此の事を苑吏《ゑんり》より武昌の都に報告して來たので、介象の棺《くわん》が檢視された、たゞ一枚の符《ふ》があるのみであつた。後、弟子が藍竹山中《らんちくさんちゆう》に入つたとき、介象に出遭《であ》つたが、前よりも顏色がずつと若やいで見えた。

石が凹む程寢た

修羊公（魏の人）

華陰山の石室の中に石の榻《ベツド》が懸つてゐる、修羊公《しうやうこう》は其《そ》の榻《たふ》に起き臥してゐたが、幾年を經たものか、石が磨《す》り減《へ》つて凹《くぼ》んでしまつた。修羊公はあまり出あるかない、たまに黃《くわう》精《せい》（草藥）を採りに出て其を食ふぐらゐのことである。漢の景帝が此を聞き傳へて、召して宮城内に住はせたが、數歳經つても何も教へてくれない。景帝は待遠しくて『何時になつたら公《こう》は語《ことば》を發するか』と言ふと、忽ち白い羊と化《くわ》して了つた。白玉《はくぎよく》のやうに硬《かた》く光澤がある、其の羊の脇腹《わきばら》に『修羊公、謝ス二天子ニ一』と題《しる》してあつた。此の白石羊《はくせきやう》は通靈臺《つうれいだい》の上にすゑて祀《まつ》られたが、いくほどもなく消えうせた。

左慈（廬江の人、字は元放）

学を捨てゝ仙に入る

曹操に一泡吹かす

左慈《さじ》は立派な學者で、五經に通じ天文にも明かつた、漢の天下ももう長くはない、世は大亂になると見て取つた。

『あゝ〳〵、衰亂の世に値《あ》つては、官の高きは危く、財《さい》の多きは死《し》ぢや、現世の榮華は貪《むさぼ》るに足らぬ。』

と嘆息して、此れまでの學問を捨てゝ專ら仙道を修め、能く鬼神を使役することを得た。天柱山に入つて、石室内に九丹金液經を發見して、仙藥煉成の法を覺《さと》り、且つ種々の變化の術をも修めた。

魏の曹操は後に漢の天下を奪うた奸雄で、學問にも長じて居た。左慈の偉大なることを聞いて之と語らうと思つて召し寄せた。先づ其の術を試みんとて、石牢《いしらう》の中に幽閉して一切食物を與へず、外間の交通を遮斷し、一年を過きて引出して見たが、左慈は何事も無かつた樣に、平和に健康な容子《ようす》であつた。曹操は其より左慈を優待し始めたが、どう

別宴の顯恠

杯宙に止る

羊群に沒し去る

も生人《せいじん》が食《しよく》を絶つて居られる道理は無い、必ず左道邪法を行ふ者にちがひないと、疑ひ且つ恐れて、密かに謀殺を企てた。左慈は早くも其害意の萠しを察して、放還を願出た。

曹操は『實は天下の爲めに留つて戴きたいのだが、官途を嫌はるゝのであれば致方が無い、先生の高志を枉げさせても相濟まぬ、無理にはお引止め申すまい、然らば名殘りの宴を開かう。』と言つて酒席を設けた。左慈は『お別れに、公と一杯の酒を分飲致したい』と言ひ、曹操は快く之を承諾した。左慈は簪《かんざし》を拔いて杯の酒に仕切りをした。すると酒は中斷せられて、其間が一寸も離れた。左慈は半分を飲んで、曹操に半分を勸めた、曹操は自分が先づ飲んだ杯をさして、左慈が次に飲むことだと考へて居たのであつたから、今、左慈が獻したのを快からず思つて、すぐには飲まうとせぬ。左慈は殘りの半分も頂戴しますと言つて皆飲んでしまつた。飲み畢ると其の杯をぱつと屋棟《やね》へ擲《なげう》つた、杯は屋根にとまつて今にも落ちさうで落ちもせず、恰も鳥が俯仰《ふぎやう》するかの樣に搖動する、いかにも不思議さに、坐上の人皆其の方に氣を取られてゐた、やゝ久うしてひらりと地に墮ちた。其の時、もう左慈の姿は何處にも見えなかつた。

曹操は、左慈が自分の敵國の用《よう》を爲《な》して、其奇術を逞うすることがあつてはならぬ、是非殺して了《しま》はうと決心してゐた。直に行方《ゆくへ》を嚴探させたが、何處に逃げたのでもなく、自分の宿舍にちやんと歸つてゐた。『逃さぬ樣收禁して了《しま》へ』との嚴命に捕手の者が馳せ向ふと、左慈はするりと脫《ぬ》けて往來に出た、折しも來掛つた群羊の裏《なか》に混《まぎ》れこんで羊に化《な》つて了《しま》つた樣である。

羊の群が一齊に物を言ふ

そこで牧羊者《ひつじかひ》に本《もと》何頭であつたかを訊《き》いて現在數を調べて見た、果して一頭多い、けれども孰《どれ》が左慈だか判らないので、追手の者は『主人曹公はお迎へをして來いと言はれた丈《だけ》で、別儀は無い、御懸念なく暫く御出を願ひたい』と丁寧に羊の群に演說をした。すると、俄かに大きな羊が進み出て、跪いて『ほんとに然《さ》うですか』と言つた。此奴《こいつ》が左慈だと引捕まへようとすると、皆の羊が駈け集つて、一樣に跪いて、口々《くちぐち》に『ほんとに然《さ》うですか』『ほんとに然《さ》うですか』とざわめき立てる。もう、ごちや／＼になつて手の着けやうが無い、追手も空しく引上げるの外はなくなつた。

獄吏の拷問

程經《ほどへ》て、左慈の居處《ゐどころ》が密告された。此度は巧《うま》く取押へて牢獄にぶち込むことが出來た。法官が獄舍に往つて見ると、戸の中に左慈が居る、戸の外にもまた同じ左慈が居て、孰《いづ》れが眞《しん》か判らない。此の趣を上申すると、『なぜ二人共打斬つて了はぬ』と叱られた。引

市中悉く眇目青衣の人に埋まる

一器の酒一片の肉が無盡藏

返して刑の支度をするうちに左慈は見えなくなつた。

そこで城門を閉ぢて大捜索に取り掛つた。左慈の人相は眇目《かため》で、青色の葛巾《くずつきん》を冠つて同じ色の葛衣《くずきぬ》を着てゐるのだ、見當り次第に取抑へよと觸れまはした。處が市中を歩く者どれもこれも眇目、青葛巾、青葛衣の者ばかりになつて、又しても左慈の見分けはつかないのである。曹操は業を湧かして『孰《どれ》でも管《かま》はず斬り捨てよ』と濫命を發した。忽ち左慈が首を獻じて來た者があつた。大に喜んで實驗をすると一束《そく》の茅であつた。

其後、左慈は荊州《けいしう》に現れた。荊州の刺史《しし》劉表《りうへう》は、左慈が奇術を以て民心を惑はしてはと杞憂《きいう》を懷《いだ》き、取り押へて殺害しようと考へて居た。劉表が觀兵式を行ふ日、左慈は見物に出かけて行つた、そして劉表に面會して、いさゝか軍隊慰勞がしたいと願出てた、表が怪んで何品かと檢《しら》べると、一の器《うつは》に酒が一斗、今一つのに脯肉《ほしにく》が一束《そく》入つてゐた。どうか百人の兵士達に三杯づゝの酒と一片《きれ》の脯肉《ほしにく》を振舞ひたいと觸れ出して、左慈は親《みづか》ら刀を取つて脯肉を削り酒を酌んで渡す、百人にわたしてまだ餘りがある、次に百人と振舞つてまだ／＼盡きない、とう／＼全軍一萬餘人に漏れなく行きわたつて、二の器には仍ほ始のほどの酒と脯肉とが殘つてゐた。更に劉表の坐上の客に饗應した、一千餘人が皆大醉滿腹して了《しま》つたので、劉表もすつかり驚服して、もはや左慈を害するの意も挫《くぢ》けて了つた。

楊樹の梢上を歩く牛

數日にして左慈は劉表の處を見捨てゝ揚子江《やうすこう》を渡つて呉の國に入つた。呉國の丹徒といふ處に徐墮《ちよだ》といふ高名な道術家がある、左慈は飄然として其家を訪問した。徐の門には賓客《ひんきやく》の牛車《ぎうしや》が六七輛居た。一賓客が左慈の風采の揚《あが》らぬのを見て、碌な用ではあるまいと推測して『主人は不在《るす》だ』とうそを吐いた。左慈は立去つた。客は不圖氣がつくと牛が其處の楊樹《やなぎ》の梢を歩《ある》いてゐる、奇怪な事だと樹に上つて見れば牛は見えない、下りて見ると、やはり梢の上にゐる。其の内に車の轂《しん》には荆棘《とげ〳〵》が密生して一尺許りに伸び、斬つても斷れず、推しても動かなくなつて了つた。賓客共は大に懼れさわぎ、一面、徐公に『先刻眇目の來訪者があつたが不在と言つて追ひ返したら斯く〳〵の異變が生じました』と報告した。徐公は『えゝしまつたことをした、其は左慈先生が御訪ね下さつたのに失禮な事をした、急ぎ追つかけてお立歸りを願つて來い』とあせりたてる。皆の者は二度喫驚、やう〳〵の事に左慈に追ひついて一同謝罪をした。左慈の意が解けたので、車も牛も故《もと》の如くになつた。

呉主手を下す能はず

董奉

其は偶然です

左慈は呉主《ごしゆ》に謁見したが、呉主も亦た之を殺さうとするのである、共に遊覧に行かうと誘ひ出して、左慈を馬前に行かせて後《うしろ》より刺殺す計畫であつたが、左慈が木履《きぐつ》を穿《は》いて一本の竹杖をついて徐かに歩んで行くのに、呉主が如何に馬に策《むち》うつて進んでも、どうしても近づけなかつた。其の非常の人だといふことが判つて呉主も害意を飜した。

其後、左慈は葛仙公に、自分は霍山に入つて藥を煉るのだと告げたが、遂に仙去して再び世間に見ることが出來なくなつた。

董　奉　(字は君異)

董奉《とうはう》は呉の侯官縣《こうくわんけん》の人である。呉帝孫權《そんけん》の時代、此の縣に勤めてゐた者が董奉を見識つてゐたが、其時、董奉は四十歳許に見えた。其人はまだ年少であつたが、間もなく他《ほか》に去《い》つて五十年後再び他の官に就いて此地を通過する際、久振り舊知の人々と會つたが、誰も皆老い果てゝゐるのに、董奉ばかり昔のまゝの容貌なのに驚いて、

「君は道術を得て居らるゝな、私さへ此の通り皎首《しらが》に爲つたのに、君は昔より却つて若

交州刺史の頓死

三粒の丸薬死人を活かす

死亡中の光景

冥土の獄舎

太乙神の救助

く見えられる』と訝《あや》しんだが、

『なアに、其は偶然です』と董奉は輕く答へるのであつた。

杜《と》燮《せう》といふ人は交州（今の廣東）の刺史《しし》であつたが、何かの中毒で俄かに死んだ、董奉はちやうど其時交州にゐたが、此れを聞いて自ら往つて見た、死んでから三日目であつた。死人を抱き起《おこ》させ、三粒《つぶ》の丸薬を水で注《そゝ》き込むと、しばらくして、手足を動かし、顔色に血の氣が浮《うか》んで來た。半日ばかりで坐《すわ》れる位になり、其翌日は談話が出來るやうになつて刺史は其の死んでゐた間の事を如左《かう》語つた。

何時死んだか判らないが、ぼうッと夢の様になつてゐるうちに、十五六人黒衣《こくい》の男が來て車に載せて去つた、大きな赤い門の内に入つて獄舎《ひとや》の中に抛《ほ》りこまれた。獄舎《ひとや》は一室《へや》づゝ別になつて、やつと一人が容《い》るだけの廣さだ。自分を其一室に入れて、外から土で入口を塗《ぬ》り塞《ふさ》いだ、全く光線が射《さ》さない眞闇だ。何時間經つたか分らない。ふと戸外に聲がした、『太乙《たいいつ》（神の名）から使が來て、杜《と》燮《きう》を呼出されるのだ』といふ様であつた。程なく、がた〳〵戸口の土を剝《は》がしはじめた、やゝ暫くして引出された、戸外に赤《あか》い蓋《おほひ》の馬車がゐた、車の内の三人の一人が、車に乘れと言つた、元《もと》の赤門の方へ還つて來たかと

再生の大恩人

鳥の如く飛んで來て食卓に就く

船はいらない棺の用意

思うたら、氣が覺《つ》いて、活き返つたのだと。

交州刺史杜燮《とせふ》は、再生の大恩人として董奉を尊崇し、邸内に新に樓屋《ろうをく》を建てゝ其處に住はせ、鄭重を極めて奉仕するのであつたが、董奉は質素な生活を好んで、淡泊な食物《たべもの》に少量の酒を攝《と》るだけであつた。其れも鳥の如く空を飛んで來て食卓に就き、食事が畢れば直に飛んで去《い》く、來るのも往くのも人目にはとまらなかつた。かうして一年許經つと、歸ると言ひ出した。刺史は泣いて止めたけれども、住《とゞ》まらない。では堅固な大船を準備しませうと言つたが、いや／＼船はいらない、棺を一個用意して下さいといふ。即日立派な棺が用意された　翌日、日中、董奉はころりと死んで了つた。

杜燮《とせふ》は泣く／＼屍體を棺に納め假埋葬した。

七日の後、容昌《ようしやう》といふ處から來た人が、董奉から『大變お世話に爲りました、どうぞ御機嫌好くお暮しなさるやうに』と言傳《ことづて》を受けて來たと言つた。早速前《まへ》の棺を開いて視ると、一枚の帛《きれ》に人形《にんぎやう》と符《ふ》とが書いてあつた。

悪瘡の治療

全身をなめまはす一尺幅の舌

雨乞ひ

雨乞ひ賃に雨の漏らぬ家を作る

董奉《とうはう》は其後豫章《よしやう》の廬山《ろざん》に棲《す》んで居た。山麓の村民に悪瘡《あくさう》の爲め死にかゝつてる者があつた。『どうか御助けを願ひます』と頼みに來た。其の病人は一室の中に坐《すわ》らせられ、五《いつ》重《へ》の布をかぶせて、動いてはならぬと命ぜられた、すると何か知らぬ怪しい物が來て舐《な》めまはす、いふにいはれぬ痛さだ、べろり〳〵體中隈《からだぢゆうくま》なく舐めまはり、舌の廣さが一尺もありさうだ、牛か何かの樣な氣《け》はひであるが、とう〳〵何とも分らぬうちに去つて了つた。

董奉は病人を池に伴《つ》れていつて水浴《すゐよく》をさせ『さあ此れで程なく癒《なほ》るぞ、十日許の間、風に當るな』といひつけた。病人はすつかり赤膚《あかはだ》になつて、皮が無いから酷《ひど》く痛いけれども、水浴をすれば痛がとまる、彼是二十日ばかりで皮が生《で》きて奇麗に治《なほ》つた。

或時、大旱《おほひでり》が續いた、廬山地方の縣令が、董奉の處に、自ら酒肴《さけさかな》など携へ面會に來て、雨請ひを頼んだ。奉は『雨《あめ》は容易《たやす》いことだが』と言ひつゝ、上を向いて『此の通り空《そら》が見える破屋根《やぶれやね》だから、雨が降つては堪《たま》らない』と笑つた。『いや先生、雨さへ降らせて下されば、御宅は立派に建てさせます』と、縣令は直ぐに命を下し、數百人の職工人夫竹木

杏林の故事の由來

藥禮には杏の株を植ゑさせる

杏どろぼうの番には虎

一切の材料を集めて、立ちどころに家は建てゝしまつた。これから土をこね泥を煉らねばならぬ、數里の遠方まで水汲みに行くのが大變だと噪《さつ》いでゐるのを、董奉が『待て〳〵水は汲まんでよい、今に雨が降る』と止《と》めた。果して夕方から大雨に爲つて枯れかけた作物も皆生きかへつた。

董奉《とうそう》は廬山に居ても耕作はせず、病氣を治療しても錢は取らない。たゞ、重病の癒《なほ》つた者は杏《あんず》を五株、輕症の者は一株づゝ自宅の附近に植ゑさせてゐた。幾年かの後には十餘萬本になつて、山々谷々見わたす限り廣茫《ひろ〴〵》と杏林《あんずばやし》になつた。さま〴〵の禽《とり》が集つて來《き》、いろ〳〵の獸が林の間に戲れ遊ぶので、樹の下には雜草も生えなかつた。花時《はなどき》の美しさはいふまでもなく、また夥しい實《み》が生《な》るのであつた、杏子《あんず》が熟する頃になると、林の中の小舍《こや》に穀物の容器《いれもの》を置き、杏子の欲しい者は勝手に採つて、隨意の量《りやう》、代《かは》りの穀物を置いて行かせることに定めておいた。中に狡猾な奴があつて僅かの穀物を置いて、無暗に澤山の杏子を持つて行かうとしたら、林の奥から虎が飛び出して吼えかゝつた、吃驚《びつくり》仰天《ぎやうてん》、逃げ出す躓《つまづ》く、滑《すべ》つた、顚《ころ》んだ、杏子がこぼれる、ちやうど置いて來た穀物に相

雲中に飛上つて仙去

當するほどのものが、やう〱手に殘つて居た。

杏子に代へた穀物は貧乏な者や、行旅者《たびのもの》に惠むのであつた。

董奉は縣令の娘を妻に娶つたが、子が無かつた、女の子を養うて其れが十餘歳に爲つた頃、突然董奉は身をそばたてゝ、雲の中に飛び上つて去《い》つて了《しま》つた。妻と娘は舊の宅に殘つて、杏の實で生計を立てゝゐた。ごまかす者があれば虎が出《で》て取り締りをしてゐた。董奉が世の中に居たのは前後三百年ばかりであつたが、顔狀《かほかたち》は常に三十前後の人であつた。

註(一)　醫師をほめて、又は單に代用語として、杏林といふのは此の故事より出づ。

呂　文　敬　(名は恭)

谷中の三仙客

呂《ろ》文敬《ぶんけい》は奴婢《をとこをんな》各一人を伴《つ》れて、太行山の奥に藥採りに行つた。谷の中に入《はい》つたところが意外にも三人の人がゐた。

『藥採りぢやな、長生《ちやうせい》の道を求めようと御苦勞なさるのぢやな。』其の一人が聲をかけた。

『ハイ、どうも良方《りやうはう》を得ませぬので……』

『俺《わし》は呂文起』『俺は孫文陽』『俺は王文上』とおの〱名乘つた。そして三人は太清太和府《たいせいたいわふ》の仙人であるが、時々此の山に採藥に來るのだといふことであつた。

同姓同名の縁

其の內の呂文起といふのが、呂文敬と同姓で字《あざな》まで唯だ一字違ひ、よくも肖《に》てゐる、緣が深いのだと喜んで、それから、三人で山中を伴れあるいて、二日ほどのうちに、藥草の採集製劑、不死の道を得る秘法まで詳かに傳授してくれた。文敬は厚く三人に禮を述べ、喜び勇んで家《うち》へ歸つたが、屋敷は荒れはてゝ、誰も人影は見えない。山に往つて還るまでの僅か二日に、人間では二百年以上も過ぎ去つて居るのである。

高名の道士は子孫

いろ〱尋ね巡つた末、稍隔つた處に、呂習といふ名高い道士が自分の子孫であることを聞き出した。其處に行つて名乘ると兼て先祖が奴婢《めしつかひ》と一緒に藥採りに出たまゝ歸らなかつた――多分虎狼の害に遭《あ》うたのであらうといふ話を聞いてゐたのに、今、仙道を得て歸つて來たと聞いて非常に喜んだ。呂習も既に八十歲であつた。文敬は授かつて來た神方を殘らず傳授して、何處ともなく立去つた。呂習は其れに依つて服藥し、また少壯の身に返つて、更に百年許りも世に存《なが》らへてゐて、終にはやはり山に入つて了つた。

其子孫にも世々長生者が多い。

王子芝

三樽の酒を恩賜

京洛の間に王子芝といふ者があつた。五十年來少しも容貌が變らない。いつも四十前後のやうにつや〳〵して居た。氣を養ふと稱して、よく酒を飲んだ。子芝はもと瑯琊公の許《もと》に仕へて居た頃、大そう王の寵遇を受け酒好な處から、日に三樽の酒を飲料に當てがはれたさうである。

酒好きの樵者に饗應

ある日、門外で、通かかりの一樵者に遇つた。その容子《ようす》が只人でないやうに思へた、そこで善い價で薪を買つてやつた。そして、どうするかと、子芝は人をしてその行く先を尾行させた處が、樵者は眞直ぐに居酒屋へ飛込んだ。そして錢のあるだけ飲み盡して歸るのだつた。その内にまた來た。子芝は聲を掛けて『君は酒は好きだな。僕の家に、飛切りの上酒がある。その薪に換へようではないか』といふと『宜しい換へよう』と、樵者は一盃飲んで見て『これは佳い酒だ。が、解縣の石氏の酒には及ばない。俺《わし》は解縣か

卽座に石氏の酒を呼ふ

紫衣美髯の客を招く

ら來たのだが、彼方では相手がなかつたから折角の好い酒を存分飮まずに來て了つたよ』といつた。そこで子芝《しし》は樵者の手を執つて爐の邊に導き『どうだらう、その石氏の芳醇を此處へ取寄せる譯に行かないか？』といつた處が、樵者は『よし〱』と朱筆で一枚の符を認め、火の上へ翳《かざ》した。パッと立つた煙の消えぬ間に、そこへ一人の童子が現れた。樵者はそれに『旦那の下男と一所に、此の樽二ツ持つて行つて、石氏の家から酒を買つて來い』と命じた。もう日は暮れたので、門は閉つてあつた。童子は下男に『目を閉《つぶ》つて居れ』といふ。その通りにすると、すツと戸の隙から出た。すぐに解縣から酒を買つて歸て來た。子芝は樵者と差し向ひで飮んで見ると旨い。實に芳醇無比である。夜中まで飮んで。樵者は『大そう善い氣持になつた、もう一人相伴《しやうばん》を招《よ》ばうではないか』といふ『それや善からう』といふと、又一枚の朱符を書いて火に投ずると、異香室に滿ち、美髯堂堂として紫衣を著け、笏を持つた一丈夫が現はれ、樵者に一禮して座に就いた。そして滿を引き、頻りに盃を廻したので、二樽は綺麗に空になつた。その時樵者は燒けて居た火箸をいきなり紫衣の人に投げかけて『歸れ！』と一喝し、一同散會した。もう夜が明けてゐた。別れ際に樵者は子芝に『今の男を御存じか？その內に河瀆廟へ行けばあの男

昨夜の客は廟の神様

に會へるよ」といつた。樵者を送り出してから、河瀆廟に往つて見ると、廟の神様がそれだつた。袖に燒火箸の痕まで歴然とついて居た。

子芝は後再び此の樵仙に遇ひ、仙道修煉の秘訣を得て地仙になつた。

李　仲　甫（豐邑徙里の人）

隱形の術

李仲甫は百歲はかりになつても、尙ほ青年の容《かたち》を保つてゐた、歩行の秘訣《ひけつ》を得《え》、隱形《おんぎやう》の術にも長じて居た。初め百日ばかり形《かたち》を隱《かく》してゐては一年ほど形を見せて居るといふ例であつたが、後《のち》には全く形を見《み》せなくなつて了《しま》つた。人と對座して飲食することも談話することも常の通りで、たゞ姿を現はさぬだけが異《ちが》つてゐる。

書生の張《ちやう》といふ者が隱形《おんぎやう》の術を習ひたがつたが、其人が氣短かな性《たち》なので、仲甫は容易に之を敎へない。張は金のあるに任かせ酒食を供するやら何やかや澤山の費用をかけて、ひたすら仲甫の歡心を求めるけれども、どうしても祕術を授けて貰へなかつた。とう／＼張は匕首《ひしゆ》を懷にして仲甫を訪問し、先づ何氣なく對談をしてゐながら、形は見

書生、匕首を揮つて師を刺す

えぬが、聲に依つて其位置を確め、やつと飛び掛つて、匕首《ひしゆ》を揮《ふる》つて滅多やたら其處を亂刺した。

仲甫は疾《とう》くに身をかはして居た、から〳〵と打ち笑つた。

『さて〳〵天下には馬鹿者が居るわい。おれを、どうすることが出來るものか。おれがお前を殺すのは何でもないが、餘り馬鹿なのが不憫で、恕《ゆる》しておくのぢや。』

先づ犬に試む

僕を呼んで、一匹の犬を書生の前に伴れて來いと命じた。

『さあ見て居ろ、おれが犬を殺すのを。』

と、さういふ中に、犬は這《は》入つて來たが、書生の前に到《い》つて、ドタリ頭《かうべ》が落ちた、腹が割れた、鮮血はどろ〳〵と地に塗《まみ》れた。

『どうだ、お前を犬の樣にするのは何でもない事だぞ。』

叱りつけられて、書生はもう活きた心地もなく、地に伏して頭を土に叩きつけて罪を謝した。

鳥羅に罹つた仲甫

李仲甫の舊友が五百里も離れた處に居た、其人は羅《あみ》を張つて鳥《とり》を捕るのを業としてゐた、或る朝パタリと羅《あみ》に罹《かゝ》つた鳥があつた、捕つて視たら仲甫であつた、暫らく話して歸つて往つた、其の日の内に早く家に還りついてゐた。仲甫は三百年餘も民間に居て、いろ〳〵不思議を現はしてゐたが、後、西嶽に入つて復び還らなかつた。

馬鳴生（臨淄の人、本姓は和、字は君賢）

馬鳴生《ばめいせい》は、年少の頃縣吏だつた。賊を捕へんとして負傷し、一時死んで居たところ、忽ち神人《しんじん》が現はれ、藥を與へて復活させた。そこで職を捨て、此の神人に隨つて去つた、初めは其の金瘡治療《きんさうちれう》の妙法を授かるのが望みであつたが、其内に神人は不老長生《ふらうちやうせい》の道を知つてゐることが判《わか》つたので、是非其をも教《をそ》はりたいと思つて、其人に事へて東西に隨行し、西は女几山《ちよきさん》、北は元邸《げんきう》、南は廬江《ろかう》と天下を周游した。多年の勤苦空しからず、終に仙道の秘傳を受けて故郷に歸つた。それから又附近の山に籠《こも》つて仙藥を煉成《れんせい》したが、昇天することを好まず、止《た》だ仙藥の定量の半分を服むに止め、地仙と爲つて人間界に留ること〻した。それも同じ處に居《ゐ》ず、三年經《た》たぬうちに住《すま》ひを易《か》へ〳〵した。到る處で、家屋を作り、僕從《けらい》を置き、車馬を備へて、俗人と異らぬ生活をするのであつたか

昇天せぬだけの分量

ら、世人は馬鳴生が仙人たることを覺《さと》らなかつた。是の如くして天下を輾轉移動し、五百餘年を過ぎ、偶々見識る者があれば其の常に若くして老ゆることの無いのを怪しんだ。後、つひに白日《はくじつ》昇天し去つた。

伯山甫

老病の姪が忽ち若返る

母は少女忰は七十翁

伯山甫《はくさんほ》はいつからか華山《くわさん》に入つて仙道を修めてゐた。をり〳〵は郷里にも還つた、二百年來同じ姿で若々《わか〳〵》しく、かつて老《お》ゆるといふことが無かつた。人家《じんか》に立寄つて、其家《そこ》の先代以來の善惡功過を數へたてるのが、恰も自分の眼で見た樣、はつきりしてゐる、又將來の豫言が外れることが無い。七十を越えた姪《めひ》が老病で惱んで居るのに藥を與へたところが、だん〳〵若返つて、すつかり舊《もと》の娘姿《むすめすがた》になつて來た。

漢の武帝の時、勅使が此の地方を通行することがあつた。路上で、一少女が七十許の老翁を笞打《ひちう》ち、其の老翁がおとなしく跪伏《きふく》して笞をうけて居る體《てい》が餘り不審なので、馬を停めて、其理由を訊《たゞ》させると、

『此《これ》翁は妾《わたし》の子供でございます、妾は昔伯父《をぢ》の伯山甫から神藥を授かり、此の子にも服めと申したのに背《き》きませんで、此の通りいくぢなく老衰して了《しま》ひました、妾に伴いて歩《ある》けないものですから、今折檻をして居たので御座います。』

合塗國去二王都一七萬里。人善服二鳥獸鷄犬一。皆使二能言一。林屋洞爲二左神幽虛之天一。卽天后眞君之便闕。中有二白紫芝泉一。皆此洞所レ出。乃神仙之飮餌。非三常人之所二能得一レ之。

（述異記）

荒草に横はる金人

金人の舊知傍に哭く

薊子訓（齊の人）

秦が天下の武器を沒收して之を鎔かして十二の銅像を鑄《い》た。重さ各十二萬斤、之を金人と稱して咸陽宮前に樹てた。漢の四百年を經て若干は錢に鑄《い》られ、殘つた兩個を魏の文帝が其の都に遷しかけ、程遠からぬ長安城の覇城《はじやう》まで運んだが、餘り重いので其のまゝ道側《みちばた》にほつたらかして了《しま》つた。荒涼たる黄土《くわうど》の原《げん》上に横たはつた金人の周圍はいつしか荊が生じて來た。土氣《どき》に浸《をか》されて次第に鏽びの色が深くなつた。口や鼻や耳の穴から、兎や鼠や、ちよろ〳〵出入りをしてゐる。

或日の夕ぐれ。此の金人の傍に二人の老翁が立つてゐた、なつかしさうに一人の老翁は、金人の額を摩《な》で、

『此れの鑄《い》られるを見たのも此の間の樣であつたが、そろ〳〵五百年ぢやの。』

『夢の樣ぢや、六國を滅して、もう天下は一姓、再び戰血を見ることはないと、えらい勢ひで此れの鑄造を、したのぢやつたがな、人間に欲火の消えぬうちは心に和平のあ

らう筈はないわい。獸の寄り集りぢや、いがみあふのが當然ぢや、此頃はまた王者といふのが方々に居て吼え立てゝ居るさうぢやな、可愛さうなは百姓共ぢや、一頃《ひところ》より餘程數が減つた樣ぢや。』

百姓の慘苦

『武帝の時六千萬に上つた民口《みんこう》が今十分一もあらうか、何處に行つても生きた者より野原に暴《さら》されてゐる骸骨の數が多い。』

『天運はまだ、太平が來さうもない、二三百年も續くぢやらう。』

僞求道者の續出

『時に、求道者が多くなつて來たではないか。』

『殖えて來た、が、桝目は殖えてもしひなだらけで益《やく》もない。働かずに、食はずに、餓ゑずに、長生がしたいといふ懶惰漢《なまけもの》が仙道修行ぢや。』

『いや、さうばかり蔑《け》なされぬ。强きもの、盜むものが世にさかえて、正しきものは虐《しひた》げられる、世をば果敢《はか》なむも弱きゆゑとのみはいはれまい。利害は兎もあれ、惡濁に染むのが忍ばれぬといふ潔癖の多涙漢もある。今の世を脫《のが》れようといふものが日に增して多くある筈。あゝ日が落ちた、あの西天の佛に歸依する者も少くないさうぢや。』

帝都となつた土地の不仕合せ

『おゝ燐火《おにび》が見える。僅か四五百年の間も此邊に死んで祀らぬ鬼《おに》となつた者が……秦、

追付けぬ驢車の早さ

漢、以來帝都となつたは此の土地の不幸であつた、何ぞと云へば爭奪の巷となつて戰馬に踐みにじられ、腥血の絕ゆる時が無かつたと言つてもよい。あら、夥しい鬼火ぢや父母を喚ぶのか、妻子を求めるのか、永劫《えうがう》に迷ふものゝ數ばかり殖えて、世は彌《いや》が上に陰慘の氣が漲つて來るわい。吾等も、もはや昇天しようか。』

『いや、此の慘澹の氣を拂つて淸朗澄徹の仙境を地上に開かせいでか。』

『おゝ勇猛の大誓願！　玉皇上帝、太上老君、東王公、西王母、一切神靈十萬仙官、この誓願を成らしめたまへ。』

長安城東の荒草《くわうさう》の中に橫はつてゐる金人《きんじん》を撫して、四百年前其の鑄造《しゆざう》當時の回想など話してゐた老翁は、仙人の薊子訓《けいしくん》と其の仙友であつた

折しも馬蹄の音が近づいたので、老翁たちは話をやめて驢車に乘つて立去つた。昔から人の見覺えて居る風がはりの驢車なので、夜目にもそれと悟つたと見え、

『薊先生《けいせんせい》、お待ち下さい、お伴致します。』

と聲をかけて、馬を飛ばせて追つつかうとしたけれども、よぼ〳〵の驢馬が挽いて行

く車と、だん〳〵遠く離れて、先生の姿を見失つて了つた。

薊子訓の年齢

薊子訓《けいしくん》の齢《とし》は誰も測ることが出來なかつた。百歳を出た老人があつたが、其老人の子供の時に會稽地方で藥を賣つてゐた薊先生は、やはり今ぐらゐの年輩であつたといふ。

腐つた驢馬の更生

先生の驢車も有名なもので、曾て滎陽城に入つて人《ひと》の家《うち》に立寄つた處が、門前に停《とど》めて居た驢馬が倒《たふ》れて死んだ、とかうする内腐り始めて蛆《うじ》が流れ出した。門番から報告があつたので、主人があわてゝ先生にさう言つた。『さうですか』と落付き拂つて、起ちもせず、悠々と馳走をたべてしまつて、やつと出掛けて來た、驢馬の側に近いて、持つてる杖を伸《の》ばして、こつ〳〵と驢馬の頭をたゝくと、忽ち起き上つて、何事も無かつた樣に飼料《はみ》を咬《か》みはじめた。

誤つて隣家の子を死す

其より前、後漢の獻帝の頃、薊子訓《けいしくん》は山東地方に在《あ》つて、濟陰の宛句《えんく》といふ所に住つてゐたことがある。種々の神異を現はして近傍の尊敬を得て居つた。或る日隣家の嬰兒《あかご》を抱《だ》いてあやしてゐるうち、ふと手を滑《すべ》らし、地に墮ちて死んで了《しま》つた。其の父母が驚き哀むことは言ふまでも無い、はたの見る眼も忍びぬほどであつたが、薊子訓はさして氣の毒な顏もせず、たゞ一通り過失の段をわびるまでゞあつた。屍體を埋葬して一月ば

子訓の懐から手を伸した我兒

對談者は白髪が黒くなる

かり經つたが、子訓が嬰兒《あかご》を抱いて隣家にやつて來た。父母は驚くより恐れて、『死んだものは致し方が無い、もうあきらめて居るのに、其んなものを伴れて來ては迷惑だ』と言ふ。子供は父母の聲を聞き、抱かれたいので手を伸ばした、さすがに母親は之を見ておもはず抱き取つて、見ると正しく我が子で、元氣なのであつた。父親は尙ほ半信半疑、急いで墓場に往つて、棺を開いて見た。屍體は無くて衣物ばかりであつた。此の子は無事に成長した。

子訓がまだ田舍に居た頃、髪鬚《かみひげ》の白い老人等が、子訓と對坐談話することがあると、誰も其翌朝は白髪《しらが》が眞黒くなつてゐた。此が評判になつて都に聞え、貴顯富豪の人々が何とかして、寸時《ちよつと》なりとも面會對話をしてほしいと、つでを求めるけれども、其れが容易に得られないのに困つた。一年少大學生が子訓の隣にゐてやゝ親しくしてゐた。そこで、有力者たちが相計つて此の少年利用に取りかゝつた、學校關係から此の學生を呼寄せた。『君は試驗の勉强をして居るが、其より榮達の捷徑《はやみち》がある、自分たちの家《うち》に蓟先生をよこしてくれたら、吾等總掛りでどんな有力な推薦もする、後援もする、保證もする、骨を折らずに忽ち出世が出來るぢやないか。』と言つた。

大學生は廻し者

半日に二千里の旅

大學生は堅く約束を定めて歸つた。爾來、子訓に事へることに全力を盡し、灑掃《さいさう》もする、使ひ走りも辨《べん》ずる、柔順忠實な從僕の如くして數百日を辛抱した。子訓はとつくに書生の意中が讀めて居たが、『君は道を學ばうといふのでもなく、どうして俺《わし》にさう善く事へるのぢや』と訊ねて見た。書生はまだ實情を述べかねたから、子訓は『本當を言つたがよい、俺《わし》は判つてる、貴顯富豪の人たちが俺に會ひたいのぢやらう。俺が一度行つてやつたため、君が出世が出來て父母親族に安心をさせることであれば、俺は少しも勞を厭ひはせぬのぢやぞ、さア先《さき》に都に行きなさい、俺はあとから立つ、何月何日には都に着くよつて』と言つてくれたので、書生は天にも登る喜びで直に上京し、嚢に賴まれた貴紳の方々に、何日にはいよ〳〵蘇子訓先生が着京致しますと觸れまはつた。

薊子訓《けいしくん》が着京の日はもう迫つたのに、一向出發の樣子もない。事情を明かされてゐる書生の父母が心配し出した。若し先生が日を忘れてゐるのなら、息子は都で大失態を來すがと、恐る〳〵子訓の處に伺ひに出た。『大丈夫お前の子供の出世を取外《とりはづ》させはせぬよ』子訓は、其日出立してたゞ半日に二千里を往《い》つて約束の場所に到着した、驚喜迎拜する書生に、

二十三軒な同一時間に訪問

棺に遺した片方の履

『サア、何處々々ぢや俺《わし》に會ひたいといふのは。』

『其れが多いので御氣の毒で御座います、一々御越しを願つては大變ですから、先生の御在《おいで》の場所を定めて、先方から集らせる事に致しませう。』

『なに何千里とわざ〳〵來る位だ、都の內での少距離を苦にすることは無い。一々希望者の住所を俺に知らせなさい、そして先方には明日中に俺から出向くから、他の客を斷つて待つて居るやうに通じて置きなさい。』

諸貴紳の家《うち》では、いづれも當日は他の一切の用事來客を斷《ことは》り、專ら薊子訓を待設けて室內の掃除萬端の準備を整へた。果して薊子訓がやつて來て、思ひ〳〵の對談をすることが出來た。其れが二十三軒もであつたのに、どの家にも同じ時刻に一人づゝ子訓が見えて、其容貌服裝もすべて同一であつた。ただ異《ちが》つたのは談話で、其れは各家の主人の問に依つて答が一樣でなかつたのは當然である。此事忽ち洽く都中に喧傳され薊子訓の神變不可思議に驚かぬものは無かつた。

最終の奇蹟は、陳公の家に子訓が往つて、『明日俺は行かねばならぬ』と言つた、『遠方ですか近所ですか』と訊ねた。『いや、もう還つて來ないのだ』といふから、陳公は餞別に葛布の單衣を贈つた。翌日子訓は屍體となつて横はつて居た。五香の芳芬《にほひ》が戸外までにほつてゐる、棺に納めたが、まだ家から運び出さぬ中、棺内に雷霆の如き響が起つて强烈なる光りがした。居合せた人は思はず俯伏してしまつた。やゝ暫くたつて棺を覗《のぞ》くと蓋は碎けてけし飛んで、內の屍體は亡《な》くなつて、たゞ片方《かたく》の履《くつ》が殘つてゐる。そのうちに、門外に人馬の響、笛鼓の聲が起つた。やがて東の方へ往く様であつた、其道筋の數十里が程《ほど》は一月餘りも芳香が消えなかつた。

萬法卽治の
端座療法

王遙（字は伯遼、鄱陽の人）

王遙《わうえう》、彼に賴めば、どんな病ひも治らぬといふことは無かつた。其の療法は神を祈るのでもなく、符水、針藥を用ゐるのでもなく、たゞ八尺ばかりの布《きれ》を敷《し》いて其上に坐らせたまゝ、何も飲ませも食はせもせずにほつておく、程なく癒えて起《た》ち去《さ》つて了《しま》ふのであつた。

惡魔か何かのたゝりに出《よ》る病氣なれば、王遙は地に畫《すぢ》をかいて牢獄とし、神秘な命令《れい》

悪魔を入れる牢獄

不思議の竹籠

濡れない雨

三仙客が吹笛の歡樂

を發して其の惡魔や邪鬼を呼び出す、皆其れ〲の本形をあらはして來るのを、獄内に收めて、狐狸や鼈や蛇の類であれば直ちに斬て燒いて了ふ、それで病者が皆癒る。

王遙に五六寸許の竹籠があつた、錢《せん》といふ弟子は數十年隨從してゐたが、一度も先生が其籠を開くのを見たことが無かつた。一夜、大雨で眞闇《まつくら》だつた、王遙は錢に此の籠を擔《にな》はせ雨を冒して共に出掛けた、雨は降りしきるが一向濡れない、其の道筋は曾て通つたことの無いところであつた。何か知れない二個《ふたつ》の大きな灯《ひ》が前《さき》に立つて行く、ほゞ三十里許も歩《ある》いたところ、小さな山の上に着いて、石室《いはむろ》の中にはいつて去《い》つた。

石室の内には二人居《ゐ》た、王遙は錢《せん》が擔《かつ》いで來た竹籠を開けた、中に五舌《ぜつ》の竹笛《たけぶえ》が三個《みつ》あつた、王は自ら其一を取り二個を室中の人にわたして、三人共に笛《ふえ》を吹きならした、や丶暫くあつて、笛をやめてまた竹籠に納め、錢に擔がせて暇乞ひをした。二人は戸外に送つて出て、王遙に、

『君も早く來たまへ、何だつていつまでも俗間に居るのだ。』

『あ丶今に來るよ。』と王は答へた。

百日ばかり經つてまた大雨が來た。

仙去の別を惜む妻

夜に入つて王遙はすつかり荷物の始末をはじめた。元《もと》から葛織《くずおり》の單衣《ひとへ》や布巾《きれ》が有つたけれども、五十年來曾て着用したことが無かつたのに、此の夜、皆取り出して身に着けた。妻は怪んで、

『妾を捨てゝ去《ゆ》くのですか。』と尋ねた、

『なに暫《しばら》くだ。』

『錢《せん》は連れて行きますか。』

『獨りだ。』

妻は涙を流して、

『どうぞ少《しばら》く待つて下さい。』と願つたけれども、遙は答へず、自ら竹籠を擔いでさつさと出かけて了《しま》つた。遂に還つて來ない。其後三十餘年、弟子が馬蹄山といふ處で遙《えう》を見かけた、顏色は前より若やいでゐたといふ、蓋し地仙なのだ。

魏伯陽

參同契の著者

魏《ぎ》伯陽《はくやう》は南北朝時代の宋《そう》の吳郡の或る家柄《いへがら》の生れで、學問に深く特に神仙の道を究めて、之に關した著述もある、就中『參同契』といふのは後世、道教の重要なる教典に算《かぞ》へられる。

神丹の動物試驗

魏伯陽は仙道研究の末、三人の弟子を連れて山に入つて神丹《しんたん》を煉《ね》ることになつた、さて、首尾よく煉丹成就《れんたんじやうじゆ》せりと認めたが、弟子等の道心のほどが、まだ十分見とめがつかぬので試みにかう言つた。

『いよ〳〵丹《くすり》はできたが、一應犬に試驗をして見よう、丹を嘗めた犬が果して昇天をするならば、大丈夫だ、服《か》むことにしよう。若し犬が死ぬやうだつたら吾々は服《か》まれないのだ。』

仙丹の中毒犬の卽死

そこで伴《つ》れてゐた白犬に丹を食《く》はせてみると忽ちころりと死んでしまつた。伯陽は、

『おゝまだ神丹《しんたん》に成つて居ない、恐らく神明の意に適《かな》はぬ點があつて出來上らないのだらう、うつかり服《の》んだら犬の樣に中毒だ、奈何《どう》したものかなア。』

伯陽が當惑《たうわく》の體《てい》でさう言ふと、虞《ぐ》といふ弟子が、

『では先生、どうなさいます。』

途に先生も嚥んで殪る

生殘りの二弟子迷ふ

活返つた師弟犬共に昇天

『俺《わし》はもう世を脱《のが》れ家を委《す》てゝ此の山に入つて來たのだ、仙道が成就しなかつたといふて、どう、をめ〳〵故郷に還られうぞ、死んでも管《かま》はぬ服《の》んでしまふ。』

言ひもあへず、其の丹藥を口に入れて嚥《の》み下した、すぐさまバタリと打倒れて息が絕えた、はかないものだ。弟子達は顏見合はせて、途方にくれてゐたが其の中の一人は

『先生は非常の偉《えら》い方だつた。僕は是迄信じ奉つて來た、其の先生が見す〳〵此丹《このたん》を服《の》んで死なれるといふ、此れには何か意味がなければならぬ。ウム、俺《わし》は服《の》む。』

決然として丹を取つてぐつと嚥《の》み下した。此の弟子も見る〳〵死んでしまつた。殘る二人の弟子は相談を始めた。

『丹《たん》を煉《ね》つたり、服《の》んだりするのは長生《ちやうせい》がしたいからだ。今服んで直ぐ死ぬるのは馬鹿〳〵しい。此さへ服まなきやお互、若い、まだ世の中に生きて居られるではないか。』

『さうだ〳〵、まだ何十年もある命だ、丹《たん》を服《の》んで今捨てるといふ馬鹿は無い。』

そこで、二人はこそ〳〵山を出て了《しま》つた。そして先生や相弟子《あひでし》のために棺《くわん》を買つたり何か葬式の準備に掛るのであつた。

二人の弟子が見えなくなると、起き上つて塵打拂つた伯陽先生、殘りの丹を摘《つま》んで死

んでる者の口に入れてやつた。弟子も白犬もひよつこり起き上つてけろりかんとしてゐる。伯陽は手紙を書き山に來てゐる樵夫《きこり》を捜して、郷里へ——めでたく仙人になつた知らせをして、弟子と犬と共に天に昇り去つた、

殘つた二人の弟子が、信念の足りなかつたことを愧ぢ悔《くや》み、悲んだことは申すまでもない。

王老

西京に何代前からか變らずに藥を賣つて居る王老といふ男があつた。市外勝業里に住む李司倉といふ人が、王老は術士に相違ないと考へて、十分に尊敬を加へたので、王老も折々李の家に厄介になつた。かれこれ十年も經つて後李は『弟子になりたい』と云ひ出した。王老も『よからう』といふので、馬丁や下男數人を引連れ、兩人騎馬で百里ばかり往つた處が、急に嶮しい山際へ突當り、直上數里の間は、藤蔓に捉まり樹の根を傳うて登るやうな懸崖である。人間の往來する處でない。王老は『君と二人でさへ、仙境

仙境の風光

までは難《むつか》しいと想ふのだ、馬丁や下男は、迚もだめだから還せ』と云ふ。李は言はれる通りにして、漸く山頂まで來て見ると、其處は廣々と眼界が開け、見渡す限りの田畑もあり、藥畑の傍にはチョ〳〵と美しい泉も流れて居る。誠に絶景であつた。とある森へ着くと、數人の道士が出迎ひして、『御客樣も御一緒といふ事でしたから御迎へに參りました』といつて大層慇懃である。跟《つ》いて行つて見ると、住居は茅屋根に竹の柱誠に瀟《さつ》洒《ぱり》したもので、中には數十人の學生が居た。大そう歡待《もてな》して呉れ、『御親戚ですか？』といふものもあり、默つて居るものもあり、氣の毒さうに『生憎先生が留守でして……マア暫く御緩くりなさるやうに』など云つて呉れる。飯が出る副食《おかず》が出る。李に出して呉れた馳走は少しも人間と異はない。

人間並の飯を饗應

三百の白鶴を率ゐて先生歸る

　四五日目のことであつた。五色の雲が低く大地を棚引き籠めたと思ふと、三百羽の鶴が雲に隨つて舞下る。內からは學生共が駈け出して恭しく出迎へをした、先生がお出になつたのだつた。雲の上から降りて來た鶴髮素髯の一老人がそれだつた。王老は李と連立ち道の傍に出迎へして居ると、先生は王老に『何で人間を此處へ連れて來たのか』と眉に八字を寄せた。

鶴の大合奏

致仕の後に又來い

牛二頭を贈る

一同の者は拜謁が畢り、それ〳〵の部屋へ引取つたので、李もある部屋へ引取つたが大層暑苦しい、水浴でもしようと部屋を出て、一丁ばかり來ると、山水の池があつた、見ると數十羽の白鶴が下りて、石の上に整然と行列し、軈て嚠喨たる奏樂が始まつた。到底人間界の諸調の及ぶべき處ではない。李は恍惚として、そこに突伏してその妙音を聞いて居たが、樂も畢り、鶴群も去つてから、竊に恐ろしくなつた。先生の前へ出て、『私は奏樂を拜聽しましたが、これは仙官の御規則に觸れるやうなことはありますまいか』恐る〳〵伺ふと『差問はない』といふことであつた。そこで先生の言はれるには、『そなたは官祿に就く筈の身だから、まだ此處に住はせられぬのぢや、そのうち仕官を畢つて復たお出なされ』といつた。

先生の命に依り王老が山の入口まで送つて來て、『山で牛二頭要ると』言うたから、李は跡で二頭の牛を買つて、彼の藤蔓の下まで送つてやつたが、もう其の時は上の路は分らなくなつてゐた。

幸靈（晉の時、江西の建昌の人）

幸靈は何事にも逆《さか》らはず、言少なに默つてばかりゐるので近隣の者に莫伽《ばか》にされ、父兄も亦た莫伽《ばか》だと言つてゐた。稻田の番をさせられたが、牛が田に入つて來て稻を食ふのに、ぢつと視てゐて追ひもせず、思ふさま食つて牛が出て行くのを待つて、其跡の蹂躙《ふみちら》された稻を起し鄭寧に手を入れるのであつた。父が叱りつけると靈は平氣でかういふ。

『萬物、天地の間に生れて各々其意を得なければなりませぬ、牛が稻が食《た》べたかつたら食べさせるのが當り前でせう。』

『莫伽《ばか》！　そんなら何故《なぜ》あとの稻を手入するのだ。』

『稻はまた育《そだ》ちたいのですからな。』

幸靈は後、種々不思議の力を現はして世の人を救うた。

萬物各其意を滿たさゞるべからず

巖上白衣の眞人

王中倫

高唐縣の鳴石山の巖は高さ百仞許ある。扣《たゝ》けば淸越《きようらか》な音がする。晉の太康年間、田宣《でんせん》といふ人が此の山下に隱棲し、其の巖《いは》のほとりを逍遙しては、巖《いは》をたゝいて其の音を聽くのを樂みとしてゐると、近頃《ちかごろ》白單衣《しろひとへ》を着た人が其の巖の上に出て徘徊するのであつた。奇態なこともあるものと思つて、こんど、人に巖を敲かせて自分は巖の上に潛れて伺つて居た。やがて巖の音が始まると例の白衣《びやくえ》の人が現はれた、突嗟に出て其の人の袂を執《とら》へてどうした人かと訊ねて見た。其人のいふには、自分は王中倫といふ者で、周の宣王の時少室山《せうしつざん》に入つて仙道を修めたものだが、此度東海の方壺山《はうこざん》に赴く途中、此處を通りがゝつて此の石の音が氣に入つて少時滯留して居たところだといふのであつた。田宣は大に歡んで、此の仙人に長生の法を乞ひ求めた、仙人は雀の卵ほどの石を一個給《く》れて、すうと空中に騰《あが》り百歩ばかりも離れると、あとは烟霧に掩はれて見えなくなつた。

田宣は一度此の石を含むと、百日ぐらゐは飢をおぼえなかつた。

翟天師

指に從つて月中に金殿玉樓仙女の逍遙を見る

師を凌ぐ陽狂の道力

翟天師は大きな男で掌《て》の長さが一尺もあつた。嘗て夔州の街《まち》に入つて『今夕八人が此處を通るぞ、氣を附けい』と觸れまはつたが、誰も何の事か解らなかつた。其晩大火事があつた。八人は火の字であつたのだ。翟天師が山に入るときは虎の群《むれ》が附いてあるいた。或る時水邊で弟子數十人と月觀《つきみ》をしてゐたが、一人が『彼の月の中に何が有るんだらう』といふと、翟は笑つて『俺《わし》の指《さ》す所を見い』と言つた。二人の弟子が先生の指《ゆび》さす所を見ると月の内に金殿玉樓が粲爛として、仙女が其の間に逍遙する様が、ありありと見えた、あゝと感嘆の聲を發すると、もう消えてしまうた。

翟天師の晩年の弟子、陽狂は俗に灰袋《くわいたい》と呼ばれてゐた。『此男を莫伽《ばか》にしてはならぬぞ、俺《わし》も及ばぬのぢやぞ』と、先生は外の弟子共に戒めてゐた。嘗て大雪の暮方《くれがた》單褐《ひとへ》をきて青城山に往き、或る寺に宿《やど》を乞うたところ、僧は『貧乏で客用の夜具が無いから此の寒さは凌がれまい』と斷つた。『なに、寢る處さへあれば澤山です』と言つて泊めて貰

烈火上に座して衣を燒かず

符に從つて舟が激流を遡ぼる

つた。夜半風が吹いて寒さが酷《ひど》くなつた。主《あるじ》の僧は客人があまり靜かだから、もしか凍え死はせぬかと氣遣つて覗《のぞ》きに往つた。寢床の數尺前からほつほとして蒸《む》すやうだ、客は胸をひろげて大汗で眠つてゐた。

葛玄（吳郡の人）

葛仙翁《かつせんおう》、名は玄、字は孝元、左慈《さじ》が吳郡に居る頃、其の敎を受けて九丹金液仙經を得た。其仙方は實施せずして、常に朮《じゆつ》（藥名）をのみ服して居た。治病に長じ、能く鬼魅《きみ》の形が見え、其れを放逐し捕殺する能力を有してゐた。食を絕てども餓ゑず、烈火に坐して衣も燒けない。甚しく酒を愛して一斛も飮むことがある、大醉すれば深泉澗中に臥し、醒めて水から出づるのに濕つてもゐなかつた。博學多識、談論に長じ、好事の青年數十人が常につきまとうてゐた。曾て舟行《しうかう》の時葛玄が符《ふ》を記《しる》した札を數十枚携《も》つて居るのを見て、

『符はどんな驗《げん》があるものか拜見出來ませぬか。』

洗濯中の少女を走らす

死魚蘇つて墨書を吐く

玄がすぐ一符を取つて江中に投ずると、船は流れにさからつて上り始めた『奇態だ』と皆が驚く。更に一符を投じた、船は忽ちぴたりと停《とま》つた、江面《こうめん》には、始の符が下り、後の符が上り行合つて一處になつた、玄は徐かに其を取り收めた。

江岸《かうがん》に衣洗《きぬあら》ふ女がゐる、玄は、

『どうだ、あの女を走《はし》らせて見ようか。』

青年等が喜んで『どうぞ』といふ。玄は符を投げた、女は驚いて駈け出だし、止處《とめど》なくどん／＼走りつゞける。『停《と》めよう』と、符を投ずれば、女は元《もと》へ還つて來る。『何《なに》が怖くて逃げ出したのだ』と一人が往つて問うてみた、女は『何故だか自分にも分りません。』

水邊で魚を賣つてゐる者があつた。玄は其を呼びかけて『其の魚を河伯《かはく》(河の神)の處まで使にやつてくれないか。』魚賣りは『死んでますよ、だめでせう。』『かまはん／＼。』といふと、魚をよこした。玄は朱で書いた紙を魚の腹に置いて、水にほうり込んだ、魚は沈んだ。少時經つて盛んな勢ひで岸に撥ね上つて、墨書《ぼくしよ》を吐いた、河伯よりの返事である。

口から火の御馳走を吐く

玄の家に客が訪れた。玄が自ら出でゝ客を引いて廳《さしき》に往つた。其處にも一個《ひとり》玄が居て客と話の最中であつた。更に續々客が來る、一々別の玄が出て迎へるのであつた。客が坐に滿つた。玄は『今日の寒さに、貧乏で、別々に火鉢を差出す用意がありませぬ、御一緒に致しませう。』と斷つて、口をあいて、ぷうと吐《は》くと赫然たる火が燃える、其があまり熱くもなく、一同、春の日南《ひなた》に居る快さであつた

飯粒變じて蜂となる

食事が畢《をは》つたとき、客が『何か不思議を示してくれ』と願つた。玄はまだ口中に飯があつた、其の儘《まゝ》水を啣《ふく》んで漱《くちそゝ》ぎ、庭に向つて噴《ふ》き出《いだ》す、飯粒が蜂となつて、亂れ飛び、客の頭や手にとまるのもあつたが、敢へて螫《さ》しもしなかつた。玄が復た口を張《は》る、蜂は悉く口中に飛び込んで元《もと》の飯粒《めしつぶ》に還る、玄は平氣で嚥み下すのであつた。

萬物踊狂ふ

玄が足拍子《あしびやうし》を取つて床《ゆか》を叩くと、蟲でも鳥でも、そこらに居るものが、拍子につれて皆踊る、拍子が止めば踊もやむ。

道士化けの皮を剝がる

數十文の錢《ぜに》を井戸の中に投げ込ませておいて、容器《いれもの》を手にして、玄が井戸を覗《のぞ》きながら錢來《ぜにこ》々々《ぜにこ》と呼べば、皆飛上つて器の中に入る。

治療の妙手と觸れて一道士が、都の方から呉に入《はい》つて來た。自分は數百歲だとほらを

城外沛然たる驟雨

吹いてゐた。誰も疑つてはゐたが、しかたが無かつた。偶々《たま〳〵》多勢會合の席に、道士も玄も居合せた。玄は傍らの人に『此の爺《ちいさん》の年が知りたくはないか』といふと、『是非知りたいものだ』と勇む。玄は『善《よ》し』と言つた。忽然として天上から人が降りて來た、一座は眼をそばだてた。やがて地に着いた、朱衣高冠の氣高い姿である、ずか〳〵と道士の前に進んで『天帝の勅問なるぞ、汝の齢は幾何《いくばく》なりや、人を欺くこと有るべからず』と嚴めしく詰責した。道士は色を失つて『恐入りました、實は七十三歳で御座りまする』と地に伏して戰慄《をのゝ》いてゐる。玄は手をたゝいて大笑した。忽然として朱衣の人は消えて了つた。道士は面目なくこそ〳〵と退席《さが》つて、其日江を渡つて北へ逃れた。

或日呉帝と宮中の一樓より城外を眺望して居ると、百姓共が雨請祀《あまごひまつ》りに騒いでゐた、帝は人民が雨に困つてゐる、何とかして降らせられぬものか』と仰せられた。『其は容易で御座います』と玄は直に符を書いた。見る〳〵天地晦冥、急電轟々、注ぐが如く大雨降りしきつて、宮園の中も尺餘の水が湛へるほどであつた。帝は大に喜んで、玄を勞《ねぎら》ひ且つ『此の水には魚も居まい。』と言はれると、玄は又た符《ふ》を庭潦《みづたまり》に擲つた、數百尾の大魚小魚が潑剌として躍つた。『でも、是は食《く》はれまい』と仰があつたので、捕へて料理さ

水底で伍子胥の饗宴

樹幹から湧く醇酒

大道で變死

せると皆眞《まこと》の魚であつた。

帝に從つて舟行の際、大風に遇うて百官の舟には破壞覆沒もあつた、玄の乘船も沈沒して所在が判らなくなつた。帝は『葛公ほどの神術があつても免れられなかつたのか』と嘆惜せられ、四望山《しぼうさん》に御座《ぎよざ》を設け搜索を視て居られた。一夜を過ぎて、のつそり葛玄は歸つて來た、酒氣さへ帶びて居るのである。帝に謝して、『昨日は御供に加はつて居りながら、水底に沈みますと、伍子胥《ごししよ》が强ひて牽き止めますので、振りきつて歸ることが出來ず、滯留を致し、叡慮を煩し奉りまして甚だ恐懼に堪へませぬ。』

玄が野外をあるくとき、卒然《そつぜん》知邊《しるべ》などに逢ふことがあれば、道側《みちばた》の樹蔭《こかげ》に立寄つて、草の折れなどで樹を突き刺し、杯をすけてゐると汁が湧いて出る、飲めば結構な酒、其を酌みかはすのが例となつてゐた。肴には手當り次第の土石草木を侑《すゝ》めるが、口に入れば皆うまい鹿脯《しかのにく》であつた。

或人が玄を請待《しやうたい》に來た。玄は往きたくなかつた、强ひて請はれるので、いや〳〵ながら隨《つ》いて出たが、少し歩《ある》くと腹が痛むと立停つた、地に横たはつた、間もなく息が斷れてしまつた。手を取つて引起さうとすると手が脫け、足を引けば足が斷《き》れる、とかくす

遂に尸解の術を執る

るうち、腐《くさ》る、蛆が湧く、どうすることも出來ない。請待者はあわて切つて玄の家に報《しら》せに走つた。なんだ！　玄は、ちやんと堂《うち》に居た。走つて屍體の場所に還つて見ると、もう何も無い。

玄が人と同行するとき、彼我共に地上三四尺離れた空《くう》を歩《ある》くことがあつた。

玄が會稽に居たときのことである。一船が中部地方から發して某神廟の前を通過しかかると、廟の神が神官をして、其の船主に、『葛公宛《あて》一封の書信を托したい、屆けてくれい。』と言はせ、神官が書簡入りの函《はこ》を擲げると、船の頭《かしら》に釘付けの樣になつて外《はづ》れなかつた。其のまゝにして、船が會稽に到着して葛玄に報《しら》せた、玄が躬《みづ》から往つて取ればすぐに外《はづ》れるのであつた。

弟子の張太言に『わしは天子に無理に引留められて大藥(仙人さなる藥)を作るに遑《いとま》がない。今は尸解《しかい》するの外は無い、八月十三日日中と定《き》めておく』と言つて、其の期に至ると、葛玄は衣冠を整へ室に臥して直ちに呼吸が絶えた。顏色は生時《せいじ》と毫も變らない。弟子たちは香を焚いて之を守つてゐた、三日目の夜半、忽ち大風が起つて屋《いへ》も搖《ゆ》れ撼《うご》き、吹き込む風に燭《ひ》も皆滅《き》えてしまつた。玄の遺骸《なきがら》は無《な》くなつた、衣服は元のまゝで帶も解けて

胡麻飯が流れて來る

一見舊知の如し

はゐなかつた。夜が明けて見ると大風は玄の家ばかりの事で、庭の樹木まで折れてゐるのに隣家はまるで風を知らなかつたといふ。

劉晨、阮肇

漢の永平年間、劉晨《りうしん》と阮肇《げんてう》とは天台山に薬採りに入つたが、路に迷うて十日ばかりもあちらこちら彷徨《さまよ》うて、飢ゑ疲れてしまつた。不圖桃が生《な》つてゐるのを見つけて、したゝか喫べて、二人はやつと氣力を恢復した。渓《たに》へ降りて水を掬《く》んでゐると、菜葉《なつぱ》が流れて來た。次に大きな盃が流れて來て其れには胡麻飯《ごまめし》が入つてゐる。

『やア此れは人家が近いぞ。』と二人は歡喜の聲を揚《あ》げて、傍の山に駈け上つた。見渡せば、麓に人里らしい處がある、林の間をたどつて行くと、渓の流れに美しい女が二人洗濯をしてゐた。二人が盃を携へてゐるのを見て『劉郎、阮郎お盃を捉《と》つて來ましたネ』と笑つた。

二人の女は恰も舊識《きうしき》の如くに、何の隔てもわだかまりもなく、無邪氣に親しく物を言

花聟速成

半歳と思つたのが七代

て『どうして此んなに遲くなりましたの』などゝさゞめきながら、家へ連れて往くのであつた。屋《いへ》の内は全體華麗に裝飾されて羅《うすもの》の帳《とばり》などが懸つた二女《ふたり》の室が東と南に別々になつてゐた。子婢《こをんな》が出て來て食卓の準備をした、席に就いて見ると胡麻飯があつた、其外結構な脯《ほじし》、果物《くだもの》など、さま〴〵の美味が供へられてあつた。酒も名は知れぬが香ばしいのが注《つ》がれた。やゝ微醉《ほろゑ》うて來たころ、どや〴〵一群の女が押込んで來、『おめでたう〳〵』里の娘たちが桃の實など澤山に持つてお祝ひに來たのであつた、皆で酒を飲んで夜半まで樂《がく》など奏して別れて去《い》つた。劉と阮とは花聟になつて、夢の樣な樂しい日を送つた。

半歳ばかり過ぎた。氣候はいつも同じ暖かさで、草木は青々として禽《とり》が好く鳴いた。二人は何となく故鄕の春が想ひ出されてならぬ、言ひにくさうにしてゐると二人の女は、『罪根《さいこん》がまだ盡きないのだわ、それで歸りたがるのよ』出立の支度を整へてやつて、二女は溪の口まで送つて名殘を惜んだ。

劉、阮は教へられた路をさして、步《ある》き出すと間もなくひよつくり故鄕に歸りついたものゝ、すつかり樣子が變つて、七代も經《た》つてゐたのには困つてしまつた。知つた人はなしどうすることもならず、再び天台山に取つて還し、女の家を捜すのであつたが、どうしてもわからなかつた。晋の太康八年の事である。

註(一)劉、阮は其後登仙したと傳へらる。
(二)此の話と類似の仙境談は歴代續出してゐる。
(三)天台山は浙江省天台縣の北に在り、仙霞嶺山脈の一支にして赤城山と連なる、此邊勝景に富み、仙靈の窟宅と稱せらる、今も山中諸處に修道者が多い。

蓬球

晋の泰始といつた年號の頃、北海の蓬球《ほうきう》字は伯堅といふ男が、山東貝丘の西、玉女山に木を伐りに行くと、大そう良い香がするので、段々香の來る方へ辿つて行つた。山上は見渡す限りからつとしてその中に立派な金殿樓閣が建ち並びさも廣々とした坐敷なども見える。門の中へ入り、五本の玉樹《ぎよくじゆ》の下をずん〳〵通つて行くと、ある一つの宮殿内で絶世の美人が四人でパチパチと碁を打つて居たが、吃驚《びつくり》して起ち上り、『蓬君《ほうくん》あなたは何しにお出ですか？』と尖り聲で咎めた。球は『吞を慕うて參つたものです』とさり氣なく答へたので、美人達はそのまま碁の方に向つた。

其内の若いのが樓へ上つて琴を彈いた。碁を打つてゐた一人が呼んで『元暉お前はなぜ一人でそこへ登るんです』と云つた。球は木立の下に居たが、少し空腹を覺えたので、そこの木立の葉末の露を舐めて居ると、突然何處からか一人の女が鶴に乘つて來て、大そう腹を立て『玉華お前達はなぜこの俗人を入れたのか。』と大變な權幕で、王方平といふものに全部の仙室を點檢させると、ふ大騷ぎになつた。

球は怖しくなつたので早々門外へ飛出し振返《ふりかへ》つて見ると、そこには金殿玉樓も美人も何もなかつた。家へ歸つて見た處が百年許も過ぎて居た、自分の居た町も屋敷も皆跡方もなく、墓場ばかりになつて居た。

採藥民

或る男が蜀の靑城山中に於て山藷《やまのいも》を掘つてゐた、掘つても〳〵根が深い、だん〳〵大

偉大なる山の薯

きくなる、二三丈掘つた頃には甕《かめ》の様に太かつた、其でまだ終《しまひ》にならない。何までも掘り盡してやらうと精を出して、とう／＼五六丈も掘り深めると、どたんと地が陷沒《かんぼつ》して了つた。

山薯掘の男は幸に怪我もしなかつた。上を仰いて視ると穴の口が星の様に小さい、餘ツ程深く地の底に墜《お》ちたことが判る。此れは到底死ぬより外はないと落膽した。家の事や何か種々考へて悲 でゐたが、時が經つうち、ふと傍に穴が一つあるのを見つけた。恐々《こは／＼》入ると漸次に大きくなつてゐる、匍匐して進んで行くと、向ふが明くなつた、勇氣が加はつて、また三四町も進んだ頃、穴が高まつて步行が出來る様になつた。とう／＼一の洞穴の口に出た。

洞穴の奥の村落

洞の前には流れがあつて、對岸は村落だ、人家が見え、田畑もある、樹々《きぎ》に花が咲いて二三月の光景である。人も通る、男女の衣服が世間とは違つてゐる、古代の風俗なのであらう。農夫や漁翁らしいのも通つた。其の中の一人が不思議さうに洞の方を視て、『何處から來たのか。』と川越しに問うたので、薯掘の男は喜んで緣由《わけ》を語つた。親切に小舟を廻して來たので對岸に渡つた。其人の家に連れ行かれたが、人々は珍しがつて胡《こ》麻《ま》飯《めし》、柏子《はくし》湯《たう》其他の食物を與へ、其の外不自由なきやういろ〳〵世話をしてくれた、數日經つて、薯掘男《いもほりをとこ》は大層體が輕くなつて來るやうに感じた。主人に對し『此處は何といふ處です、蜀へ還《かへ》られるものでせうか。』と尋ねて見た。主人も家族も皆笑つて『君は俗界の人で、此の仙境を聞いたこともないであらう、此處に來ることが出來たのは君に命運が有つたのだ、まア留まるが可《よ》い、今に玉皇に謁見《えつけん》を願つてやらう。』と言つた。

上巳の祝日に玉皇拜謁

其の翌日は上巳《じやうし》の祝日だつたので、宿の主人は此の男も伴れて拜謁に赴くことにした。村の人々は雲に乘つたり、龍や鶴に駕《が》つたりして行く、此の男も其れに雜《まじ》つて雲の中を歩くのであつた。須臾《しばらく》して一城に到着した。

赤牛禮拜

城内の建物は皆大きく立派で、中にも宮闕は金碧《きんぺき》で飾られた壯嚴なものであつた。此男は門外に殘され、他の人々は順々に宮中に往つて、拜謁をすませては出て來るのであつた。宮門の側に一の大きい赤毛の異形《いぎやう》な牛がゐる。宿の主人は此の男に、牛を禮拜して仙道を乞ひ求めよといつた。そして『牛が寶物《たからもの》を吐いたら直ぐ取つて呑んで了へ』と敎へた。男は言はれるまゝ牛を拜んで乞ひ願つた。やがて、牛は赤珠《あかだま》の徑《わたり》一寸ほどなのを吐き出した、其れを手に受けようとするとたん、横合から赤衣の童子が飛び出して赤珠を取つて去つてしまつた。男は更に牛に願つて、此度は青珠が出たのを、又もや青衣の童子に攫《さら》はれた、次に黄珠、白珠と出たのをも、皆同じやうに他《ひと》に奪《と》られたので、男も考へた。手を牛の口にあてゝゐて、取るや否や直に呑み下して了《しま》つた。其れは黒色の珠であつた。黒衣の童子も來たが、此はすご／＼立去るの外なかつた。

主人は遂に此の男を案内して拜謁に往つた。玉皇は正殿の玉座に在つて冠劍の侍者が七人玉女《びじん》が數百人左右に列び立ち、殿廷に數多の侍衞兵が警戒し、園中の奇草珍花が芳ばしい香を放つてゐる。玉皇は親ら、薯掘男に素性《すじやう》の御下問があつた、男は事實のまゝ奉答したのであつたが、さうするうちにジロ／＼玉女《びじん》の方に眼をやつたのを、玉皇は覗て取られた、『ほゝウ侍衞の者が氣に入つたのか。』と言はれ、男は恐れ入つて罪を謝した。『心を妙道に盡して修行したならば、自然此等の者を有《も》つことが出來る、汝は未だ修行が出來て居らぬ、此れから十分勤むるが可《よ》い。』と諭して、左右に命じ玉盤に仙菓を盛つたのを男に示させ、『勝手に取れ兩手で攫《つか》めるだけ幾箇でも。其數が卽ち汝が侍女の數ぢや。』と御意があつた。男は喜んだ、見れば林檎のやうな菓物で好い香がしてゐる、十分指を擴《ひろ》げて掬《すく》うたら、十箇以上取られさうに思はれたが、さて、やつて見ると、唯三個しか取れないのであつた。男は御前を退《さが》つて主人と共に前の村に歸つた。三侍女は男に賜はり、新に一家屋を給せられて同棲することになつた。尙ほ勅命に依り道に精しい人人が指導して、仙經を學ばせ、服藥用氣の術を教へて次第に塵念《ちんねん》を洗滌《せんでき》せしめ、尙ほ三侍女からも懇に道術を授けてくれた。

俄に歸心を生ず

一歲許經《た》つと、此の男は『おれの仙道も成就したらう』と思ふやうになつた。或る夜半突然嘆聲を漏らしたので、左右の侍女がわけを訊ねると、彼はいつた、『俺《わし》も仕合せに道を得ることが出來たが、本々《もと〳〵》此處には偶然に來たものぢや、來る時に妻は產《さん》をしたばかりであつた、家は貧乏だつたのに、あれから怎麼《どう》したらうと思ふと堪らない、一度往つて見たいものぢや。』玉女は『君が世を離れられてからもう久しい事です、君のお子さんもお母さんも亡くなられたに定つてゐます、往つても何になりませう、さう思はれるのは未だ塵念《ちんねん》が袪《と》れずに居るからです。』『僅か一年ばかりだ、妻はきつと達者で居《ゐ》よう。たゞ確かめに往くだけぢや。』男の歸心は矢の如く諫めやうはないのであつた。

仙界の別宴

玉女は此の事を近隣に告げた、隣の人々も是非がないと嗟嘆するのみであつた。つひに玉皇に聞え上げた。玉皇は歸してやれと仰せられた。諸《もろ〳〵》の仙人達は盛んな送別の宴

鵠と共に空を渡る

を催してくれた。三女もいよ〳〵別れる時が來た。各々一錠《ちやう》の黃金を餞別にした。『人間界に歸つたら生活の苦艱《くげん》に遇はれませう、何かの用に立てゝ下さい。』と年嵩《としかさ》の一人は言つた。中の女は『故鄕に往つて何も無くなつてゐて、歸りたくなられたら、私の藥が此の金錠の中に入れてありますから、取り出して、それを呑めば歸られます。』 年下の女は『君は塵念に侵されて、もう復た仙とはなられますまい、金錠の中の藥も役に立ちますまい。たしかに君の家はもう影もありません、砧石《きぬた》が在るばかりです、私は其の砧石《きぬた》の下に藥を置いときます、金錠の中の藥が服《の》め無かつたら、忘れずに其石の下のを取つてお服《の》みなさい。』しみ〴〵親切に言つてくれた。

一群の鴻鵠《しらとり》が飛んで來た。見送りの人達『さア此れに從《つ》いて往きなされ。』と多勢で此の男を推し擧げる、自分も浮き騰る氣合になると、苦もなく鵠《こう》の群に入つてしまつて、其のまゝ一緒に空を翔《か》けることが出來るのであつた。振りかへつて見れば、下では皆が、三女も共々手を振つて名殘を惜む。

程なく一城に着いた。訊《き》くと東海岸の臨海縣だといふ。故鄕の蜀までは大變な距離である。玉女に貰つた金錠の一つを旅費に遙々の旅に上つた。一年もかゝつてやう〳〵蜀に

九十餘歲の
翁は孫

俺の行先は
何處だらう

たどりついた。唐の高祖の武德年號の時に家を出たのだつたが、今は玄宗の開元の二十何年とかで、百餘年も經つてゐたのである。村はおほよそ昔の樣《さま》であるが、誰も見知つた顏は無い。唯一人九十餘歲の老人が、私の祖父《ぢゞ》が昔採藥に往つたまゝ行方が知れなかつたさうだといふのがあつて、悉しく話合つて見ると、其が孫に當るのであつた。舊《もと》の住居を調べて見ると、荒れ果てた藪となつて、砧《きぬた》ばかりが元《もと》の處に据《すわ》つて居た。

男は折角歸つた詮もない、茫然となつてしまつたが、やう／＼に金錠の一個を壞《こわ》して中の藥を取り出した、呑まうとすると轉《ころ》げ落ちて分らなくなつた。あわてゝ砧を引きおこして見た。一の玉盒《ぎよくかふ》が見付かつた、中に一粒の仙藥が入つて居た。やれ有難やと押戴いて呑み込んだ。心が漸々明かになつて來たが、併し彼は仙洞の名を聞いて居なかつたので歸ることも出來ないのに困つてしまつた。

時に羅天師が蜀に居た、男は其處に往《い》つて前後の事を話した。其は第五洞寶仙九室之天だ。大牛は馱龍といふものだ、其の赤珠を呑めは壽《じゆ》、天《てん》と齊《ひと》しく、青は五萬歲、黃は三萬歲白は一萬歲黑は五千歲の命を得るものだと詳細に説明をしてくれた。此の男はやつと自分の歸り先が分つたのである。間もなく姿を見せなくなつた、多分三女のもとに

仙人は石灰賣り

往つたのであらう。

盧山人

唐の寶曆中、荊州に盧山人といふ者があつた。石灰賣りを渡世にして居たが、時々常人の意表に出づることをやる。異術ある人らしく思はれたので、趙元卿《てうげんけい》といふ商人が、頻りに取引をして懇意になることをつとめ、ある時、茶や菓子など饗應して『一ツ金儲けの術を教はりたいもので』と頼むと、盧はそれを見て『金儲けを聞きたいではなからう。目的は外にあるやうだ』と圖星《ずぼし》を指した。趙は『實は貴方は本體を隱して居られるお方と思ふのです、是非お教を願ひます。』と白狀した。

盧は笑つて『今しがた君の宿《やど》の主人を見たが、正午《ひる》に大變な禍がある。俺の言ふ通りにすれば、禍を免れるから知らせて遣るがよい。正午まへに銀二兩餘を入れた嚢を背負つた職人が來るが、決して誰も應對してはならぬ、入口を閉めて入れぬやうにせねばならぬ、正午の刻になるとその男が極端な惡口雜言を吐くから、構はず家内中で水の邊《はた》へ遁《に》

災難の豫言的中

げるが善い。さうすれば錢三千四百文だけの費《つひ》へで濟んで了ふ』と言つた。趙は其の泊つて居る張といふ家へ歸つて、これを知らせた。張も竊かに盧に畏服して居る一人だつたので、その通りに戸口を閉めて樣子を見て居ると、もう正午と思ふ頃、盧の言つたやうな奴が來た、頻りに戸を叩いて買物があると怒鳴つたが、取合はないので怒り出し、表の門を蹴たぐるのを、張は内から支へて居た。何の騷ぎかと多勢見物が聚つて來た。張は妻子を連れ裏口からそつと遁げ出した。午《ひる》少し廻つた頃件の男は遂に立ち去つたが、小一町も行つたと思ふ處で、その男は突然打ち倒れ、その儘絶命して了つた。それと聞いて駈け付けたその男の女房は、泣き喚きながら、張の家へ怒號《どな》り込み、『夫《をつと》を此家で殺したのだ』と誣《し》ひた。役人も判決を付け兼ねたが、當時見物してゐた多勢の者が『張の家は初から戸を閉めて居て、後には遁げて居たのである』との證言をしたので、役人は『其方に罪はない。が、死骸始末の費用でも負擔してやれ』と仲裁した。張は喜んでそれに服し、結局棺桶や人足の費用計三千四百文で大難は遁れた。

　此が評判になつて盧の家には非常に人が訪ねて來るやうになつたので、其を煩累《うるさ》がつて盧は飄然と立去つた、復州へ往き、舟で秀才陸奇の宅前へ着いた。時に陸《りく》は『都へ行つて手蔓《てづる》を探さうと思ふのだ見て貰ひたい』と相談を持ちかけた。盧は『今年は動かぬが善い。禍が目の前に在る。君の家の後に錢が一瓶《かめ》、板を覆せて埋めてあるが、それは君の所有ではない。錢の主は今年三歳のものだ。君は斷じて一錢も使つてはならぬ。もし使つたら取返しが付かぬ。俺の戒を犯すなよ』と言つた。陸は瞿然《くぜん》として拜謝した。盧が辭去して、漕いで行つた波の跡のまだ消えもせぬうちに、陸は妻を呼んで『盧生が斯ういふ話をした。もう勤め口の心配などは餘計な苦勞だ。』家僕に命じて家の裏を掘らせた處が、果して板に掘り當てた。引退けて見ると大きな瓶の内に錢が溢れる程詰めてあつた。陸は妻と共に家の中へ搬び込み、緡《さし》へ通して數へて見ると一萬貫ほどの高だつた。處がその時から陸の女の子が急に頭痛を始め、見て居れぬ程の苦しみを始めたので、陸は『盧生の戒は本當だつた。』と馬を飛ばせて盧生に追付き、大に違戒の罪を謝した處が、盧は怒つて、『その錢を出せば骨肉に禍あることを知らせておいたではないか！子が大切か、金が大事か考へて見るが善い』と振向きもせず去つた。陸は取つて返し、元の通りに錢を埋た處が、子供の病氣は拭ふが如く全快した。

盧生は又復州へ來た。數人の者とぶら〳〵歩いて居る途中、向ふから來た六七人、堂

堂々たる紳士は大泥棒

堂たる服裝で、いづれもぷんと鼻に來る程酒氣を帶びた連中に出會つた。盧生が突然一喝し『貴樣達は、どうしても改悛《かいせん》しないなら、命はないぞ』と叱り付けると、その六七人がいづれも大道の砂埃《すなほこり》へ頭を摺り付けて『決して致しません〳〵』と平あやまりにあやまつた、同伴の友達は驚いて『どうしたんだ』と詢《き》いた處が、盧は『此奴等は皆大泥棒なんだ』と云つた。彼れの言動は常に斯くの如く、實に端倪《たんげい》すべからざるものであつた。

趙元卿の話では、盧生の容貌は老人か少年か見當が付かぬ。飲み食ひするのを見たことない。そしてかういふことを言つて居た『世間の刺客《せきかく》には、隱形《おんぎやう》をやる者が少くない。又刺客の死んだものは、屍體が見えぬものだ。』

許　宣　平

新安歙縣《きうげん》の人、唐の睿宗《えいさう》皇帝の景雲年間に城陽山の南に隱れ、庵を結んで住んだ。顏は四十ばかりの人に見えたが、大層すばしこくて、走れば奔馬に追ひつく程だつた。

薪と酒

時々山から薪を負つて出て町に賣るのに、いつも荷の上に瓢を括《くゝ》りつけ、曲つた竹杖をついてゐた。酒に醉へば上機嫌で歌ひながら山へ歸るのであつた。

朝は薪背負つて里へ出る
夕日傾けば酒買つて戻る
わたしの家を何處ぞと問はば
雲を潜つて霞の奥へ

かうして山と人里とを往來すること三十年餘りだつた。或時は人の危難を扶け、或時は人の疾苦を救つた。人が山へ尋ねて行つても何處に居るか分らなかつた。たゞ庵の壁に詩が書いてあるだけだつた。

茲へ隱れて三十年
家を作つた山の上
夜は靜かで月見て更かす
朝はのどかに泉を掬《むす》ぶ」
木こりが歌は尾上に聞え

許宣平

谷の岩には小鳥が遊ぶ
樂しい此身に老はなく
今年の甲子《えと》は何じややら

毎度茶店や旅籠屋などに入つては何處でゝも直ぐ詩を書きつけた。天寶年間に李白が東の方へ漫遊して來て、或る宿屋に詩を題してあるのを見、『これは仙人の詩ぢや』と驚歎した。いろ〳〵問ひ訊して、其の詩は宣平が書いたのだと分つたから、新安へ行つて幾度も訪ねたが遂に逢ふことが出來なかつた。そこで李白は宣平が庵室の壁に詩を書きつけた。

旅籠《はたご》の壁の詩を讀んで
仙人樣の住居を訪へば
嶺の烟はおあとをかくし
雲の林は虛《こ》空《くう》を隔つ」
お庭のぞけば只物淋し
杖に縋《すが》つて扨思案する

李白を驚かす詩才

空飛ぶ鶴に我身をなそか
千年經つたら歸るぢやろ」
宣平は庵に歸つて此の詩を見ると、自分もまた書きつけた。
池の蓮の葉、着物は盡きぬ
二畝の藥は服めども餘る
又もや人に訪はれうよりも
まゝよ移らう又其の奧へ
庵は野火の爲に類燒した、宣平の行方は知る者がなかつた。
その後百年餘り經つた、懿宗皇帝の咸通十二年の事であるが、許明恕《きよめいじよ》の家婢が山へ木の枝を拾ひに行つて、南山で石の上に坐つてる人を見つけた。其人は大きな桃を食ひながら、
『お前は許明恕が家の女中か』と訊いた。
『さうです』
『おれは明恕が先祖の宣平ぢやぞよ』

下婢、桃の實を食て仙と爲る

『さうでございますか、御先祖様が仙人にならつしやつたといふお話は承つてゐましたが、お處が分らないので御機嫌伺ひにも參りませんでした』

『では傳言をしよう、おれは茲にゐると明恕に知らせてくれ、お前には此の桃を一つやらう、これは直ぐ茲で食ふのぢや、持つて山を下つてはいけないぞ』

婢は其の桃を喰つて見ると大層旨いものだつた。そして歸りに擔いだ薪の荷が少しも重く思はれなかつた。家に歸つてその話をしたところが、主人の明恕は、先祖宣平の名を呼捨てにして婢が話したのを怒つて、杖を取つて撃たうとしたら、その杖の下を潜つて婢は何處かへ行つてしまつた。

後に或人が山で此の婢に逢つたが、顏は若々しくなつて、身體中に木の皮を着てゐた、そして歩くのゝ疾さは宛ら《さなが》飛ぶやうで深い林に隱れてしまつた。

何仙姑

仙姑は廣東の増城縣の何泰が娘である。生れた時頭に六本の長毛が生えてゐた。

雲母を食し飛行術を得

唐の武后の時に雲母溪《うんぼけい》に住してゐた。十四五歳の時、夢に神人の教を受けた。『雲母粉《きらゝのこ》を食へば身が輕く且つ死なゝくなる』といふのであつたが、餘り正々《まさ〳〵》と見たから雲母粉を食つてみた。さうして嫁《とつ》ぐまいと誓つた。

常に山や谷を往來するのに、宛《さな》がら飛ぶやうであつた。朝出かけて夕方には山の菓物を持つて來ては其の母に與へた。次第に穀物を食べなくなり、言語も普通と違つて來た。

武后は彼女を召し寄せたが、途中から消失せて來なかつた。景龍年間に彼女は眞晝間に昇仙した。天寶九載（玄宗の天寶三年に年を改めて載とした）に彼女が麻姑壇《まこだん》で五色の雲の中に居るのが見えた。大暦（代宗）間にも又廣州の小石樓で姿を現はした。州の刺史高翟《かうき》から其の事を朝廷へ上申した。

薛尊師

縣令を罷めて求仙

薛尊師《せつそんし》は唐《たう》の則天武后《そくてんぶこう》の末年《まつねん》の人で、兄弟皆榮達《えいたつ》し、尊師自身は陽翟縣令《やうてきけんれい》であつた。

數年間に兄弟盡く死絶えたので、急に山に入つて道を求める氣になり、妻子財産を分散

屍體を見て道心沮喪

山奥に藥を煉る數道士

し唐といふ若者一人を連れて嵩山《すうざん》へ登つた。山麓で陳といふ人に會ひ道順《みちじゆん》を尋ねた處が、『此の近くに仙境はあるが、私が先に入つて來るまで五日間お待下さい、さうすれば御案内致しませう』といふので、待つて居た。五日が十日經つても、陳が來ない。滿《まん》更虚言《さらうそ》ではあるまいから、先へ往《い》つて見ようと山道を三四十里進んで往《い》つた。

道の傍に半身を虎に食はれた死人が横たはつて居る。その屍體が先の陳山人であつた。隨行の唐は身慄《みぶる》ひして『長生を求めて山に入り、反《かへ》つて虎に食はれては何にもならぬ。また人間の世界《せかい》へ歸つて、天年《てんねん》を全うしようではありませんか』といひ出した。『いや自分は此の山は靈仙の地と聞いて居る。虎が人を食ふなどいふ道理はない。これは陳山人が自分を激勵《げきれい》する方便だらうと思ふ。どうあつても往つて見る。死んだらそれが本望だ』とずん／＼進んで行つた。夜は岩かねに臥し、晝は石道《いしみち》を傳ひ、數日にして一巖下に到着した。そこには數百株の長松の下に六人の道士が藥を練つて居た。

どうか仙道の御教授に與《あづか》りたいと、其道士たちに願つた處が、『吾々は藥を飮む事以外に、敎へるやうな術はないのだ』と言つた。其處《そこ》の一禪室に一老僧の居るを見付け、同じやうに懇願して見た。老僧は無言の儘椅子《いす》の下に生えて居る藤蔓《ふぢづる》を指したから、その

藤蔓を傳はりて一仙境に到る

蔓に就いて外へ出ると、蔓は巖壁の上に絡いて居る。蔓に續いて二日間廻つて行くと、忽ち流泉《りうせん》の傍の一石室の處で蔓は絶えた。そこには數人の道士が、或は碁を圍み、或は酒を飲んでゐた。その中に陳山人も居た。薛尊師を見て『ヤア大さう早く來ましたナ、成程それ程の志なら道要を授けませう』と云つて、すつかり術を授つたのであつた。その後薪取《たきぎとり》や藥採《くすりとり》に來た俗人に會つて、『此處は何處だらう』と聞いて見た處が、『終南山紫閣峯の麓で、長安の都から七十里隔つた處だ』と教へてくれた。薛尊師は山から歸つた後、玄宗皇帝の尊信を受け國師となつた。

無効の贋丹

胡超僧

則天武后の世、洪州の胡超僧《こてうそう》といふ者が出家して白鶴山に隱れ、少しばかり法術を聞きかぢり、自から齡數百歲と稱した。武后はこの者に巨萬の金を投じて長生藥の調合を命じ、三年にして完成し、藥を三陽宮に納めた。武后は之れを服んで『誠に結構である。これで彭祖と同年迄生きたいものだ』と年號まで久視元年と改め、夥しい恩賞を賜はつて山に還した。武后は服藥の後二年目に崩じた。

狐の尾

幷州に紇干といふいたづら好きの男が近傍に狐に魅《ばか》されろ噂のあつた時、狐の尾を一つ手に入れ着物の尻へ縫ひ付け、わざ〳〵妻の前へ坐つて尾を出して見せた。妻はチラと見て狐が魅《ばか》しに來たに違ひないと、ソツと斧を持つて來て、その尾を切落した。血相に驚いた紇干は叩頭して『狐ではない〳〵』と云つたが、妻は信せず、駈け出して隣家へ飛び込むと、隣家でも刄物や棒切れを持つて追つて來た。紇干蒼《あを》くなり、『私だ！　冗談だ！　助けてくれ！』と謝罪して漸く助かつた。

杜鵬擧

夫を信じて死を哀まず

唐の安州都督杜《と》鵬擧《ほうきよ》は則天武后《そくてんぶこう》の死んだ景龍三年に太傅の贈位を得た人だが、曾て濟源縣の尉であつた頃、洛陽へ行つて突然死亡した、夫人の尉遲氏《うつちし》といふは氣丈な人で『良人《をつと》は方術《はうじゆつ》の心得があつて、常に余は都督までになれると豫言して居られた。今頃死ぬ筈はありません』と毅然《きぜん》として涙もこぼさず、二日三夜その儘にして置いた處が、心臓の上が少し温かになり、その翌日蘇生したのであつた。四五日で談話も出來るやうになり初めて假死中に遭遇した事實を物語つた。

臨終《りんじう》の時、符《ふ》を持つた二人の使者が迎に來て徽安《きあん》門へ行き、門扉《とびら》の一寸ばかりの隙から出たが寛々《ゆる〱》と拔けられた。そこは北邙《ほくばう》山の上で、十里ばかり進んだ處に底知れぬ深い大穴があつた。使者は『入れ』といふが、懼《おそ》ろしくて足が蹙《すく》んで居ると『では目閉《めつ》ぶれ』と手を執つて飛んだと思ふと、足は地上に立つて居た。細路傳ひに東方へ數十里往くと俄かに天地陰暗として冬空のやうに曇つてゐる、高い塀の前へ出た。使者と入り交《かは》りに青い服の官人が出て、恭しく鵬擧《ほうきよ》に挨拶をして、案内した。青服が身を開いて『あちらへ』といつた時に、傍に一匹の犬が居て、人間の言葉で『姓名が違ふ此のお方ではない』と使者を笞うち、持つて來た符を調べて見て行つて了ふと、そこへ半身兩足の馬が飛び出した『私は曾て杜鵬の爲めに殺された馬だ、お審《さば》きを願ひます』といつた。鵬擧も歷然其に記憶があつたので、『如何にも曾て或る驛の司令であつた頃、勅令で馬を殺させたことはある、併し私の意趣で致したのではない』と申立てると、青服に、其筋の官吏に取調を命じ、事實その通りと判明し馬は引き退つた。その時傍に一人の官吏が居て、手眞似目《め》配《まぜ》で、鵬擧の爲に有利な暗示をしてくれ、判決が畢ると出て行つた。

賄賂の要求

青服は改まつて鵬擧に向ひ『實は私は生れた人間で安州の戶籍吏を勤めて居る者です。あなたは安州の都督になられる方だから特に敬意を表しました。どうぞ自重なさるやうに』といふ處へ、向《さき》の好意を有つてくれた官吏が駈けて來て『私も生きた人間で韋鼎《ゐて》と申し上都の務本坊に居るものです。どうか十萬錢都合して戴きたい』と無心した。鵬擧は『都合が惡い』と斷はると『私は私は娑婆の人間だけれども、今此處へゐて入用なのは紙錢《しせん》です、雜作ないことでせう』といふから、『よろしい』と引受けた。韋鼎はなほ『その紙錢を燒く時は物へ載せて、地に着けぬやうに願いたい。そして韋鼎とお呼び下されば、直ぐに受取の使を遣はします』と懇な依賴であつた。

その時韋鼎は『折角來たものだから、此家《ここ》の帳簿を見て置きませんか』と或る事務室へ案內してくれた。標札には戶部とあり、ぐるりの廊下の棚には帳簿が山と積まれてある。正面一段高い處の書類には赤黃色のカーテンを掛け『皇籍』と金文字の榜《ふだ》が掛けてあつた。幕なしの棚には、紫蓋《むらさきぶた》の函入《はこいり》が並べてあつた。韋鼎はそれを指し、『これが宰相のだ』と手を掛けて杜氏の帳簿を取つて見せた。籤《ふだ》に濮陽房と記された四箇の紫函であつた。開いて見ると、まだ生れぬ鵬擧の三男が立派に姓名を記されてあつた。筆を借りてその

相王が天位に登る

名を自分の臂《ひぢ》に書き留め、更に次を見ようとすると、韋鼎が止めて『もういけません早くお歸りなさい』と連れ出し、一人付けて送り出した。處がその男は『空腹でお伴は出來ぬ。御免蒙つて食物探しに行くから、あなたはこの道を眞直ぐお出なさい、目的の場所へ出ます』と留めても聽かず行つて了つた。

鵬擧はそのまま西を指して往くと、道の傍に新しい城廓があつて、異香數里に聞え、武裝した軍隊が周圍を警戒して居る。兵隊に詢ねると『相王《しやうわう》が今天《いまてん》に上《のぼ》られるので四百の天人が御送りに出る處だ』とのこと。鵬擧は相王府附《づき》をしたこともあるので、懷《なつか》しくもあり、墻《へい》の隙間から覗くと、なる程、相王の周圍には繪にあるやうな仙服を着た數百の仙人が並び、一人の女が香爐を持つて相王の先に行く。よく見ると、相王の服の裾が破けて居た。相王の頭上に赫灼たる一ツの太陽が輝き、後方に凡そ十九の太陽が列を爲してゐる。覗いて居る處へ、奉迎の儀仗騎兵が來たので、鵬擧は警衛隊に逐ひ退けられ、元の道へ出ると、そこは徽安門であつた。出た時のやうに扉の隙からスツと入ると、さんぐ\に犬に吠《ほ》えられ、自宅へ歸つて見ると、床の上に自分の體が寢て居る、それに飛び込んで始めて正氣が付いたのであつた。臂《ひぢ》に書いた文字は殘つて居た。そこで十萬の紙錢を燒いて韋鼎との約を果した。
鵬擧の心には則天武后の周《しう》の朝廷も永續きせぬことや、唐朝復興のことも竊に判つて居たので、當時逼塞《ひつそく》の睿宗《えいそう》皇帝に伺候すると。睿宗は稀《まれ》の客に大そう喜び『好意は忘れぬぞ』と仰せられた。韋鼎の事を外で尋ねて見ると、此頃死んだとのことであつた。果せる哉、睿宗は間も無く帝位に上り、鵬擧は右拾遺の官に拜せられた。帝は特に妃、公主、宮女達に同じ服裝を着せ、香爐を捧げさせて鵬擧に見せた、鵬擧は如何にもそれと感心した。香爐の女は太平公主であつた。後果して安州の都督に任ぜられたのであつた。

中岳華山神の非行

河東縣尉の妻

則天武后と唐の中宗と代替《だいかは》りのあつた景雲年代のことである。河東南縣の尉、李某の妻王氏は都あたりにもないと評判された美人であつた。李氏が勤めに出た後で朝化粧《あさけしやう》を了つて靜かに香を聞いて居ると、數人の宮官《きゆうくわん》が犢牛《こうし》の車に乘り、雲の上から降《お》りて夫人の室に入つて來た。驚いて用向を問ふと『華山府君の命令でお迎へに來たのだ』と無

死んだ夫人を活かす

理に連れ出さうとする。夫人は『良人《をつと》李小府《りせうふ》に暇乞《いとまごひ》も出來ぬとは情ない』と涙ながらに身を起すと、入口の階段でパタリと頓死し、五色の雲はそのまゝ轜車を載せて消え去つた。

役所から歸つた李の悲嘆は譬へやうがない。屍體に取り縋《すが》り聲を擧げて泣いた。すると屍體は幾度も蘇りさうにするのであつた。その時誰か玄關へ來て『夫人を活かして上げませう』といふ。李は喜んで『どうぞ御助け下さい』と哀願した、其人は牀上《しやうじやう》に坐して、符《ふ》を書《か》く朱《しゆ》を持つて來つて來いと命じた、なか／＼持つて來ぬので、墨《すみ》で書いて符《ふ》を飛《と》ばした、其のうち朱《しゆ》が來たので、又朱で書いて符を飛ばせ、笑ひながら『心配しなさるな』といふ。その通り少時して夫人は蘇生した。李は非常に感謝して、大金を謝禮に出すと、その人は『人助けに、何が要《い》らうぞ』と愉快に笑つて出て行つた。

正氣付いた夫人王氏《わうし》は斯く語つた。

華山へ連れ込まれると、華山の山神《さんしん》は大そう喜び、山頂に幕を張り廻し、配下數人を招いで宴會を開き、宴畢つて、更に酌を迫られて居ると、突然黒雲に乘つた人が來て『上帝から王夫人をお召であるぞ』と呼んだが、山神は『用が畢るまで待つてくれ』と悠々として居る。すると赤雲に乘つた人が現はれて大そう立腹し『上帝から華山神への詰問である。なぜ人間の婦人などを誘拐《いうかい》するか、早く還さぬときは、重刑を申し付けるぞ』と大喝され、山神俄かに恐惶して、使を付けて送り屆けられたのであつた。

孫思邈

印度僧の雨請ひ祈禱

孫思邈《そんしばう》は終南山道宣律師《たうせんりつし》と親友で、互に往來して居たが、時恰も大旱魃《かんばつ》で世間は大騷ぎだつた。折しも都に居た印度の僧が、宮城の昆明池に壇を築いて雨を祈れば必ず雨が降るといふことを朝廷に申出でたので、早速有司に命じ香華燈燭の準備を整へ、七日間の祈禱が始まつた。處が昆明池《こんめいち》は數尺の減水を示したのであつた。

昆明池の龍神窮す

ある夜道宣律師の處へ一老人が現はれて『私は昆明池の龍であるが、近頃の旱《ひでり》は私のせいではありません、近頃印度の僧が私の腦を取らうと圖つて天子を欺いて雨乞の祈禱を始め、昆明池を涸《か》らして了ふので、私の命はもう旦夕に迫つて居ります。どうぞ和尚の法力でお助けが願ひたい』と懇願した。律師は『衲《わし》は戒律を守ることが專門なのだか

救助の謝禮に三千の仙藥處方

玄宗雄黄を贈る

壁上の啓示

ら、それは孫先生に頼んで見るが善からう』と云つた。そこで老人は孫思邈の石室を訪問して右の趣を述べ救助を哀願すると、孫先生は『昆明池の龍宮には三千通りの仙藥の處方があると聞いて居るが、それを私に傳授するなら、直ぐにお前を救助して遣らう』といふ。老人は『その仙方といふのは、上帝から人に傳授することを禁ぜられて居るのだが、今危急の場合だから、吝《をし》んでは居られません』とその仙方をそつくり孫先生の手に渡した。先生は『善し、還つて居るが善い、印度僧は心配するに及ばない』と言つて老人を返した。處がその時から昆明池は段々と水が増して、數日中には溢れるやうになり、雨乞祈禱の印度僧はすつかり兩眼を潰《つぶ》して憤死《ふんし》した。

孫の死後、千金方三千卷の遺著が出た。一卷に一種類の處方が説明してあるのだが、何人もその意味を解するものはなかつた。唐の玄宗皇帝が蜀へ巡幸の折、孫思邈が武都の雄黄《ゆうくわう》（名藥）を欲しがつて居るといふ夢の告を得たので、早速侍臣を使にして、雄黄十斤を峨眉《がび》山頂に屆けさせた。使が山の中途へ行つた頃、白髪白髯の老翁が二人の可愛《かあい》童子を連れ屏風の前に立つて居て、前の大きな磐石を指し、『藥は其處へ置いて行け、上を見よ、そこに上帝からお示しの文がある』と言つた。使が上を仰いで見ると、石上に百餘の文字が朱で書かれてあつたから、謹んで寫し取りにかゝると、一字々々寫取る毎に石上の字は消えて、全部寫し畢つた時は朱文字は一字も無く消えて居た。すると忽ち白氣が立ち上つて、今迄あつた物が悉く見えなくなつて居た。

萬回

一萬里を隔つ兄の消息

萬回《まんくわい》はうすぼんやりで誰からも馬鹿にされてゐた、兄が兵役《へいえき》で安西といふ西の涯《はて》に往つたぎり幾年も音問《たより》が無い、きつと死んでるものと、父母は夜も日も涙にくれてゐた。すると萬回は

『お父さんお母さん、なぜさうめそ〳〵泣きなさる、兄さんの事が心配だつて？　それは大丈夫、生きてゐるよ、わしが往つて見て來るから、衣服《きもの》や食糧《たべもの》、兄さんに給《や》りたいものを揃へて下さい。』

父母は當《あて》にはならないと思ひながら、もしやにひかされて、支度を整へてやつた。其朝《あさ》『そんならちよつくら往つて來るよ』と、飛出して往つたが、もう夕方には歸つて來

て

『兄さんは元氣だつたよ』と手紙を出した。

封を發《ひら》いて見ると細々様子が書いてあり、兄の手蹟にまぎれが無かつた。弘農郡の其の家《うち》から安西まで一萬餘里もある、萬里を回《かへ》つて來たので萬回《まんくわい》といふ渾名がついたので本名は判らない。

玄宗の微行

萬回が神異《ふしぎ》のわざは、此の後にもちよい〳〵現はれて、次第に世間から信仰される様になつた。玄宗皇帝がまだ臨淄王で居た頃、時々微行に出ると、其の前に必ず萬回が現はれて來て『天子來《きた》る』『聖人來る』と觸れてあるいた。

血腥い安樂公主

安樂公主は玄宗の妹だが、其頃韋皇后《ゐくわうごう》に取り入つて、詔勅さへ自由勝手にするくらゐ、權威朝野を傾くる勢であつたが、萬回は安樂公主の行列を眺めると、『お〻血腥い〳〵』と顰蹙《しか》めてゐたが、間もなく韋皇后等と共に斬《き》られることになつた。玄宗は帝位に登つてから、宮女二人を常に萬回の給仕として遣《つか》はしておいた。

畫道の天才

呉道元

字は道子、陽翟《やうてき》の人、少年の頃書を賀知章《かちしやう》や張顚《ちやうてん》に學んだが、物に成らないので更に畫を學んだ。未だ冠も着ない内に早く畫に妙を得た。是は天稟《てんぴん》の然らしむる所と見え、勉强や練習で到り得る境地ではなかつた。

初め兗州《えんしう》（山東省）瑕丘《かきう》の尉となつたのを、玄宗が召し出して近侍せしめた、夫から天下に名を知られた。その畫風は張僧繇《ちやうそうゆう》を師とするものゝやうだつたので世人は張の後身《こうしん》だと評判した。

顧愷之《こがいし》が隣の女を畫いて、その胸に棘《とげ》を刺して女を苦悶させたのは有名な話だが、道子が驢を僧房《てら》に畫いたら、毎晩ガタ〱と足踏する音がして僧が眠れなかつた。

僧繇《そうゆう》が龍を描いて眼睛を點し了ると、雷の音を聞いて壁を破つて飛び去つたといふが、道子が龍を畫いたら鱗が一つ〱動くやうで、雨が降るたびに龍から煙霧が起つた。道子の妙技は顧愷之《こがいし》と僧繇とを兼ねたものと稱せられた。

水を撒きかけて壁畫

宮中に數尋の粉墻《しらがべ》があつたから、玄宗は道子に山水を畫かせた。道子は鉢一杯の墨をその面《めん》に水を撒く樣にまき散した、そして暫く幕で隱して置いて帝に見せた。それを見ると山水林木人烟鳥獸悉く備はらざるなしといふ名畫が出來てゐた。帝歎稱措かず見とれてゐると道子は一つの岩を指して、

『この岩の下に小い洞が一つあります、その中に仙人がゐますから、扣《たゝ》いたら必ず答へませう』といつた。そこで指で擊つて見ると、忽ち其處に門が開《ひら》けて童子《どうじ》が側《わき》からのぞいてゐた。道子は、

畫中の洞穴に隱れ去る

『此洞の中は大變住《よ》い處でございます、私が先づ這入りますから陛下もお續き下さい』といつて洞の中へ入つて、頻りに帝を手招きするけれども、玄帝は這入ることが出來なかつた。その内に畫中の門は閉ぢられて、道子の行方は判らず、その畫全體が消え失せて、元の如く白地になつてしまつた。

鍾馗

唐の玄宗が瘧《おこり》を患つてゐた。

晝寢の夢に、小い妖怪が出て來て、楊貴妃の香嚢《にほひぶくろ》と帝の玉笛とを盜まうとした。帝が叱つて何者だと詰るゝ、妖怪は畏《かしこ》まつて

『私は虚耗《きよばう》と申す者でございます。人家《よそ》の慶《よろこ》び事を憂へ事になすものでございます』といふ。

妖怪を啖ふ

帝は怒つて武官を呼ばうとすると、忽然として一人の偉丈夫が現れた。位卑く見窄《みすぼ》らしい扮裝《みなり》ではあつたが、忽ち妖怪を引捉へ、その眼を刳《えぐ》り、體を劈《つんさ》いて啖《く》つてしまつた。

『お前は何者だ』と帝が訊ねると、偉丈夫は階下に跪いて、

『下臣《わたくし》は終南《しうなん》の進士で鍾馗と申しまする、武德年間(唐の高祖)に試驗に應じて落第いたしましたから、石階に頭を碎いて果てました。ところが思はざる恩命を蒙りまして、高祖から綵袍を賜はりて葬られました。この御恩に對して何時《いつ》かは報い奉らうと誓を立てゝ居りました。今虚耗の災禍を除きましたのも其の爲でございまする、』と奏し訖《をは》ると、帝の夢はさめた。而して病も其のまゝ癒えた。

呉道子鍾馗を描く

帝は呉道子を召して鍾馗を畫《ゑが》かしめた。道子は暫く思案してゐたが、思ひ當るところ

があつたらしく、圖を描《か》き上げて奉つた。
帝はこれを見て、
おゝ、お前も朕と同じ夢を見たのぢやなと感心した。

邢和璞

死人を復活せしむること妙

邢和璞《けいくわぼく》は何處の人か判らない。東海のほとりに隱居してゐた。人の心術を見拔くことに妙を得てゐた。後に嵩山《すうざん》と潁川《えいせん》との間に居をトして、潁陽書算心施空之訣を著はした。また能く法を以て頓死した者を活かした。

玄宗の開元十二年、都に出ると顯官たちが門外市をなして彼を訪問した。友人で白馬《はくば》坡《は》の下に居る者があつたから、彼はその人を訪ねると、前日に死んでゐて母親が哭き哀んでゐた。和璞は屍體を臥床に置き、自分も一緒に夜具を被《かぶ》つて寢た。良久しくして起ると湯に入つて、又屍體と寢て、到頭死人を蘇らせてしまつた。

崔司馬《さいしば》は彼と仲が善かつた、病が重くなつて既に危くなつた時、

『邢先生は何故私を見棄てるのだらう』といつた、すると病室の壁に穴をあける音がした。不思議に思つてそこを見ると小い穴が出來て段々大きくなつた。その中に前後のお供數百人を召連れて、和璞が紫衣大冠の姿で車に乘つてゐた。

『太乙（仙官の名）に請うて助けて遣はす』といつたかと思ふと、その姿も壁の穴も無くなつた、そして琯の病はケロリと癒つた。

房琯《ばうくわん》は桐廬《とうろ》の縣令で和璞を遇すること頗る慇懃であつた。或日和璞は笑ひながら琯にいつた。

『君は宰相となるだらうから自愛なさい、おしまひにはきつと鱠《なます》を食ふだらう、そして龜茲《きゞ》（新疆省庫車縣）を柩とするだらう、それは自宅でもなく役所でもなく寺でも他人の家でない所だらう』と。

後果して琯は宰相にもなつたが、閬州《りやう》に謫せられた、其處で病氣になつた、少し癒えた頃太守が郡の代官どもを招集めて鱠《なます》を馳走した。それを食ひ畢ると琯は又病が起つた。夢に神人が來て、

『邢眞人《けいしんじん》の言つたところに違ひはあるまい』といつたと見たが、翌日亡《な》くなつた。そこ

まんぼうの様な上帝

へ商人が來て龜茲《きじ》國產の板で老子の座を造らうとしてゐたから、その料で柩《ひつぎ》を作つてしまつた。邢が言つた通りだつた。

和璞は終南山に廬《いほり》を結んだ。道を學ぶ者が多く彼の許に集つた。その頃崔曙《さいしよ》といふのが友となつて常に邢の左右に居た。邢は或日弟子に向つて

『近々に珍客が來るから接待の用意をせい、それからお客を窺《うかが》ひ覘いてはならぬぞ』といつた。翌日果してお客が來た、身の丈は僅に五尺しか無いのに幅は三尺あつた、しかも半分は顏だつた。それでゐて緋色の服を着、笏を持ち髯を拔《しご》いて大聲に笑つた。口尻は耳に迫る程で頻りに談をするが、多くは人間の語ではなかつた。崔曙が庭先を通つたのを客がじつと見て和璞に、

『これは泰山の老師ぢアないかい』と問うた。

『さやうで』

御馳走がすむと客は歸つた。和璞は崔に向ひ、

『あのお客は　帝だつたのぢや、わしにお戲になつたのぢや、泰山の老師と仰せられたことは思ひ當つたことがあるだらう』

『いつぞやも先生が私に泰山の老師の後身ぢやと仰せられましたが、どうも前身の事は覺えてゐません』と答へた。
和璞も其後何處へ行つたか知る者が無い。

李白

金星懷に入る

李白《りはく》は字は太白《たいはく》、靑蓮居士と號す。隋の末頃に祖先は西域にやられてゐたが、唐の中宗の神龍年間に其地から遁還つて蜀に居つた。白が生るゝ時母は長庚星《ちやうかうせい》(金星)が懷に入ると夢を見たから、太白と名をつけた。十歳で早くも詩書に通じ、長じて岷山《びんさん》に隱れて書を讀んだ。蘇頲が益州の長史《ちやうし》となつて來て、李白を見て不思議に思ひ、これは天才で相如(漢の司馬相如)に劣るまいと相《さう》した。

謫仙人

其の後李白は長安へ出て賀知章に謁した。知章は其の詩を見て歎じて、人間の詩では無い、天上の神仙が人間に謫《たく》せられてゐるのだと劇賞し、玄宗にその旨を奏した。玄宗は彼を召して共に時事を論じ、馳走の料理は親らその味加減をして與へた。

沈香亭の詩作

帝、或時、沈香亭《ちんかうてい》で牡丹の滿開を賞しつゝ、李白に唱歌《しやうか》を作らせようと思ひ立つて、急に召喚させた。白は既に大醉してゐたから、左右の者が冷水で顏を洗つてやつて、少し正氣を出させた。帝は特に楊貴妃に命じて、白が爲に硯を捧げ持たせた。白は立どころに清平調《せいへいてう》の唱歌を三つ作つて、一向考へを費した樣子もなかつた。帝は彼の才を愛して、度々召し寄せては酒を與へた。

酒中の八仙

嘗て醉つた末に、高力士に自分の靴を脫がせた。高力士は當時の宮內官中最も勢力のある者であつたから、深く之を恥羞として、李白が詩《し》を種《たね》に楊貴妃を怒らせた。帝が白に高官を與へようとすると貴妃が、妨けてやめさた。白も帝に近づいてゐても安心されないことは知つてゐた。ために豪放な事ばかりして、爲《し》たいまゝに暮してゐた。張旭《ちやうきよく》などゝ每日酒ばかり飲んでゐるから、世間では彼等の仲間を酒中八仙と稱してゐた。白は故鄕へ還ることを懇願したから帝も金を與へて之を許した。

安祿山が反した時、永王璘《りん》は李白を呼んで幕僚とした。璘は兵を起して敗れ白も當に誅せられようとした 以前に白は郭子儀が罪を免るゝことに盡力してやつた事があつたから、今度は郭子儀が白の爲に贖罪を申出でた、それで白は死を免れて夜郎《やらう》に流された、赦されて潯陽《じんやう》に還つて居たが、又別の事に連坐して獄《ごく》に下《くだ》つた。その時宋若思《そうじやくぐ》が呉の兵三千を率て河南へ行く途中潯陽に通りかゝつて囚人を釋放した、白もその時參謀にされたが幾もなく辭職して當塗令《たうとのれい》の李陽冰を訪ねて行つた。

代宗の時になつて都へ召されたが、世間では皆李白が醉はらつて江に墜《お》ちて死んだといつてゐた。然し元和(憲宗の朝)の初年に或人が海邊で白を見た。白はその時一人の道士と偕に高山の上にゐたが、暫くして共に赤虬《せききう》に跨つて霞の中へ消え去つた。

白亀《はくき》年《ねん》は白樂天が子孫である、曾て嵩山《すうさん》に登つて、遙かに東巖の古木を望んでゐると、幕を引廻した樣なものが地から湧き出た、足に任せて行つて見ると、人が現れて『李翰林がお待ちぢや』といふ。その人に附いて幕へ入ると、氣高い人がゐて『わしは李白ぢや、先年水解して仙人となつた、上帝はわしに文書を掌らせて、早や百年からになるのぢや、お前の先祖の樂天も現に五臺山にゐて、功德所(仙府の廳名)を掌つてゐる』と一巻の書き物を取出して亀年に與へ、『之ゝ讀めば鳥の言葉が解るよ』といつた。

その後、白海瓊《はくかいけい》も亦いつてゐた、

『李白は今に東華・上淸監・淸逸眞人となつてゐる、白樂天は蓬萊の長仙王となつてゐる』と。

註(一) 水解、水に落ちて死んださ見せて實は仙化したること

顏眞卿

顏眞卿夙に仙法を得

字は淸臣《せいしん》、師古《しこ》五世の孫である。博學で文章に巧であつた。玄宗の開元年間に進士に擧げらて拔擢に拔擢を重ねて、眼覺しい出世をした。

德宗の建中四年に李希烈が叛亂を起した時問罪の勅使として出向せしめられた。眞卿が生きて還ることはあるまいと世人は信じた、親族は彼の爲に長樂坡で送別の宴を張つた。彼は醉つて跳つた。

『吾は夙に陶八八といふ道士に遇つて刀圭碧霞丹《たうけいへきかたん》といふ藥を授かつたから今になつても老衰しない、その時、七十になつたら大厄が來る、けれども構はない、羅浮山でお前が來るのを待つてゐると、道士はいつた。今日の事だつたのさ』といつた。

眞卿は大梁に行くと果して李希烈の爲に殺され、屍は城南に葬つた。希烈が敗れ（貞元二年）てから家人が眞卿の柩を開いて見たら、その狀貌宛ら生けるが如く、體は金色になり爪が延びて掌を貫いてゐた。鬚も髮も數尺になつてゐた。偃師縣の北山に改葬した。後、或る商人が羅浮山に行つたら、二人の道士が木蔭に碁を圍んでゐた。その一人が見咎めて、

『誰だいこんな所へやつて來たのは』といつた。

『私は洛陽の者で』と答へると、道士は笑つて

『さうか、では手紙を一つことづかつて貰はうかい』と商人に賴んだ。歸つて北山へ行き、顏が子孫に渡すと驚いて、

『これは正しく先太師の筆に相違ない』と怪んで、塚を發き棺を開いて見ると　中は何一つ無かつた。早速羅浮へ出かけて見たが、もうそこにも居なかつた。

その後白玉蟾《はくぎよくせん》がいふところによると、顏眞卿は北極驅邪院左判官となつてゐるといふ事である。

羅浮山よりことづて

七百歳の仙女の多淫

大根食用を奬勵す

王

太和先生、王旻は仙道を得て常に五岳其他の名山を遊歴してゐた、容貌いつも三十許の人に見えた。其の父も道を得てゐた、叔母《をば》は父よりも一層上達してゐたといふが、誰も其人を見たものは無かつた。王旻のいふ所に依れば、叔母は主として衡岳に居り、時時天台山、羅浮山あたりへ出かけて來る、見かけは少女の樣であるが、實は七百歳を越えてゐた、房中術(性交に關する仙術)に由つて不死を得、到る處に衆《おほ》くの夫《をつと》を有つてゐたといふ。

天寶年間、召されて宮中に到り、玄宗及び楊貴妃に禮遇せられ旦《あした》も夕も謁見をして、道術を講じてゐたが、其の要旨は修身、儉約、慈仁を主とするのであつた。何人に對しても好く勸めたのは、大根を食ふことで、其根も葉も常に食してゐれば功力が多いと主張するのであつた。後、牢山《ろうさん》(今の青島東北方の高山)に入つて仙藥を煉つた。

申元之

玄宗と仙談

長生藥の所望

玄宗の開元年中、方士の申元之《しんげんし》は都に徴《め》されて、開元觀に留つてゐた。帝室からの待遇は極めて厚かつた。

帝が洛陽に幸《みゆき》せられるのに、申元之は扈從《こじう》を命ぜられた。帝と仙道の奥妙な談論をして長い時間をつぶすことも屢々であつた。楊貴妃の外、趙雲容《てううんよう》其外四五人の宮女たちが御側に居て、此の談論を聽くことが出來た、雲容は茶や藥の給仕をするのであつたが、其のつゝましやかな風が、申元之の眼にとまつてゐた。隙間《すきま》を見て、雲容《うんよう》は元之《げんし》に少し命を延《の》びる藥を戴きたいと願つた。元之は、藥は惜みはせぬが、あなたは久しく世に處《を》ることが出來まいと言つた。それでも尙ほ頻りに賴んで、

『朝《あした》に道を聞けば夕《ゆふべ》に死するとも可なりとか申すではありませんか、大仙に斯《か》う親しく接近する仕合《しあは》せに遇ひながら度世《どせい》（世を脱れ仙人になること）を得なければ寶の山から素手《すで》で出る樣なものでせう。どうぞ憐んで下さいまし。

墓中に在つて再生の期を待つ太陰練形の法

容の再生雲

如何にも切に冀《こひねが》ふので、降雪丹《かうせつたん》といふ仙藥を一粒與へて、『此の丹を服《の》むが可《よ》い、死んでも體が壞《こわ》れない。棺《くわん》もなるだけ大きくしておくことだ。墓の穴を大きくして、屍體の口には眞《しん》の玉《ぎよく》を含ませておき、墓の内に風が通すやうにありたい、さうしておけば魂《こん》も魄《はく》も其のまゝで、散り又は壞るゝことが無い、百年過ぎて、生人《せじん》の氣に遇ふことがある、其時復活することが出來る、これが太陰錬形《たいいんれんけい》の法《はふ》といふものだ、それでまづ地仙《もせん》になり、復た百年經《た》つてから仙洞《せんどう》の中に遷《うつ》り住《す》むことが出來る。

趙雲容は東都に隨行中病氣に罹つた。楊貴妃に可愛がられてゐたから、申元之の言つた事を申告げておいた。いよ〳〵卒去《そつきよ》すると、宮内官の徐玄造に命じ、本人の願つておいた樣な墓所《ぼしよ》を營んでやつた。百年を經、元和の末に至つて、薛昌といふ人に遇うて雲容は再生した。申元之は尙ほ其の後も世間に出て來ることがあつた。

梁野人（名は戴、長沙の人）

手を振れば錢が出る

梁野人は仙道を修めて特に鉛汞修煉《えんこうしうれん》の術（金銀を練成する仙法）に長じて居た。嘗て廟《べう》の銅像の側に晝寢をして居たところ、長《たけ》一丈許の金人《きんじん》が野人の左の手を取つて、金錢を一枚載せてくれて、

『錢が要《い》る時、左の手を縮めて振れば錢が出る、此の事を人に漏《もら》すな』と云つた。野人は押し戴いたかと思ふと夢が覺めた。左の手掌《てのひら》が少し痛い、視ればむら／＼と錢の形があつた。言はれた通りやつて見るといかにも効驗がある、金に不自由がないので、此れからます／＼放曠《やりばなし》で、飲んだり歌つたりして日を送つた。

母親は心配して、『二人の子をたよりにして居るのに、兄は幸ひ心掛が良くて、年少で登用試驗にも及第したが、そんなにお前がのらくらでは、賴りにも何にもなりはしない。』とこぼすのであつた。野人は一向平氣で『私は遊歴に出たい』と云つて、母が留めるのも管《かま》はず出て去つて了つた。十二年も音沙汰がなかつた。

兄に憐まる

兄の梁顏は廬州の太守に出世してゐた。或る日偶然弟が訪ねて來た。兄は視て喜んだが、また悲しみもした。兎に角久しぶりに兄弟酒を酌みかはした。兄はしみ／″＼弟に『俺《わし》が一州の太守となつてゐながら、其のぼろ／＼姿が見て居られるか。』と、立派な衣冠に

夜半に錢の音がする

着換へさせようとした。弟は『道を修むる者は内觀《ないくわん》が大事です、心の鍛練さへすれば可《よ》いのです、兄《にい》さんは形骸《けいがい》の上の詮索《せんさく》をなさるのですか。』と、ぷィと出てしまつて、出たらめに旅店に飛込み、一室に醉拂つたまゝ寢てしまつた。夜半になつてちやら〳〵錢の音がするので、店主は吃驚して、此の道士は盗賊かも知れんと、そつと戸隙《すきま》から覘《ぞ》いたが何も見えなかつた。翌朝樣子を窺へば、もう居ない、室には山と盛りあげた錢があつて、太守宛《あて》の狀《じやう》がつけてある。

『弟は野人でござる、烟蘿《えんら》が待つてゐるので、御わかれにもえう參らぬ、御體を大切に召され。聊かの錢、貧乏人を賑はして下され。』

なほ其の外に、着てゐた弊衣《やぶれぎもの》が遺《のこ》してあつた。其れが非常に佳い香《か》がして、室一杯薫《くん》じわたつてゐた。早速行方《ゆくへ》を驗《しら》べにかゝつたが、屋根瓦が數枚めくれてゐた。其れから脱《ぬ》けて空《くう》に乘《じよう》して去《さ》つたものらしかつた。

註(一) 烟蘿、山林の烟霧やかづらなどをいふ。自分は山林に住む野人だ、其の山林が歸りを待つてゐるから告別もせず、急いで出立するさいふのである。

張　果

仙人のふてくされ

手提げ疊み込み式の驢馬

張果《ちやうくわ》は數百歳になるだらう、吾々兒童の時から今と同じだからと、唐の初の老人達が評して居た。太宗、高宗も屢徵《め》されたが之に應ぜず、恒州の中條山に隱れてゐて、時に汾州晉州あたりに出遊することがあつた。

則天武后が强ひて召されたので、山から出るには出たけれども、妬女廟《とちよべう》前まで來て死んだ。恰も盛暑の候でたちまち腐つて蛆《うじ》がわいた。武后も其の報告を得て確に死んだものと信じたのであつたが、程經て、恒州の山中で復た其の姿を見たものがあつた。

張果は平生白い驢馬に乘つてゐた、一日に何千里も何萬里も行くことがあつた。旅行が濟めば其の白驢をば疊んでしまふ、ちやうど紙を折つたほどの厚みになるのを手箱の内に納めておく、乘るときは水を噀きかけると、また白い驢馬になるのであつた

開元二十三年玄宗皇帝は侍從の裴晤《はいご》を遣《つかは》し張果を迎へしめた。裴晤が面會すると、張果は息が絕えて死んだ、裴晤は管《ま》はず悲しく香を焚いて、天子より御迎の思召を傳へた。

即座に若返る

酒飲みの選手を出す

張果は蘇生した。裴晤は心得てゐるから敢へて無理に逼ることをせず、其のまゝ還つて天子に復奏した。更に徐嶠《ちよけう》、盧《ろ》重玄《ちやうげん》の兩人に鄭重なる詔書を持たせて、迎へに遣はした。張果は兩人に隨つて上京することになつた。張果は宮中に置かれて十分の禮遇を受けた。

玄宗は張果と打解けて對話中、『先生は得道の人でありながら、何故髮や齒がさう衰へて居られるのか。』と不審《いぶか》がられると、張果は『年のせいで致方がありません、お恥かしい次第です、いつそ皆除《の》けてしまひませう』と、直に白髮を引きむしり、齒も叩き落してしまつて、口一杯血だらけになつた。玄宗は驚いて、『先生どうぞ暫く御休息なされ。』と退《さが》らせて、少時《しばらく》經《た》つて更に召されたが、張果は艶々しい黒髮、生えそろつた白い齒、壯者よりも見事になつて入つて來た。

神仙の事を問はれても張果は容易に答をしなかつた。呼吸法を行ふばかりであまり食事もしない、併し酒は善く飲んだ。玄宗が酒を強ひたとき、『私は餘り飲めませぬ、弟子に一人、一斗ぐらゐ飲むのが居ます。』と答へたので、其れを召せと詔があつた、程なく、一少道士が御殿の簷《のき》から飛下りた、年が十六七、みやびた姿である、應對の言語も明晰で禮儀作法も不束《ふつゝか》でない。玄宗は大に喜んで酒を賜はつた。飲むは〳〵、見る〳〵

一斗ばかり飲んでしまうた。張果は『もう賜《くだ》されては可《い》けませぬ、過ぎますと失禮を仕出かしまする。』と斷つたのに、玄宗が面白がつて、無理に今一つと飲ませられると、頂《かしら》から酒が噴《ふ》き出して、冠が地に落ち、少年は倒れて一個の酒樽になつた。驗《しら》べて見ると集賢院內にあつた酒樽で、一斗しか入らぬのであつた。

勲章佩用の仙鹿

咸陽の野に狩をして、玄宗は一大鹿を獲、大に喜んで煮させようとするのを、張果は止《とど》めて

『此は千歳に滿ちた仙鹿《せんろく》で、昔し漢の武帝が元狩五年に此の鹿を獲て放たれたのを、私が其の時お供をして存じて居ります。左の角の下に銅牌《どうはい》が附いて居りませう。』と申上けたので、取調べさすと、果して二寸計の銅牌があつたが、年號の文字は磨滅して判らなかつた。

張果の眞の年齢や素性を知りたいと、玄宗は當時宮中に居た有名の方術者をして、色々調べさせたけれども、どうしても判らなかつた。葉法善《せふはふぜん》といふ道士が『私は存じて居りまする、が、申せば直ぐ死なねばなりませぬ、若し陛下が冠を脫ぎ跣足になりて張果に詫びて、私を蘇生させて下されるなら申しませう。』と言ふので、玄宗は確と共を請合

饒舌に對する懲罰

はれた。『此れは渾沌初めて分れて天地成る時の白蝙蝠《しろかうもり》の精《せい》……』と言ひ終らぬ中に、葉法善は七竅《なゝつのあな》（耳目口鼻）から血が流出して地に倒れた。玄宗はあわてゝ張果の所に往つて、免冠跣足（罪人のすがた）して罪を詫び、法善の復活を願はれたが、『此の兒は口が多過ぎる、きつと懲らしめなければ天地の機密を敗りまする。』と、張果が頑然拒むのであつた。玄宗はくれ〴〵も自分が無理にしやべらせたのであるから、此度だけは許してくれるやう懇願されるので、やう〳〵にして、張果は水を含んで噴きかけ、法善を復活させてやつた。帝は益之を重んじ、張果の像を畫《ゑが》かせて集賢院に掲げ、通玄先生と尊稱を賜うた。

張果は無理に暇を乞ひ恒州に歸つた。其後、天寶年間、玄宗は使を派して迎へさせられたが、張果はうるさがつて死んでしまひ、此度はつひに登仙して、再び人間に交《まじは》らなかつた。

司馬承禎

司馬承禎《しようてい》は潘師正《はんしせい》に事へて辟穀（穀食を絶つ仙法）導引（呼吸に關する仙術）の術を傳へられた。則天武后に召されたが間もなく辭して去つた。學問德行共に秀れて世人の尊崇を受け、特に陳子昂、王維、李白、孟浩然、賀知章、盧藏用、宋之問、王適、畢構など當時第一流の名士と仙宗十友と稱せられた。天台山に隱れゐたが、睿宗皇帝の時又京師に迎へられ、帝に道を問はれて『道を爲《をさ》めて日に損し、之を損して又損し、以て無爲に至る』と答へ、更に『身を治することは則ち爾《しか》り、國を治することは若何《いかん》。』と問はれて、『身も猶ほ國の如し、心を淡に遊ばしめ、氣を漠に合せしめ、物を自然にして私を容るゝことなくんば、天下治まる。』と答へた。

辭して天台山に歸るとき、盧藏用は終南山（都に近き一名山）を指して、『此の中にも佳處あり何ぞ必ずしも天台のみたらん。』と引留めようとしたのに、『僕を以て觀れば是れ仕官の捷徑のみ。』と言つた。それは、初め盧藏用が終南山に隱れて虛名を賣つて後、登庸せられ、俗界に羽振を利かせてゐるのを卑んだのであつた。

謝自然（蜀の成都の女子）

女道士諦めて師に別る

謝自《しやし》然《ぜん》は幼少の頃、道士から仙經を示され一讀して其の大旨を得、女道士となつて專念に修行を積んだ。四十歳の頃より各地の名山靈跡を歷訪し、司馬承禎《しばしようてい》が天台山の玉霄《ぎよくせう》峯にゐる山を聞いて、往つて其の弟子となつた。毎日薪を採り水を汲み炊爨《すゐさん》の勞に服してゐた。師の承禎は容易に道を教へないので、自然は一日玉霄峯の絕頂に登つて、遙かに海上を眺めた、渺茫《べうばう》たる海波《かいは》の間に　點々、島山《しまやま》が見える、蓬萊の仙島も恐らく彼の邊に在るのであらうとなつかしい。『あゝ、折角良師に遭ひながら未だ明教を蒙ることを得ざるは吾が命運の拙き故なり』と嘆息して、つひに承禎に辭《わか》れて、山を下つた。海邊にたどりゆき、一枚の蓆《むしろ》を拾《ひろ》つて波に浮べ、其上に坐して海へ乘り出した、蓬萊に行かうといふのである。幸に新羅の商船に遭うて、其の船に便乘を許され、數月間航海を續けた。

とある島に船が泊つたとき、謝自然は獨り上陸して、山に登つて島の光景《やうす》を眺めてゐた。五六人の道士が青衣の侍者を從へて、ぶら〳〵と出て來た。其中の一道士は冠も衣裳も殊に美しく氣だかい風采であ、、侍者をして『何處に往かれる』と自然に問はしめた　『蓬萊に參つて師を求め度世《どせい》（仙人になる事）が致したいのでございます』と答へると、道士

舊師の許へ逆戻り

たちはみな笑つて『蓬萊は大海三萬里を隔てゝなか〱船ではむづかしい、仙人ならでは往かれぬ處ぢや。天台山には司馬承禎が居る、仙人の名は隱れもないものぢや、何故其れに就いて道を求めぬ、汝の師は彼ぢや。』道士は船の者を呼んで『此の女子を天台に送れ。』と命じた、忽ち强風が起つて、元來た方へ船を吹き返して、僅か三晝夜で天台山下に着いたのであつた。自然は山上に馳せ上つて師の承禎に、以上の顚末を申し述べて深く罪を謝した。承禎は吉日を擇び、壇を設け儀式を整へて、仙道の秘訣を傳授した。謝自然は蜀に歸つて、貞元十年、白日昇天の本懷《ほんくわい》を遂げた。

註(一)　司馬承禎の傳記には謝自然が焦靜眞になつてゐる。

裴老人

『好酒《かうしゆ》三杯を啜《すゝ》り、好花一枝を挿《さしばさ》む、古今の事を思量するに、安樂是れ便宜』

裴《はい》老人は近頃清源山(福建省内)の麓に移住して、のんきな生活をして斯んな詩など吟じてゐた。

虎が迎に出る

南京蟲に人身御供をそなへてゐた

住居の邊に十餘頭の虎が居り、十日に一人、人を食ふので、裴老人は一塊の肉を買つて來て、虎のゐる處へ行き『十日毎に此をやるから、此から人を捕つてくれるなよ』と言つた。果して此から虎の害が絶えた。

老人が、時に泉州の城下に出る事がある、朝出て歸りは晩になるが、いつも虎が城外の闇《くら》がりに待つてゐて、老人を騎《の》せて歸るのであつた。

嘗て萬禍山の頂に登つた、渇《かわ》いて來たので、拳《こぶし》で岩を扣《たゝ》いたら淸水が迸《ほとば》しつた、其れ以來山上に泉が絶えない、今、聖泉岩といふ。

隣村に相公廟《しやうこうべう》といふ祠《ほこら》があつて、靈驗著しく村民の信仰を得て居たのは好いが、一年毎に一個《ひとり》の孩童《こども》を生きながら供へなければ、村中《むらぢゆう》に祟《たゝ》つて大災厄《だいさいやく》が降《くだ》るのであつた。八十餘歳の老翁で、唯一個《ひとり》の孫を有《も》つたのがあつた。此度其の子を供へねばならぬことになつた。老翁は其の孫を抱いて廟の門に立ち、さめ〴〵と泣いて居た、たま〳〵裴老人が通りがかり、其譯を聞いて、『よし〳〵俺《わし》が好《よ》い樣にしてやる。』と老翁を慰め、其の子を取つて廟内に入り升《ます》で燈火を覆《おほ》うて待つて居た。夜半、相公《しやうこう》の像《ざう》の口の中に轟々《がう〳〵》と音がしはじめて腥氣が廟内に滿ちた。燈を出して見るとうよ〳〵と臭蟲《しうちう》（南京虫）が口の中

老人昇天の眞相

から出てゐた。裴老人は子を抱いて廟を出た。翌日熱水《にえゆ》を以て相公の像に澆《そゝ》ぎかけて臭蟲を鏖《みなごろし》にした。此から後、相公の靈驗も祟《たゝ》りもさつぱり絕えてしまつた。

また泉州城内では、橋の上に高座を設け、每年中秋の夜、八十歲以上の老人を一個《ひとり》其の上にあげる、夜更けて一對の紅燈が雲中より降つて其の老人は迎へ去られる、老人の子孫親戚は高座の下に宴《えん》を設け客を請じて、此の昇天を榮譽とするのであつた。依つて橋を登仙橋と稱へ、城内の老人は昇天の候補に選ばれるのが老後唯一の思出《おもひで》であつた。裴老人が此の騷ぎに行き合せて、『此は魔《ま》だ、俺《おれ》が除《のぞ》いてやる』と言つた城中の人は素から裴老人の道行《だうぎやう》秀《すぐ》れたることを尊信してゐたから、敢へて之を拒まなかつた。

裴老人は劍を執《と》つて高座《かうざ》に登つた。例《いつも》の時刻に紅燈が來ると、ばつさり一擊した、血が流れて橋上に溢れた。天明を俟つて、城民は其の血をたどつて行つた、清源山の後の大磐石の下にはいつた。洞穴の奥に大きな蟒蛇《うはばみ》がうめいて居たので多勢で刺殺した。洞内に骸骨が堆くなつてゐたのは、此れまで所謂昇天した老人達の骨である。

居留守して仙道を得損なふ

陳安世（京兆の人）

陳安世《ちんあんせい》は、十三四歳の頃、權叔本《けんしゆくほん》の家に傭《やと》はれ働いてゐたが、曾て殺生《せつしやう》をせず殺したもの〻肉も食しなかつた。主人の叔本は仙道の修行に志してゐた、或日二人の仙人が書生と化《な》つて訊ねて來た、叔本の志を試めしたのであつたのを、叔本は其れと氣が付かず、普通の客として待遇して返した。

叔本が奥にゐて馳走をたべようとする時、再び二人が來訪した。門に陳安世を見て、

『主人は御在宅か。』

『居られます。』

安世は奥に入つて取次いた、主人は直に出迎へようとしたのを、其妻が、

『餓鬼書生が腹つくりに來たのですよ。』と言つて引止め、安世に『不在だ』と言はせた。

二人の者は、

『さつき在宅だと言つたのに、今不在だといふのはどうした。』

書生の安世に仙道教授

『でも旦那がさう言へとおつしやいましたから。』

『おゝお前は正直だ。實はな、お前の主人が求道の志があるから、吾々わざ〳〵出て參つたのに、書生の風體《ふうてい》だと侮つて疎略な取扱ひをするは、平素の心掛が宜しくないからぢや。時に貴公は遊戲は好きか。なに嫌ひぢやと。道を好むか、仙道はどうぢや。』

『好いて居りますが、知りようが有りません。』

『きつと、お前が好きならば、明日、あの路の北の大樹の下に參れ。』

二人は斯う約束して歸つて去つた。安世は早朝から大樹の下に往つてゐたが、日が暮れかゝるのに昨日の人たちは影をも見せぬ、すご〳〵歸りかけて『書生たちがわしをからかツたんだな』とつぶやくと、

『安世々々、どうして遲かつたのぢや。』

何時來たものか二人は自分の側にゐたのであつた。二人は安世に二粒の丸藥を與へて、

『お前は此から物を食《た》べるなよ、人と離れて寢る樣にせい。』

此から、屢、安世の獨り居る處に兩仙人が來ては種々の話をして聞かせた。主人は安世が獨居《どくきよ》の室に人聲のするのを怪んで、覗《のぞ》いて見たが何も視えなかつた。安世に訊《たゞ》すと

主人が安世の弟子さなろ

獨語《ひとりごと》をいつて居たと答へた。併し安世が物を食はず、人と別居してゐるのは、どうも常《たゞ》の人では無さそうに思はれた。『貴いものは年齢でも身分でも無い、道と德だ、我に生《せい》を與へたのは父母だけれども、此生《このせい》を長《とこ》しへならしむるものは師《し》より外に無い、我より先に道を聞いてゐる者は卽ち我の師とすべきものだ師は尤も尊いものだ。』と嘆息して、安世を崇《あが》めて弟子の禮を執り、朝夕に之を拜し、安世の爲めに其の室の掃除までして、恭敬の意を盡すことゝなつた。其後安世が成道《じやうだう》して白日昇天《はくじつしやうてん》する際、道術の肝要な點を叔本に傳へた。山つて叔本も亦後日仙となることを得た。

病鶴を救ふ

裴沆

同州司馬(官名)裴沆《はいかう》といふ者が、洛陽から鄭州へ行く途中、ある處で夕方馬から降ると道の傍で人の呻る聲が聞えた。草叢《くさむら》を掻き分けて見ると、一羽の鶴が病氣と見え首を投げ出し、羽翼を下げて居た。よく見ると翅《はね》の上關節の處の瘡《かさ》がひどく破れ、すつかり毛も拔けて居て異樣な聲を出すのであつた。忽ち白い道服を着けた老人が杖をついて現

人生三世の血が藥

はれ、『君はまだお若いやうだ、鶴を哀れと思ひませぬか、此の鶴は人の血で治療して遣らねば飛ぶやうになれぬのだが。』といつた。

裴はなか〱心がけのよい男だつたので『それでは此の私の臂《ひぢ》から血を取つて遣らうではないか』といつた。老人はこれを聞いて、『君は却々感心な青年だ。けれども、治療に使ふ血は三世人間に生れた人の血でないと役に立たぬ。折角だが君の前世は人間でなかつたのぢや。洛陽に居る葫盧生《ころせい》といふ男は、三世人に生れて居る。君さして急ぎの用向でもないのなら、も一度洛陽へ還つて、葫盧生に貰つて來て吳れないか』といふのだつた。裴沆は早速取つて返し、葫盧生の所を訪ねて、事情を話して賴んだ處が、葫盧生は嫌な顏もせず風呂敷包から兩指位の小さな石の函を取出し、針を臂に刺して、その場で石函に一杯血を絞《しぼ》つて裴沆に手渡し『人に喋《しや》べつては不可《いけな》いぞ』と云つた。

裴沆は大急ぎで鶴の處まで來て見ると、以前の老人も居て、大さう喜んで『本當の信士だ』と賞めて、鶴の瘡へ血を塗《つ》けて遣つた。さて老人は裴に向つて『俺の住居はつい近くだから、そこで一休みしないか』といふ。どちも凡人《たゞびと》ではないと思ひながら後へ跟いて行つて見ると、竹籬の草屋で、その邊は狼籍たるものであつた。喉が渇いたので『茶

此包を見るまいぞ

を一杯頂戴したい』といふと、老人はそこの棚《たな》を指して『そこにあるからお飲みなさい』と云ふ。開けて見ると棚《たな》の中に杏の核《たね》と眞白い水がある。飲んで見るとすつかり饑餲を感じなくなつた。杏の搾液《しる》のやうなものだつた。

裴沆は此は確かに仙人だと思つたので、『どうぞ召使つて下さい』と頼んだ處が、老人は『君は世間で出世が出來るのだから、此處に居ても永續きはしまい、君は知るまいが、君の叔父さんが道を得て居るんで、俺とも舊い友達だ。言傳を頼まうと思ふが、きつとこれを屆けて吳れ給へ』といつて、風呂敷包を作つた。中味は椀位のものだつたが、老人は『決してこれを開けて見てはならんよ』と念を押すのであつた。そして鶴にも會はせた。鶴はもう大分回復して、毛も立派に生え揃つて居た。別れ際に老人は『君は杏《あんず》の漿《しる》を飲んだから長生をするよ。それから、酒と色は深く愼まねばならぬ』と誡めてくれた。いよいよ洛陽への歸路に就いたが、途中いろ〳〵と氣を揉んだ、頼まれた包みを開けて見たくて堪らぬ、とう〳〵開けようとした處が風呂敷包の四角が忽ち赤蛇になつて頭を擡げるので遂に開けずに了つたが、受取つた叔父が開けるのを見て居ると、中から大麥の乾飯のやうなものが一升ばかり出たのであつた　叔父はその後王屋山に遊んで終る處を知らない。裴沆は九十七まで長生した。

泰山四郎

泰山府君の四男との戀

鄒縣（泰山の南、二百里許）張といふ者は某縣の次官を勤めたこともある男だつたので、唐の貞觀十六年、求職のため長安の都に赴くに際し道すがら、泰山に參詣して福を祈つた。岱廟には泰山府君、夫人、諸子の像が祀つてある、張は一々禮拜をしてまはつたが、第四子の儀容《すがた》が取りわけ秀美だつたので、心のうちに、此の四郎さんと交際して詩酒の樂を偕にすることを得ば一生の願ひ足れり、仕官など出來なくとも可いと思うた。

四郎張を追ふて前途を戒む

泰山の麓から北東へ、長安街道を數十里往つた頃、後《うしろ》より數十騎、駈走で追付いて來たのは、『泰山四郎』であつた。『さつきの御懇情《ごこんじやう》を重じて出かけて來た。』と言ひつゝ馬を近寄せて『君は今歳は選拔に會《あ》はれない、復た上京の途中に災難も生ずる、上京は罷めにされたが可《よ》からう。』といふのであつた。張は非常に其好意を感謝した、併し上京を中止するわけにも行かず、惜しい別れを告げて馬を急がせた。ところが百里ばかりにして日が暮れると、强盗が現はれて旅裝一切掠奪されてしまつた。張は天を仰いて『四郎さん助けてくれぬかなア』と祝《いの》ると、間もなく、四郎の車や從騎の一行が駈けつけて來た、手を分けて賊を追ひかけ悉く逮捕して、物品は取り還し賊共には數十枚を喫《くら》はせて追ひ拂つた。

果然求職は駄目

四郎は路傍の大樹を指し、『兄が還りには此處で呼びたまへ、さよなら。』直ぐ歸つてしまつた。張《ちやう》は此から先は無事に、都まで着くには着いたけれど、求職は出來なかつた。すご〳〵故郷へ元《もと》の路を還りながら、約束の大樹の下に到つて、『四郎さん〳〵』と大呼した。三聲目を呼ばうとした時には、もう四郎の行列は目前にゐた。

父の府君に紹介す

四郎の邸宅に案内された。堂々たる殿堂は王者の威嚴であつた。少時もてなしたあとで、『父に會《あ》つておきたまへ。』と言つて、先に立つて導いた、十五六の門を潛《くゞ》つて、大きな殿堂に入つて拜謁するのであつた。張は泰山府君の前に進ませられたが、其偉容にうたれて顏も得《え》擧《あ》げなかつた。府君は侍者をして『そちは吾が兒と交遊であるのは喜はしく思ふ。數日ゆるりと滯在したが好い。』と傳へさせた。此の言葉を戴いて、張は引き退《さが》るのであつた

首枷を嵌められた妻に逢ふ

夫人は善根の功で放免

棺中の妻莞爾として蘇生す

四郎の案内で見物やら宴會やら、張はおもしろく三日ほど過ごした。四日目の朝、獨り庭に出て逍遙してゐた、とある一棟の窓の内を、何氣なく覗き込むと、驚いた、自分の妻が其處に居るではないか。妻は數人の官吏の前に立つてゐる、首枷《くびかせ》を嵌《は》められて、囚徒だ、何だか取調べでも受けてゐる模樣だ。泰山は總ての死者が來る處だ、妻も死んだに違ひないと、恐ろしくもあり、張は急いで室に歸つたが、穩かならぬ其氣色に、四郎は『どうかしましたか』と訊く。今見た委細を話すと、四郎も大に驚いて『令閨が此處に來て居られることは知らなかつた。』と直に審判所に往き、問うて見ると果して然《さう》であつた。

やがて、審判官は、張の夫人に對しては、平生寫經持齋の功德あり、未だ死す可らざりしものなりとの理由を以て放免の處分を爲した。四郎は張に此後夫婦共に功德を積んで壽命を益すに勉むる樣諭した。夫婦は喜んで一緒に故郷へ向つて出立した。我家近くなると號哭の聲が聞えた、妻の姿は忽ち見えなくなつた、張が家に入つて急いで妻の棺を開かせた、蓋を除けると妻は嫣然《につこり》笑つて起き上つた。

妻が死んでから蘇生するまでに六七日經《た》つてゐた。

傳授の手加減

白龍魚服の辱

囯（一）唐時代までは泰山の廟は專ら泰山府君を祀りしものと見ゆ。宋以後岱廟には泰山府君を祀らず、現今祀れるは「泰山之神」といふ。

（二）死者の靈魂は皆泰山に歸すといふ信仰も今は衰へてしまつた。

（三）六朝及唐時代には寫經讀經及び持齋の效果は一切の罪障を消滅し災厄を除去することを得るものとして信仰せられてゐた。

羅公遠

唐の玄宗皇帝が羅《ら》公遠《こうゑん》に就いて、隱形《おんぎやう》の法を學んだ。公遠は思ふ所があつて、傳授に手加減を加へて置いたので、一緒にやれば二人とも全く形が隱れて了ふけれども、帝が一人で試みると、帶の垂れや、冠の頂、手脚の端など、必ず隱れきれない所があつて、すぐ宮人に見付け出される。何遍やつても、どうも巧《うま》く行《ゆ》かないので、羅公遠に怨みを言はれた、彼は、

『陛下は天下を視ること黄帝の如くならずして、却つて道術を以て玩弄となさるから可けません。隱形の術とても悉く祕訣をお授け申したら必ず御濫用になつて民間に微行

し惡戲など爲されませう、一層高技の者に出遇《でくは》されたら至尊の身を辱められること、彼の白龍魚服の譬の樣なことを惹起さぬとも限りません。』

憚る所なく言つた。

臺石中寸余の羅公遠

玄宗が怒つて彼を罵つたから、宮殿の柱に身を匿しながら、まだ帝の失政の數々を並べ立てた。帝益怒つて其柱を取外して毀した、すると彼はその臺石の中で又大言を吐く、卽ちその臺石を掘り出して見ると透き通つて、中に公遠の姿が見えて身の丈が一寸餘しかない。その石を散々に叩き破つた、その破片毎に一々公遠の形が見える。是には帝も閉口してしまつて陳謝した。そして公遠が姿は消えてしまつた。

山芥の贈物

後に蜀に使した者が黑水の道中で公遠に逢つた。笑つていふには、

『陛下に宜しく申してくれ、わしは羅公遠ぢや、蜀の當歸（山芥）を帝にことづけよう。』と

後玄宗は安祿山の亂の爲に蜀へ奔らねばならなくなつた。その時公遠が態々當歸を贈つた意味が判つた。

落第の盧青年と道士呂翁

大丈夫の志

邯鄲盧生の夢

開元十九年、道士の呂翁《ろおう》が邯鄲《かんたん》街道の茶店に休息してゐる處に、やつて來たのは土地の青年、盧生《ろせい》といふ者で、短裘《きう》を着て白馬に乘り、田圃へ行く途中立寄つたのである。呂翁と並んで腰を下ろし、四方山の話におもしろく時を過ごしたが、盧生は不圖自分の穢《きたな》い服裝《なり》を顧みて、

『どうして斯う不遇《ふぐう》なのかな　、私は。』と嘆息した。すると翁は、

『君は、顏の艶《つや》も好く、體も肥つて健康らしいし、話も仲々さばけて居られる、どうして不遇だとこぼされるのかね。』

『生きてるといふまでです、私には、ちつとも好いことはありやしませんよ。』

『それで好くないつて？　では一體どんなのが好いのかな。』

『大丈夫たる者は功名を樹てたいものです、大臣、大將となり鼎《かなへ》を列《つら》ねて食《しよく》し聲《こゑ》を選《えら》んで聽き、多くの使僕《しぼく》を役《えき》して一家安樂にくらせなくつちや、男の生き甲斐はないぢやあ

粟飯を炊き始む

盧生美人を娶る文官試驗に及第す

とん〳〵拍子の出世

りませんか。私も學問を始めた頃には、今にも功名手に唾《つばき》して取るべしと先づ勢ひこんで居りましたが、もう三十を超《こ》えて、尚ほ碌々《ろく〳〵》、野良仕事をしてゐるやうではつまりませんよ。」さういふうちに、盧生は眼《うとい》がぼつとして眠氣を催して來た。

此時、茶店の主人は、ばたくさ粟飯《あはめし》を蒸《ふ》しかゝつてゐた。呂翁は旅嚢《りよのう》の中から磁製《やきもの》の枕を取り出して、盧生にあてがひ、

『これをしたまへ。榮達《しゆつせ》は君が思ふまゝぢや。』と云つた。

その枕の兩端には、一つづゝ穴があつた。盧生が之を頭にあてがふと、何だかその穴が次第に大きく中が明るくなつて、入《はい》れさうに思へたので、ずつと入つてみると一軒の家があつた。そこは清河《せいか》といふ所の崔《さい》氏の家であつた。盧生はそこの娘と結婚した、女は美人で家は豐かな有名な門閥家《もんばつか》なので、盧生は俄に幸福な生活となつた。

翌年進士の試驗を受けると優等の成績で及第して直に校書郎に任ぜられ、とん〳〵拍子で三年の後には同州の知事となり、次に陝州《せんしう》に轉じた。彼は土木が好きなので陝西《せんせい》から八十里の運河を開鑿《かいさく》した、地方の者は交通の便を喜んで頌德碑《しようとくひ》を建てた。其の後、刺史、採訪使の任を經て都に召還され名譽ある京兆尹《けいてうのいん》に任ぜられた。此時、北方の狄《えびす》が侵

軍事上の成功

入し、之が防禦の節度使は敗死し、都の人心洶々となつたので、皇帝は北狄討伐に、適當の將帥《しやうすゐ》を求められた、盧生は之に選ばれて、御史中丞・河西隴右節度使を拜命した、彼の方略宜しきを得て大いに敵を破り、忽ちに北狄《ほくてき》の地九百里の地域を征略し、要害の地に三城を築き防備を全うして紀功の碑を立て凱旋した。

內閣に入る

彼は殊勳者として恩賞を賜はり、御史大夫、吏部侍郞に任ぜられ、人望日に盛んとなつて來たので、他の宰相等は之を嫉み密に流言を放つて彼を中傷したゝめ、遠い南の端州の刺史に左遷されてしまつた。が、三年經つて召し還され、再び內閣に入り戶部尙書、中書侍郞と歷任し、賢相の譽を博した。すると又もや閣僚の嫉妬を受け、邊疆《へんきやう》の武將等と結托して不軌を圖るものと讒せられ遂に審判に付せられることゝなり、突然彼の家に捕吏を差向けられた。彼は驚き悲しみ妻に別れを惜んで、

讒言に遭うて獄に入る

『自分は山東の生れで、家には田畑數町あり、衣食に困ることはない、なまじ官祿を求めて到頭斯んな事になつた。昔のやうに短裘《たんきう》を着《き》白馬に乘つて、あの邯鄲街道《かんたんかいだう》を逍遙することも今ではもう出來ないのだ。』

悲憤の餘り刀を執つて自殺しようとしたが、妻に押止められて意を果さず。遂に入獄

した。

共犯者と認められた若干の人は殺された。彼も嚴刑に處せらるべきであつたが、宮中の人の辯護に依り輕減せられ、驩《くわん》州の刺史に貶《へん》せられた。また數年を經るうち皇帝は彼の寃罪を覺り再び拔擢して中書令に任じ、つゞいて趙國公に封ぜられ、恩賜優渥比ぶものなき榮燿《えいえう》を極めた。

貶謫、間もなく拔擢

彼は五人の男の子を儲け、皆な官途に就き夫々一流の門閥から妻を迎へ、十餘人の孫も出來た。

當代無比の榮寵

彼は遠荒の地に竄せらるゝこと二度、宰相の位に登ること二度、武將として政治家として中央及び地方に歷任し、內閣に出入すること前後三十餘年、當代隨一の勢望を收めた、いよ〳〵老年になつて、骸骨を乞うても一向許されなかつた。其のうち病氣に罹つた。すると宮中よりは絕えず見舞を賜はり、有らゆる名醫が手を盡したが、彼はもはや再起の望みなしと覺悟して、最後の謝恩《おれい》及辭別《おいとまごひ》の上表を奉つた。天子は驃騎大將、高力士を差遣はして病氣を視させ、優渥なる恩召を傳へさせた。その夕方彼は長逝した。

盧生は此時大きな欠伸をして目が覺めた。彼はさきの茶店に寢てゐて、その傍に呂翁

夢醒む、粟飯未だ熟せず

がゐた茶店の主人が炊きかけた粟飯はまだ出來上らなかつた。すべては眠る前と同じ事だつた。彼は蹶然と起つた。

『あゝ、夢だつたのか。』

呂翁は笑つて、

『世の中のことは、すべてさう云つたやうなものぢやよ。』

盧生はしばらく憮然としてゐたが、やがて云つた。

『榮辱、得失、生死の道理を悉く知ることが出來ました。これはあなたが私の欲望を抑へるために教へて下すつたのでせう。謹んで服膺します。』

彼は叮嚀に頭を下げて立ち去つた。

註(一) 邯鄲夢の枕、盧生の夢などと日本にも名高くなつてゐる話で能樂にも作られてある。

(二) 此の傳說では盧生が道士呂翁から夢を見せられたのであるが、別にまた、仙人呂洞賓が此と類似の夢を見せられた話がある。

史論

桃を尋ねて山奥へ

齊州（今の山東）の刺史史論《ししろん》が獵に出たとき、或る山寺に憩うたが、桃の香《かをり》が旨《うま》さうににほふので、僧に尋ねて見ると『近頃人が給《く》れました。』と二個の大きな椀ほどの桃を出して來た。餓えてゐたので二個とも喫べて了つた、核が鷄卵ぐらゐある。

何處で獲たのかと問ひ訊すと、僧は笑つて『さツきは僞《いつは》りを申したので實は、此處から十里許山奥に在るのです、貧道《わたくし》、行脚の折に發見して五六個採つて參りましたのです。』と白狀した。『それなら今から直ぐ供《とも》は此處に待たせておいて、徒歩で和尚と二人で往《い》つて見よう』と迫《せ》き立てるので、辭《いな》み切れず、案内に立つて北の方の山の中へ分け入つた。五里ばかり行くと川があつた。『閣下《あなた》には渡れますまい』と僧がいふ、史論は『なに渡れなくて』と僧がするのに傚《なら》つて、衣《きもの》を脱いで頭の上に戴せ泳《およ》ぎ渡つた。それから又川を越え、山に登り、澗《たに》を下つて、段々往くと瀑があつて附近の景色が格別に好くなり仙境ともいふべき處に往きついた。數百株の桃の樹があつて、幹は皆低いが實《み》は累々

仙桃は食るべからず

と熟し鼻を突くほど芽ばしくにほつてゐる。二人は大きなのを選んでやつと一ツ喫《た》べるともう腹一抔になつたのである。史論が澤山採つて衣《きもの》に裹《つゝ》まうとすると僧は押止めて、『此處は靈境です、食つては可けません、貧道《わたくし》、師匠に聞きましたが、昔し此處に來た人が五六個も懷に入れたが、路に迷うて歸れなかつたといふことです』史論は此の和尙も常人《たゞもの》で無さゝうに思はれて來たので、唯だ二個だけ取つて返ることにした。僧はくれ〳〵も他言を戒しめた。

史論は城内に歸つてから、此の僧を迎へにやつたところ僧はもう亡《な》くなつてゐた。

權同休

便利な下男

權同休《けんどうきう》といふ落第秀才《らくだいしうさい》が、蘇州湖州にぶら付いて居て、貧乏のどん底で病氣に罹つた。かれこれ一年ばかり一個《ひとり》の若者を走り使に賴んで置いたが、甘豆湯《かんとうゆ》が飮みたいから甘草を買つて來てくれと賴んだが出て行かぬ、只湯を沸す器たけ持つて來たから、橫着者だなと思つて居ると、やがて木の枝をポリ〳〵折つて、一握ほど火の上へ二三回かさすと

服罪中の仙人だ

それが甘草になつた。どうも不思議だと思ふうちに、少時《しばらく》して砂利を一杯持つて來てザラ〲落したのが豆になつて居た。てつきり道者に違ひないと思つたが、その甘豆湯を飮んで見ると普通のものと少しも變らなかつた。そのうちに病氣も癒《なほ》つたので、秀才は若者を呼んで『此の通りの貧乏だから仕方がない』と垢染《あかじ》みた着物を脫いで渡し、『これを何うかして、少し酒と肉を工面して來てくれ。それで村方の人達《ひとたち》を招《よ》んで、小遣錢の才覺でも賴まうと思ふのだ』と言付けた處が、その若者は笑ひながら『工面にも才覺にも及びませんよ。私がして上げませう』といつて、一本の枯桑を切つて來て、幾本かの小切れに刻み、卓子の上へ載せて息を吹き掛けると牛肉になつた。また水を瓶へ汲んで來て傾けたのを見ると旨い酒になつて居て、招《まね》かれた村の者は食つて飮んで上機嫌に醉つて行つたばかりか、返禮として立派な反物五十反をよこしてくれた。秀才は大に慚謝して、

『私は迂濶で、道者である貴方をこき使つて居たのは申譯がなかつた。今日からは改めて私を從僕として使つて貰ひたい』と申出でた。若者は『如何にも自分は仙界の者であるが、少し失態があつて、下賤の境遇に置かれて居るわけである。それで貴方に使はれ

仙力の及ばぬ物二つ

て居るので、此處で一定の刑期に滿たない場合には、別な人に追使つて貰はねばならぬのだ。どうか今迄通りにして、此の役を濟ませて貰ひたい』といふのであつた。

秀才もそれで承諾はしたものゝ、呼捨にして用を命じながら、何となく氣の毒らしい不安の色が顏に出るので、若者はこれでは不可《いか》んと思つた『貴方はどうも私の本望を遂げさせてくれぬから駄目だ』といつて暇を取ることにし、秀才に盈虛窮達《えいきよきゆうたつ》の理を說き且つ、

『何物でもこれを化《くわ》し得ざるものはないが、唯泥の中にある朱塗《しゆぬり》の箸と髮の毛だけは、どうしても藥力《やくりき》で化《くわ》することの出來ぬものだ』といつた。何處へ往つたかその後の消息は判らない。

陳惠虛

石橋の冒險

天台山國清寺《てんだいさんこくせいじ》に陳惠虛《ちんけいきよ》といふ僧があつた。同寮の僧たちと石橋へ遊びに往つた。石橋は兩山の相迫つた所にある天然の石橋で、橋の下の谿流が瀑布と爲れる絕景、平生猿な

どでなくては渡るものが無い。衆僧は石橋きはまで來て下を見れば千仭の奔流に眼眩《めくる》き脚が慄《ふる》えて一歩も蹈み出せる者はなかつた。ひとり平氣でずん〳〵歩いたのは陳惠虛で、渡り終《を》へて更に對岸の石壁に攀上《よぢのぼ》つた。夕方になつても返らないので、待つてゐた僧達は詮方なくその儘にして寺へ歸つた。

會眞府の境致

　惠虛は崖の外側へ出、おぼつかない小徑《こみち》をたどつて行くと稍平濶になつて來て　立派な宮殿があつた。見渡す限り珍卉異花が咲き亂れ、高臺樓閣が十里ばかり、霞の間に連つてゐる。門を見上げると額に會眞府と題してあつた。左の門には金庭宮、右の門には桐柏とあり、三門相向ひ、金樓玉窓、百丈もある高いものだ。その右方の內側にまた右弼《いうひつ》宮《きゆう》と題した一つの黄色の樓門があつて、數千の柱が見事に立並び、玉の階段にところどころ遣水《やり》が潺湲と流れ、人工天巧の美を極め、殆んど歸りを忘るゝばかりである。それで一向人影が無い。

　一院內に入ると、五六人の童子が居て、顏を見合つてクス〳〵笑つて居る『此處は何《ど》ういふ處か』と再三問うた處が『張老《ちやうらう》に詢《き》いて御覽』といふ。振り返ると、杖をつき花を持つた一老人が『こら俗人何しに來たか』といふ。惠虛は『石橋の向に羅漢寺があると

仙人の一小都會會眞府の制度と神仙の檢定試驗

いふことである、俗界へも遙に鐘の聲が聞えることがあるので、態々尋ねて參つたのですが、羅漢寺と申すは何の邊でありませうか』と詢ねた處、張老の言ふには『此處は眞《しん》仙《せん》の福庭《ふくてい》、天帝の下府であつて、金庭不死《きんていふし》の鄉《きやう》と號し、眞を養ふ處の仙境なのだ。周圍百六十里、神仙右弼・桐柏上眞・王君の御支配であつて、列仙三千人、仙王、力士、天童、玉女、參萬人が住居して、仙人の一小都會となつて居る。一年に三たび太上老君が此の宮に降臨《かうりん》して、天下の仙道修業者の檢定を行はれ、修業程度の等級を定められる。神仙の都であつて羅漢の居所ではない、上眞王君と申上げるのは、周の靈王の王子で、上眞の位に在らせられるのだ』といふのであつた。

仙道入門の要領

『神仙を學ぶことが出來ませうか』と惠虛は聞いて見た、『功を積み德を累ぬれば肉身のまゝ昇天することが出來る。其れには、堅い意志と長い辛抱とがなければならぬ。其の方も此の福庭まで來た程だから、滿更見込がなくもあるまい』といふので、更に神仙學の入門に就いて詢ねた處が、張老は『內に神を保ち氣を練り、外は丹華を服用せねばならぬ、變化して神仙となるのは要するに神丹の力である。が、ぐづ／＼して居てはいかぬ。

上眞王君の還御

上眞王君今しがた東海にお遊びにお出ましだつたが、もうお還りになる、護衛の者など

病中に大還丹を買ふ

に見つかつて咎《とが》められては面倒だぞ』というて門外へ連れ出された。十餘歩行くと國清寺に歸つてゐるのであつた。

　それ以來、惠虛は仙道を慕ふやうになり、身裝《みなり》などは毫も顧みず、煉丹方術を心得た人と聞けば如何に遠方でも訪ねて往つた。丹石の代價に注《つ》ぎ込《こ》んだ金も莫大なものだつた。晩年は終南山の捧日寺に籠り追々老衰したが、慕道の志は益盛であつた。一月ばかりの病氣で、大そう衰弱してゐると、ある大雨の後、一老叟《らうそう》が寺に藥賣りに來て、『大還《だいせ》丹《たん》（仙藥の最上品）は入らぬか』と大きな聲で境内洽《あまね》く流して歩行いた、坊主共は笑ひながら病僧惠虛を指して、『あの老僧が還丹好きだから賣つてやれ』と云つた、賣藥叟は喜んで惠虛の處へやつて來た。惠虛は『還丹《せんたん》か、如何《いか》にも靈藥だ、一劑幾らか』と訊くと『資力《ちから》次第です』といふ。惠虛は『一月も枕の上らぬ病態だ、二三錢しか儲へが無い、どうかこれで賣つて貰へまいか。』老叟は快く、五六粒の藥を出し詳しく服用法を敎へて行つた。惠虛は、早速服んで見た。雲水共が『どうだ還丹を買つて服んだか』と見舞つた處が、惠虛は『臭《くさ》い、嫌やな臭《にほ》ひだナ、傍《そば》へ寄つてくれるな』と遙に手を擧げて雲水共の近寄るのを遮り『もう全快だから、新しい着物が欲しい』といつて跳ね起きる大變な元氣に、

張老との邂逅

古墳を盗發

雲水共は驚きながら新衣を取つて與へた。惠虛は突然殿上に飛び上り、少時《しばし》泰然《たいぜん》として居たが、手を振つて衆僧に『さよなら〱』といひつゝ、飄然と浮き騰《あが》り、雲を踏んで昇天して了つた。これは大中（唐の宣宗）十二年戊寅の歳の事であつた。惠虛は、此の年桐柏觀へ往つて、道士達と、得道の徑路を語つた。嚢の賣藥屋の爺は、そこに居た張老だつた。

陳金

陳金《ちんきん》といふ者は、江西節度使麾下の軍人であつたが、劉信が虔《けん》州を包圍した時のことであつた。金は同僚五人と共謀して大きな古墓を發掘した。棺《くわん》の中には眞《ま》新《あたら》しい白帷子《しろかたびら》を着た老人の屍體があつて、顏は宛《さなが》ら生けるが如くであつた。開棺の時白氣《はくき》迸《ほとばし》り、墓中異樣なる妙香に滿ちて、蓋《ふた》の上に粉のやうなものがあつた。プンと硫黃の氣がする。嘗て棺中の硫黃は藥になると聞いて居たので、陳金は懷中に入れた。外に目につく珍寶もなく、墓《はか》は元通りに埋めて、隊へ還ると、隊の者は驚いて、『ひどく好い香がする今日何處へ行つたのだ』と怪しんだ。陳金は竊《ひそか》に『成る程』と思ひ、彼の粉《こな》を水で全部服んで了つた。

三百年墓中に在つて再生

當時虔州城内の者は、寺へ避難して居つたが、寺僧のいふには、この城中のある富豪の先祖に當る人に道術家があつた。子孫の言傳へた處に依れば、異人は硫黄を服むことを教へられ、一旦壽命盡きて死んだが『死後三百年經《た》つと解化《かいくわ》の時期が來るから、墓を開けて見よ』と遺言した。今が正當《ちやうど》、三百年だつたので、或は再生してゐるだらうと、僧は陳金と伴れ立つて、彼の墓を又た發掘して見た處が、棺の中には白帷子が一枚、蟬の脱殼のやうになつて居た。爾來陳金は全く無病になり、追々立身して清海軍の將官と昇進し、年は七十を越えても、その健かに身輕なことは、青年血氣の輩も及ばなかつた。

尹眞人

尹喜の石函

犍爲《けんゐ》郡（四川省内）から十餘里東方の深巖、石壁四塞せる中に一道觀があつた。その殿堂中に安置された三尺ばかりの石函には、實に鬼神の妙工と思ふばかりの精妙な鳥獸花卉が彫

崔君の横車

仙人の封を破る

つてあつて、之を封《ふう》ずる鎖《くさり》が又極めて堅固に出來てゐた。土地の者は尹喜《いんき》の石函《せきかん》と呼び傳へた。尹喜眞人が昇天の際これを弟子に授け、『この函には大事の符籙《ふろく》（道家のまじなひの文字）を納めてあるのだから、決して開けてはならぬ。開けたら大きな禍があるぞ』と言ひ遺したといふので、非常に之を畏敬して居た。唐の大暦（代宗の朝）年間に至り、この犍爲郡の太守に任ぜられた清河縣の崔君といふ人は、非常な剛腹《がうふく》な人で、『これも新垣平《しんえんぺい》（漢の武帝の時の詐僞方士）の詐り事だ』と、その鎖《くさり》を壞《こわ》せと命じたので、道觀の主人顏道士は、『尹眞人の誡もあり、仙官の掟を犯されぬ方が善い』と止めたが、崔君は『眞人は千年も前に死んだものだ。その人の石函だなとゝ乃公《おれ》は信じない』と益々腹を立て、無理に函を開けさせたが、鎖《くさり》が堅くて、びくともしない。そこで函の角へ太い綱を結び付け、數十頭の牛にその端を曳かせ、やたらにその牛を鞭《むち》つた。半日掛つて漸く開けて見た處が、中から出たのは、黃色の絹に朱《しゆ》で書いた符籙類《ふろくるゐ》の卷物《まきもの》で文字もはつきりとして、今書いたものゝやうであつた。崔君は一通り、通覽して『何だ、めづらしい寶物でも出るかと思つて壞して見たが、符籙ばかりだ、つまらない』と本の通りに閉ぢさせたのであつた。

崔君はその夕歸宅すると、突然人事不省になり、三日の後に蘇生した。管内の文武諸

歸宅と同時に頓死

冥府で逢うた呂公の親切

官がお見舞に行つて樣子を尋ねると、崔君の話には、自分は甚だ愚昧であつた。神仙のことなどは聞いたことがないものだから、尹眞人の石函を開けて、爲めに冥府の官人に追捕《つゐほ》された。初め紫の衣を着た一人が、自分の坐敷へ來て『自分　冥府の官吏だが、今命に依つて君を召喚するのだ、拒むことは相成らぬ。拒めば更に禍は大きくなるばかりだから早々參るがよい。』といふ。これは困つたことになつた。何とか申し遁れようとしたが、とう〳〵使者に連られ郡城を出て五十里程して冥府の廳へ着いた。處がその冥《めい》官《くわん》といふのは故の宰相呂公であつた。自分に向つて『困つた事をしたではないか、尹眞人の石函を開くなどとは……上帝の命に依つて、君の祿と壽とを削るのだが、君何うしたものだ？』と云つて、下役を呼んで、祿と壽命の帳簿を調べさせた。下役が呂公に報告する處を聞くと『崔君の官は五任(一任は三年)でありまして、壽命はまだ十七年あります。只今上帝の符に準じて、五任の官は皆削り、壽命は十五年を削り、二年だけが殘ることになります。』と言つたのだと崔君は物語つた。崔君は後二年で果して歿したのであつた。

黒叟

子寶を求むる刺史夫婦

畫料百萬貫の壁畫

唐の寶應年代（肅宗の時）のことである。越州の觀察使皐甫政《くわうほせい》といふ人は、陸氏《りくし》といふ美しい妻との間に子の無いのを殘念に思ひ、州内寶林寺の魔母神を信仰し、政は『一人の悴を授けて下すつたら、錢百万貫を投じて、お堂を建立いたします』妻は『願が叶へば、化粧料《けしやうれう》を百萬錢まで蓄《た》めて神仙の壁畫《へきぐわ》を献上します』と云ふ願を掛けた。程なく身重になり、玉のやうな男子が生れたので、夫妻は大そうな喜び、立派な一宇のお堂を建立し、妻陸氏が繪を獻《あ》げることになり、『百萬錢の値ある繪を書く名畫工を普く國中に募集した。希望者は毎日群をなすのだが、あまり報酬が多過ぎるので、天晴吾こそ書いて見せると云ふ自信が乏しいのであらう、名乘り出て引受ける者はまだ無かつた。處が一人劍南から來たと云ふ畫工が『私が書きます』と申出でたが、決して姓名は名乘らなかつた。いよ／＼書くことになつたが、毎日朝から晩までお堂の壁間を睨《にら》み獨りで首肯いて居て、一ヶ月餘になつても筆を下さない。主事の僧が痺《しび》れを切らし『見て

一夜にして名畫成る

眞黑けな老大漢現はる

壁畫を破壞

ばかり居ないで、早く仕上げて與れないか』と催促した。畫工は微笑して、『今晩中に畫いて了ふから、燈火の用意をしてくれ』といつた。其の通り用意してやると、成る程夜明迄に素破らしい立派な壁畫を書き上げて、書いた本人は何處かへ往つて了つた。

いよ／＼出來上つたので、大規模な落成式を擧げ、諸方から大きな商人が店を出して、大そうな賑ひを呈した。政は更に吉日を擇んで、文武官を始め州内の人々を請待して、大舞樂の獻納を行つた。その日の正午頃であつた。その賑ひの中へ、容貌といひ、服裝といひ、甚だ醜惡な眞黑けな男がやつて來た。身のたけ八尺ばかり、破れ笠襤褸《ぼろ》着物に鋤を擔いで居るので、門番が入場を斷つた。けれども政は『目出たい日だから入れてやれ』と云ふので通してやると、その男は土足の儘お堂へ上り、擔いで來た鋤《すき》で、燦爛たる件の壁畫を滅茶々々に叩き毀《こは》して了つた。驚いたのは參詣の群衆である、涌き返るやうな騷ぎとなつた。

『それ狼藉者《らうぜきもの》！』と警戒の士卒がその場にふん捉へた。その百姓爺は平然たるものだつた。皇甫政以ての外に腹を立て、『貴樣は狂者《きちがひ》だナ』といふと『否《いゝや》』といふ。『此れ程の繪が書けるのか』と言ふと矢張り『否《いゝや》』といふ。『どうして貴樣はかういふ大それたことをし

壁畫の天女はおれの嬶の美にも若かず

藁屋の中の美人

たかと一喝すると爺は『イヤ一體畫工が僭上なことをしたから、やつたんだ。旦那と奥樣と合せて二百萬錢を出して神仙の姿を書かせようといふのに、此れは何だ、只の人間の美人程にも書けてゐない』と吐き出すやうに嘲つたので、政は益湯氣を立てて怒る。老爺《おやぢ》は手を打つて笑ひこけ『虚言《うそ》だと思はつしやるなら、俺《わし》の嬶《かゝあ》と較《くら》べたら判るだ』といつたから、政は『貴樣の女房は何處に居るか。』と尋ねると『湖南から二三里先の處が住居だ』と云つた。

そこで皇甫政は十人の者を此の爺に付けて、その女房を連れに遣つた。往つて見ると老爺は一軒の藁屋の中から十五六位の女子を連れて出たが、ほんのりと薄化粧をして、服裝とそ贅澤なものは着てないが、目の醒めるやうな美人だ。愛嬌を含んだしなやかさは、一目見て恍として了ふ程である。間もなく寶林寺へ連れて來た。目に餘る程の群衆が、この美貌を見ようと潮のやうに雪崩《なだ》れ寄る『ヤア壞された壁畫の美人などは問題にならない、素敵だなア』とわい／＼云ふ。お堂の前へ出たのを見て、夫人陸氏も吃驚《びつくり》して了つた。皇甫政は爺に向つて『貴樣のやうなものゝ女房には勿體ない。これは天子の宮仕へに差上げたがよろしい。』爺のいふのには『どうか里へ歸つて家族共に別れを告げて

黒叟夫婦白鶴と化し去る

來る間お待を願ひたい』といふので、俄かに五十人の兵隊を護衛に付け、十人の腰元を添へて其家まで送つて行つた。渡し場へ差かゝつた。その女房はお附の者と共に大傳馬に乘り、亭主の方は小船で漕《こぎ》出した處が、急流の處へ行つて突然その女房は夫の方の小船へ飛び移つた。御附の者が大騒ぎで追蒐けたが、とう／＼追付けず、手を取つて向ふへ行く二人は、やがて一雙の白鶴となつて飛んで行つて了つた。

薛逢

地下の天倉自然に飲食の設備あり

河東の薛逢《せつほう》が唐の咸通年間綿州（四川省内）刺史となり、一年ばかりの後、ある洞府に入つた夢を見た。その洞内には多くの珍味佳肴が置いてあつて、人影《ひとかげ》は見えなかつたが、手を出さずに歸つたのであつた。翌日幕僚《ばくれう》にこの夢の話をすると、或る一人が『綿州界《さかひ》の昌明縣に天倉《てんさう》といふものがあつて、洞中に自然に飲食物が備はつてゐる、修業者などが往々其を見つけて食ふことがあるさうです』といつた。

そこで薛逢は道士孫靈諷《そんれいふう》に親近の者を附けて見にやつた。洞内十里ばかり炬火《たいまつ》を掲《かゝ》げ

州吏と道士の天倉探檢

沙上に印する二三尺の大足跡

中岳嵩山に於ける天然經卷及食料

て行くと、やうやく明るい處へ出た。更に三五里行けば廣々として世間の様子と異《かは》りもない千人も容《い》れる程の大岩室があつた。平坦な處に石の椅子、卓《つくゑ》などが並び、卓上に各種の食物が夥しく、今作りたてのやうに好い香がしてゐた。道士靈諷は拜禮の上それを食ひ、尙ほ薛公に話の證據にもと思つて其食物を二三品取つた。その邊一體に飲食材料の散らばつたのも見え、處によつては貯藏品の堆積せられたのが、見通《みとほ》せぬ程であつた。歩《ある》きまはるうち、溪流奔湍《けいりうほんたん》の對岸に、明媚なる山水があり、樓臺點々として配置された勝境を見たがその谿谷は越えなかつた、岸の砂に履《くつ》の跡があつた、人の往來があると見えるが、其足跡が大きくて皆二三尺もあつた。歸途に就いて洞口を出ると薛公《せつこう》にと携《も》つて來た食物は、皆石になつてしまつた。

地輿志《ちよし》の記述に據れば、少室山（河南省内中岳嵩山）に自然の五穀、甘果や、神芝、仙藥がある。周の太子晉が道を學び上仙した時、九十年間の食糧を遺《のこ》して置いた。少室山は嵩山《すうさん》の西七十里にあり、東南より登ること四十里の地點を下定思《かていし》といひ、更に十里の上を上定思といふ、その十里の間に大石門のある處を中定思といふ。中定思より西、崖の下に石室があつて、中に水あり、白色の石英を產する。室内には自然の經書と自然の飲食があるといふ。

食つた僧は石に化す

又、天台山（福建省内）の東に洞がある。洞の奥十餘里の處に住民があり飲食物の店などがあるともいふ。乾符年代にある雲水の僧がこの洞に入り、市中を巡つて居る内に空腹を覺え、甘《うま》さうな香に我慢が出來ず、その食物を買つて食つた。同行の中の一僧はただ氣《いき》を吸うて飲食をしなかつた、更に十餘里行くと洞を出て、意外にも青州の牟平縣（山東省東北端）へ出た。すると、洞内で物を食つた僧は石に化して了つた。

王烈の石髓《せきずゐ》、張華の龍骨と稱する物なども既に修道の功を積んで居る者がたべて、登仙の糧たることが出來るので、凡人《ぼんにん》が食へば必ず石になるといふことである。

太陰夫人

世話燒き婆の家に金色の犢の車

唐の大宰相の盧杞《ろき》が、若い頃、東都の或る古長屋に間借をして居た、隣に麻氏《まし》といふ老婆が居て病氣の時の世話などしてくれた。ある晩、麻婆の家の前に金色の犢《こうし》牛に牽かせた美しい車が駐《とま》つた。ソッと覗いて見ると十四五歳の窈窕たる美少女《たわやめ》が居たので吃驚

して了つた。翌日厖婆を訪れると

『あれをお嫁さんにどうです　掛合つて見ませうか』

『吾々貧乏書生ではネ』

と含羞《はにか》んだ。處が老婆は

『何かまひません。』

日が暮れると老婆はやつて來て、にこ〳〵顔でいふ。

『うまく行きました。就ては三日間齋戒をなさい。城東の廢觀《ふるでら》で見合をしませう』

約束した見合の日、往つて見ると散々荒果てて久しく、人の住んだ跡もない。その内俄かに電雷風雨が起つて、忽然、樓臺が現出した、金殿玉帳燦爛たるものである。空中に車の音がして出て來たのは、いつか覗いた時の少女であつた。盧杞の側《わき》に並んで

『上帝から人間界に配偶者を求めよとの仰せを受けましたが、貴郎は仙相《せんさう》がおありなさるとお見受けして、厖婆《ばあや》に申含めたのでありました。更に七日の齋戒がお濟みの上、またお目に掛ります』

厖婆を呼んで、天女は二粒の丸藥を渡すと、再び雷霆が轟いて嬌姿《すがた》は見えず、舊《もと》のご

瓠を割つて航空船

天上の水晶宮

とく古木荒草の廢觀《ふるでら》であつた。

七日の齋戒が濟んだ。婆は庭を掘つて先日の丸藥を下《おろ》すと、忽ち芽が生え、蔓が延び、蔓には大《おほ》きな瓠《ふくべ》が生《な》り二斗入りの甕《かめ》ほどになつた。麻婆は庖刀でそれを眞二ツに切つて中《なか》のわたを除けた、三枚の油衣《ゆい》（防水布の着物）を用意して、婆と杞が二ツの瓠の中へ坐り込むと。忽ち風雷が暴起し上空に舞ひ上つた。滔々と波濤を行くやうな聲が耳を打つて、次第に寒氣がして來ると、婆は『油衣を着なさい』と云ふ。一枚ではまだ寒い、氷雪の中を行くやうだ。三枚重ねると大きに暖かになつた。その時婆は『早いでせう、もう洛陽から八萬里來ましたよ』といつた。

瓠《ふくべ》が止つた。目覺むるばかりの宮殿で、墻《かき》も柱も悉く水晶の建築。武裝嚴めしき數百人の天兵が一行を迎へた。婆に伴はれて紫殿に入ると、百人許の宮女が居て、美酒佳肴の馳走を出す。花嫁の天女は杞に寄り添うて。

『貴方に三ツの資格を上げますから、その内好みの一つをお取り下さい。第一が此の天宮に留まつて天と同じ壽命を保つこと、第二は地仙となつて常は人間の中に生活するが、折々此處へ來られること、第三は中國の宰相となることですが、孰れになされます』

天女のむつごと

天使より三問

『此處に居られれば誠に結構です』と杞が答へたので、少女は大に喜び
『此處は水晶宮と申して、私は太陰夫人、最高級の仙格ですから、あなたも白日昇天の身となられます。併し定まつてしまふと變更が出來ませぬから、奏上を經ることにしませう』
と念を押し、清い紙に表文を認め、天を仰いで恭しく之を讀んだ、上帝に奏聞したのであらう。程なく東北の方に聲あり、『上帝の御使が見えました』との註進があつたので、太陰夫人は諸仙と庭に降りた、幢節、香幡(行列のはたさしもの)を擁して、一朱衣の少年を迎へて來た。朱衣の少年は嚴かに上帝の命を宣した。
『盧杞！　太陰夫人の狀に依れば、水晶宮の住居がいたしたいさうだが、左樣か』杞は目をパチ〳〵して居る。夫人が
『早くお答をなさい』
杞は矢張り無言であつた。夫人を始め左右の諸仙は大いに恐懼して、一人は奥に馳け入り、鮫綃五匹を齎し使者に賂《まひな》うて勅問の猶豫を願つた。
少時經つてから、勅使は改めて尋ねるのであつた。

仙人たちむより人間の宰相を選ぶ

『盧杞《うき》、汝は水晶宮の住居を願出たる段相違ないか、若しくは地仙を願ふか、或は人間の宰相たることを願ふのか　明白に即答いたす様』

そこで、杞は大音を上げて

『人間宰相！』

朱衣の勅使はすッと退出する、太陰夫人は色を失つてしまつた。

『麻婆《ばあや》、お前の過ちだ、連れて歸れ』

盧杞は直ちに瓠《ふくべ》に押し込まれた。再びヒュウ〳〵風水の聲がして、杞は埃だらけの長屋の一室へ歸り着いた。時は夜半であつた。塵埃《ごみ》だらけの榻《ねだい》は舊のままで、瓠と麻婆は見えなかつた。

田先生

田先生といふのは、九華洞中の大仙である。元和の頃、饒州の鄱《は》亭村《ていそん》に隠れて、十數名の村童を集め、讀み書き、行儀を敎へて居た。神仙だと知る者は一人もなかつた。

太守の愛嬢産褥に死す

靈魂歸途の夫に冤死を訴ふ

田先生訪問

同じ饒州の太守、齊推《せいすゐ》といふ人があつて、娘を進士李生に嫁入らした。數月後に娘は身重になり、李生が長安へ進士試驗を受けに出た後で俄かに產氣が付いたので、州廳の官舍へ產褥を設けた處が產婦は、夢に鬼神が出て、『此處を腥い穢血で穢すことは怪しからぬ』と立退を命ぜられた。で其を父の齊推に語つた。けれども齊推は常に鬼神などを信ぜぬ人だつたので、その儘にして置くうち分娩し、產婦は惡鬼に責められ、鼻から夥しい出血をして死んでしまつたので、假葬りをして官道の傍に置き、任期滿了を待つて、故鄕に遷すことにした。

明年婿の李生が落第して饒州へ歸る途すがら、野道の中で日が暮れた。すると、目の前に妻が現はれて、產の時に鬼神に取殺されたことを訴へ『どうぞ鄱亭村の寺小屋へ行つて、田先生に御願して、神力を借して貰へば、或は娑婆へ歸られます』との賴みであつた。李生はその言に從つて、寺小屋を訪れ、田先生に會つて大に哀願した。先生は『不《け》可《な》い』と言下に拒絕したが、李生は涕泗滂滂、夜になつても歸らず五體を投げ出して、如何にも切なる哀願の情が表はれたので、先生は子供達が皆歸つてから『それ程赤誠を示す上は、何を隱さう、が早くその事を賴んで來ないからもう屋舍（屍體をいふ）が壞れてゐ

忽然として桑林中に大宮殿出現

下手人は鄱陽王吳芮

魂のみで人體を造る

るのは困つたものだ、けれども一處置して見よう。』といつて出て行つた。李生が跟《つ》いて往くと、一丁餘で桑の林へ來た時に、夜は深く、四面昏暝《まつくら》であつたが、忽ち赫灼たる光明がさして、白晝の如く、そこには高壯なる門があり、內は嚴然たる廳府であつて、宜屬威儀森然として列なつて居る。先生は嚴めしき寶冠を着け紫の儀服を纏ひ、机を前に豊かに控へ王者の如き威容である。嚴肅な命令を下して、地界をお喚びになると忽ち各百餘騎を陳ねた十餘隊が、ぞろ〳〵と參入した。いづれも身の丈一丈餘の大兵であつた。取次の役が一々名を呼んで中へ入れた、廬山、江瀆、彭蠡等の神靈が到着したのであつた。

先生は『刺史の娘が惡鬼の爲めに殺されたる件は、受け付けた儘申理せぬは何ら致したか』と訊問される。係りの役は『告訴人がないので着手いたしません、本件の下手人は、鄱陽王《はやうわう》の吳芮《ごへい》であります。齊刺史《せいしし》の官舍は吳芮の居所でありましたので、分娩の穢血の流されるのを怒り、勝手に兇暴を働いたのであります』と申上げたので、天曹に牒を傳へ吳芮は直ちに召出して死刑に處せられ、更に審理の結果、李氏の妻は命數尚ほ三十二年あり、二男三女を產むべしといふことであつた。先生から更に『屋舍の壞れたの

葛仙君の前例

桑林に立つ三人

は、何《と》う致すか？』とお詢ねがあつた時、一人の老吏が出て『昔東晉の鄴都で一人の誤死があつて、矢張り屋舎が壊れて居るのを生き還らせたといふ、卽ち例があり、今回の事件と同一なのがありますが、當時は葛仙君が居て、英斷を以て魂だけで本通りの身を作りました、尤も其者の壽命の盡きた時は、殘るべき死骸が無かつたのであります』と申上げた。先生は『よろしい、其通り取り計らへ』との裁斷を下し、李生の妻の魂魄を召び出して一體とし膠で塗り合はせ、大王が復活を申渡されると立派に生き還つたのである。一同の官屬が退散した。その後へ殘つたのは李生と妻と先生と三人だけ、元の桑林の中に立つて居た。先生は『此の話を人間にしてはならぬ。只自然に再生したと云つて置け』と言つたが、李生夫婦は家へ還つてから、壽命も子供の數も前に聞いた通りであつた。

張　志　和

字は不同、唐の金華の人である。母が腹の上に楓《かへで》が生えたと夢を見て生んだ。肅宗のとき、進士に拔擢せられ志和といふ名を戴いて、翰林に列した。始の名は龜齡

張志和

であつた。兄の名は松齢だつた。

親を見送つてからは仕を辭して江湖に悠遊し、自ら烟霞《えんか》釣徒《てうと》或は玄眞子と號した。釣を垂れるけれども、魚を捕る所存でないから餌をつけなかつた。畫を善く描き、酒は三斗も飮んで醉はなかつた。眞を守り氣を養つて雪の中に臥しても凍《こゞ》えず、水に入つて濡れなくなつてゐた。

陸羽や顏眞卿と仲善しで、顏が湖州の刺史となつてから、毎日相唱和してゐた。眞卿が平望驛に來遊した、志和は共に飮んだが宴酣にして蓆を水上に敷《し》き泛《うか》べ、自分は其上に坐して酒を飮んだ。蓆は宛ら舟の如く浮んでゐた。

そこへ鶴が飛んで來て、彼の頭上に輪を描いて舞つた。彼は手を擧げて眞卿に挨拶しつゝ天へ昇つて行つた。

蕭洞玄

王屋山の靈都觀《れいとくわん》の道士蕭洞玄が、神人《しんじん》から仙丹の秘訣を授つた時に、神人が『法はこ

腕を折つた男が合棒

滿願の行

れで盡きるのだけれども、も一人の同志を得て、始めて表裏完成するのだから、その人を探すがよいと教へて去つたので、洞玄は天下を周遊して到らざる處なく、十餘年にもなつてまだその人に會へなかつた。貞元の年號に變つた頃、浙東から揚州の陵亭埭へ行つて、舟の中に宿つてゐると、丁度船の集つた時で、舳艫萬艘、其の間を無理に漕ぎ拔けようとする上下の船の船頭が、いづれも黑い臂を張つて押し合ふ態は物凄いばかりであつた。するとその船の間に一人の男が、右の臂《かひな》を挾み折られた。見る者はぞッとする程の大怪我なるにも拘はらず、本人は眉の毛一本動かさず、うんとも云はずに船室へ歸り平氣で飲み食ひして居る。遙に望見して洞玄は『是れだ！　天の引合せだ』喜んで、名を聞くと終無爲といふものであつた。

二人は深く交を結び、相俱に王屋山の道觀に歸り、洞玄は煉丹の秘訣を無爲に示して、互に工夫を凝らすこと二三年に及び、修行し上げた時、洞玄は改めて無爲に向ひ『いよいよ滿願の行を勤めようと思ふが、その晩には自分は法術を守るから君は神丹を煉る竈《かまど》を守つてくれ、五更まで無言の行《ぎやう》を通《とほ》せば、二人手を携へて昇天が出來るから』といつた。無爲は『自分は別段の能はないが、忍耐《しのびこら》へぬいて、物を言はぬだけのことは君が

誘惑百出頑として動かず

既に知つてゐる通りだ。よろしい、行《や》らう』と遂に壇場を設けて、金鑪を焚き、丹竈を飾ること十日、洞玄は嚴かに壇を遶りて虚を歩み、無爲は藥竈の前に端坐し、五更までは死すとも言はずと心に誓つて行ひ澄ました。

やがて、一更の後、忽然として二人の道士が天降り、『上帝からのお尋ねである。道法が成就したかどうか』と問うた。無爲默然として答へない。須臾《しばらく》すると多勢の仙人が見えた。王喬、安期生等の輩であるといふ。無爲に向ひ『先程上帝が近臣を以て御尋ねがあつたのに何故に御答を致さぬか』と詰問した。無爲は依然答へない。今度は艶麗花の如き二八ばかりの少女が現はれ、傍に寄り添うて嬌態の限りを盡し、柔かい繊い手を無爲の肌に觸れて、極端な挑發を試みたが、闃然《げきぜん》として一顧をも與へない。すると虎、狼等の猛獸十數種類が無爲の前後左右から、躍りかゝり、物凄い咆哮と共に一咬みに咬殺さうとするが、無爲は微動だもしなかつた。又少頃すると、亡くなつた父、母、祖父や祖母などが現はれて、『お前は私達に逢うて、なぜ挨拶をしないのか。』といふ。無爲の頬には涙が流れたが、とう／＼物を言はない。忽ち身の長三丈の夜叉が現はれ、赤銅の針を植ゑたやうな髪を逆立て電光の如き眼を怒らし、血盆の如き口には鋸の牙を鳴らし、

飽くまで無言でさほす

驀然と無爲に衝いてかかつた。無爲は矢張りビクともしない。

すると今度は黄色の衫《きもの》を着けた人が、二人の捕手《とりて》を從へて來て『大王の召喚だ、行きたくなくばさう言へ、』と迫つたが、無爲は飽くまで答へない。黄衫の人は無爲の襟髪を執つて引き摺らせた。已むを得ぬので引き摺られて行くと、大きな官府へ着いた。正面に几に凭つて居るのは平等王といふさうである。怖ろしい聲で『其方はまだ此處へ來る身ではない。一言申開きをすれば返して遣る』と云はれたが、無爲は矢張り無言であつたので、今度は地獄の中を引廻され、見るに堪へざる慘虐の數々を見せてから『どうだ言はないなら、此處へ打ち込むが』と云はれたのには無爲も少々怖れたけれども、とう〳〵無言で押し通して了つたので、平等大王は『これは駄目だ、本へ歸れぬやうに、生れ變らせて了へ』と嚴命を下した。流石の無爲も、これには尠からず狼狽したが、もうその時は覺えがなかつた。』

氣が付いた時は、もう帝都長安の貴族王氏の妻の胎内へ生を託して居た。胎内に居る間は洞玄との誓約を明瞭に記憶して、完全に無言で居た。生れてからも決して啼かなかつた。王家は親戚知己を請して祝宴を張り、誠に賑かなことであつたが、乳母が抱《かゝ》へて

一聲で修行をむだにす

出て、『可哀さうに、どうして啼けないでせう』と不思議がつた。兩親は行末立派な者になるやうと貴郎といふ名を命《つ》け、日増しに智惠が付き三歳で歩行くやうになつたが、いたづらをしない、五六歳になつても物を言はぬ。十歳の時は筆を操《と》れば、立どころに文章になる。元服の頃には、人品といひ擧動といひ、模範的な青年になつたが、口がきけないので、官に就くことが嫌やだといふので、富裕の家だけに、心の儘に贅澤を盡し、廿六で矢張り富豪の娘で評判の美人を妻に迎へ、一年のうちに長男が生れた。その子も聰明な端麗な子で、貴郎は非常に鍾愛し、子供狂者《きちがひ》と云はれる程であつた。

ある麗かな春の日であつた。貴郎夫妻は庭園へ子供を連れ出して遊んで居た。庭の中央に十人坐れる程の大きな石があつたが、突然妻がその子を石の上へ持つて行つて、貴郎を顧み『あなたは十分私を愛して下さることは知つて居るが。今日こゝで一言私に物を言つて下さらないならば、この子を石へ落して殺して了ひます』と今にも落さうとするので、奪ひ取らうと爭つたが、取り得ない、妻は子をさしあげて石に叩き付けた。子供の頭は粉碎した。『あッ』と思はず貴郎《きらう》は驚きの聲を出した。

恍乎《ほうつ》として我れに返つて見ると、身は丹竈の前に在つた。時に洞玄は壇上の修法《しゆうはふ》が方に畢りに垂《なんく》とし天も今曉《あ》けんとする所であつた。無爲《ゐ》の嘆聲に依つて忽ち丹竈は所在を失して了つたのであつた。二人は慟哭した。

修行は更に行り直しを要した、彼等は其を完成して後、終る處は知られずなつた。

見當のつかない使者

賈　躭

唐の相國・賈躭《かたん》は、滑洲の節度使に一揃の鹿皮の衣を作らせ、一健脚の兵卒に持たせ、手書《でがみ》を添へて『これを山中の荆棘の生滋《はえしげ》つた處へ往つて、張尊師といふ方を尋ねお渡しして來い。何處の山でも構はない』と命じたので、使卒も大に當惑したが、兎も角山へ往つて百里餘り分け入つて見た處が、そこに荆棘の深い非常に嶮岨な處があつた。その中腹に石壁聳え立つた下で、二人の道人が碁を圍んでゐた。使者が丁寧に頭を下げると、道者は『ア、賈公の使が來た。』と手紙を開いて見て高らかに笑ひ、返事の手紙を渡し、『なぜさう富貴にへばり付いて居るのかと傳言してくれ』といつた。使が歸ると賈公は甚だ喜んで重賞を與へた。

井中の道書を盜む

又或る時井戸の中から數卷の道書を採らせ、十數人の筆生に書寫させた。寫し畢つた時、突然、一道士が飛び込んで來て、賈公の姓名を呼び『道書を盜むとは不都合千萬だ』と怒罵した。賈公は平あやまりにあやまり、道士はその書を持つて行つて了つた。

又鄭州の僕射陂の東に一つの塔がある。賈は使に手紙を付け塔の中から一羽の白鴉を取つてくれと、州の役所へ懸け合つた、州では塔を掩《おほ》うて、果して白鴉を捕へ得たので、籠へ入れて送つたことがある。どういふ譯か世間の人には判らなかつた。賈公といふ人は、天上から貶謫を受けた仙人であるといふ話は種々あるが、就中この三つが尤も有名であつた。

丁約

忠實な從僕

唐の大曆中のことである、西川採訪使韋《ゐ》行式《かうしよく》の姪子威といふ道書の好きで神仙修練に凝つた青年があつた。丁約《ていやく》といふ從卒が、萬事の用をたして居たが、取り廻しが親切で、且つなか〳〵の恪勤家であつたから、子威も非常な親しみをもつて居た。處が、ある日、

お別れに一粒の仙丹

尚ほ兩塵の隔あり

突然しほ〳〵として『私は餘所へ往かうと思ひます』と言ひ出した。子威は「苟も軍籍に在る者が、勝手に出來るか？』と甚だ不機嫌であつたが、丁約の言ふには『もう仕度が出來て居るのだから、留まる譯には行きません。しかし私も滿二年お側に居たので、忘れ難い思ひがいたし、何か恩報じをしたいとは思ひます。實は私は漫然と飯を貰つて食ひ、べん〳〵と俗間の生活をいたす人間ではないのでした。ここに一粒の藥があります。お別れに之れを差上げませう。この藥は長生するのではないが。定命のうち病氣をせぬだけのものです』といつて、懐から粟粒のやうな藥を出して進呈して『貴方は誠に道情が深く。卑吝の心が一點も無い、いづれ俗界を棄てられるが、まだ兩塵の隔たりがあります。』と、子威改まつて、『兩塵とは何か？』と詢ねると『儒者の方では「世」といふ、佛教では「劫」といふ、道家ではこれを塵といふのです。折角修行なさい、また五十年も經つたら、京師の近くでお目に掛ります。けれどもその時驚きなさるな』と言つて、丁約はフイと出て行つた。子威は驚いて跡を追はせたが、所在不明であつたので、上官に步卒丁約逃亡の報告を出して、兵籍を刪除したが、子威の心には丁約の事が氣になり、より〳〵氣を付けて蹤跡を探したが、遂に判らなかつた。

五十年後の邂逅

その後子威は、明經進士に及第し、貧乏縣の知事を勤めて、年も六十を超え、鬚髮も眞白の善い老人になつた。元和十三年いよ〳〵奉職先から京師への歸途、驪山の宿屋へ泊つて居ると。表通が大そう騷々しい。『何事が起つたか?』と詢《たづ》ねた處が、劉悟が、逆賊李師道の一味を逮捕して、今京師へ護送する處だといふ。出て見るとなる程、賊團の一味は手枷足械嚴重に縛《いまし》められ、物々しう軍隊に警護されて居た。と見ると、その囚徒《めしうど》の中に丁約が居た。兩手を後へ括られて西の方へ追ひ立てられて行くのであつた。見掛けは昔の儘の若者なので、不思議なことだと思うてゐると、幾百千人見物の黑山の中に、丁は早くも自分を見付け微笑しながら遙に『臨卬でお別した頃を覺えてますか一瞬五十年、よくお目に掛りましたナ。どうぞ次の驛まで送つて下さい。』といふ。

獄窗から酒樓へ

滋水驛に着すると、囚人は驛舍に入れられ、小窓から食物など與へられるのであつた。子威が覗きに行くと、丁約は手械足枷を脫《はづ》して、それへ蓆《むしろ》を被《かぶ》せ、ヒヨイと窓から飛出し、『サア行きませう』と子威の手を携へて、とある旗亭に上つた。さて『暫くでしたなア、けれども貴方はひどく年を取りましたなア、』と、しげ〳〵顏を見られたので、子威は『仙兄《きみ》は立派な先見の明を有つて居ながら、何だつて謀叛人などに與したものかな

囚を脱するは容易

ア。』といふと、丁約は『其れは前から定まつて居たことだ、前に蜀で別れるときに京の近くで會ふと言つておいたではないか？ 今更不思議がらぬが善い』といふ。子威が『では刑に就くのか。』と詢《き》くと『道術の中には、尸解、兵解、水解、火解、その他いろ〳〵ある。嵇康、郭璞などは兵解だつたのだが。俺もそれで脱けようと思つてる、韓信彭越の徒のやうな土くれ同然の死とは異ふ。俺が逃げる氣なら、此處からでも逃げる、誰が捕へることが出來るものか。』といつた。子威がまた話し掛けると、丁約は『筆をかせ』といふ、子威は文房具袋から出して遣つた。『明日の刑場は大變な見張りであらう。どうして脱けるか』といふと丁約は『まだ〳〵！ 夕方から豪雨が來るから執行は迚も出來ぬ。二日で雨は止むが國の故障で延びる。十九日がいよ〳〵期限だ。その時君、も一度會はう。』とその場は別れたが、丁約は先刻のやうに窓から入つて枷械《かせ》をはめて坐つた。

夕景から風が吹き出し、夜中には大變な豪雨になつた。明けると一面の滑泥《ぬか》るみで行動が取れぬ。刑の執行は延期された。二晝夜で豪雨は止んだが、今度は皇族に不幸があつたので三日間の廢朝となつたから、結局十九日が死刑執行の日となつた。その日子威は夜の白々明けから、馬にも馬丁にも十分腹拵へをさせ、矢來の外に詰めかけた。正午

錐一本が身代りの斷罪

の時の號音のころには、何萬と見物が集つた。爪も立たぬ鮨詰の雜踏に押され、隅の方に小さくなつて見て居ると、囚人はぞろ〳〵と入場した。丁約はもう正確に子威の所在を見出して居た。遙に目で知らせ笑つて、三四度うなづいた、いよ〳〵順番が來た、丁約の後に氷の如き白刃が躍つたと見ると、スパリ斬り落した。それは子威の目だけには髻に渡した一本の錐だつた。丁約は眞に紫電一閃の間に刑場を躍り出し、群集の中をすり抜けて子威と共に小料理屋へ上つた。暫く歡を盡し、さて子威に向ひ『いよ〳〵これで自由の身になつたが、まだ兩塵を障てゝゐる、崑崙の石室で御待ち受けする』と料理屋を出て、飄然西へ出かけたが、數十歩去ると見えなくなつた。

蟻の王國（大槐安國）

山東の淳于棼《じゆんうふん》は酒豪で、財産あるに任せ、常に諸方の豪傑を招いて食客にしてゐた。曾つて、淮南軍《わゐなんぐん》の裨將《ひしやう》に補せられたが、酒癖のために失脚し、爾來落魄したけれども相變らず酒に浸ることを止めない。

大槐樹下の鯨飲

紫服を着た二人の官人に迎へらる

思ひ掛けぬ王女との縁談

往年の飲仲間

彼の邸《やしき》は廣陵郡東十里の所にあり、家の南面に古い槐《えんじゆ》の大樹が一株、その枝は附近二三千坪を優に蔽うてゐた。貞元七年（唐の徳宗）九月の或る日も、彼は例の豪傑達と此の樹下に酒宴を催し鯨飲《げいいん》したが、悪酔《わるゑひ》したので、二人の友人が彼を家に運び、『安眠したまへ、僕達は足でも洗つて、君の少し快くなるのを待つて歸らう』と云つた。その中、彼はいつか夢現の境に入つてゐた。

ところへ紫の官服を着た二人の使者が、槐安國王の命だと云つて迎《むか》へに來たので、彼はわけわからずに使者に隨ひ門へ行つた。そこには白馬をつけた青塗《あをぬり》の車が待つてゐて、七人の從者が彼を扶けて車に乘せ、一路彼の大槐樹《だいくわいじゆ》の洞へと急ぎ、使者はずん／＼その中へ入つた。彼は不思議に思ひながら、矢張り使者に隨つて行くと、四圍の風物《ふうぶつ》悉く此世のものと思へぬ程珍らしかつだ。やがて、一大城郭があり、城下は甚だ雑鬧《ざつたう》してゐた。朱塗の樓門が高く聳えて、額《がく》には金文字で『大槐安國《だいくわいあんこく》』と書いてあつた。

淳于棼は、案内されて一先づ東華館と云ふ所で休息してゐた。間もなく、右丞相《うしようじやう》がうや／＼しく進んで來て、彼を迎へたのは、王女と婚姻の爲めだといふ事を告げた。

そこで彼は右丞相の案内で、參内することになつたが、一の朱門を潜ると諸種の武器が飾り立ててあり、數百の官吏がずらりと堵列してゐた。その中に食み仲間の周弁《しうべん》がまじつてゐた、彼は無上に悦《うれ》しかつた。大きな御殿に昇ると、正面には國王であらう、白い服に朱い冠の氣高い老人が端然と着坐してゐた。恐懼拜伏《きようくはいふく》すると、國王は

『予は御尊父の懇命に依り次女瑤芳《えうはう》を御身に參らせん所存なるぞ。』

と嚴かに宣はせられた。彼は唯頭を垂れたまゝだつたが、やがて、王の命により貴賓《きひん》館《くわん》に引き退つた。そして、これは確《たし》かに、父が北邊の征伐に從軍中敗北して行方不明となつてゐるが、恐らく北蕃を經て此國王と交通することにでもなつてゐるのだらうと考へた。

共夜、盛大な宴會が開かれ、結構な贈物が飾られ、華陽姑、清溪姑《せいけいく》、上仙子、下仙子などと云ふ美人が多數の侍女と共に席に侍し、妖艶な風情で彼をもてなした。その中の一少女は、過ぐる上巳の日に禪智寺で淳于棼が馬から下りて來るのに出逢つて色々話した事や、七月十六日に、契元法師《けいげんはふし》の觀音經講義を聞きに行つた際、簪《かんざし》を喜捨《きしや》したのを見て、その席にゐた彼が感心して自分の名だの家だのを聞かれたが、その時には答へなかつたと云ふ樣なことを物語り、彼に、覺えてゐるかと訊ねたから、『その事なら覺え

舊友田子華に逢ふ

てゐる』と答へた。

話の中に、三人の盛装せる役人が來て、國王から駙《ふ》馬（天子の聟）お附き役を命ぜられた者だと告げ、その中の一人は駙馬《ふば》を知つてゐると云つた。淳于棼《じゆんうふん》がよく見ると、それは飲み仲間の田子華《でんしくわ》なので、なつかしさに確《かた》く握手した。そして、どうして此處にゐるのか、また、周弁《しうへん》もゐる筈だが知つてゐるかと訊ねた。田子華は、右丞相《うしようじやう》・武成侯《ぶせいこう》段公《だんこう》の引立《ひきたて》で此國に足を止めてゐると答へ、周弁は今、司隷《しれい》（警視總監の如き官）の役で、權威が盛んだと云つた。そして、どうか自分を見棄てないやうにと願つた。

始めて王女を視る

此時、傳令が來て駙馬《ふよ》閣下のお出を促したので侍者等は起ち上つた。行列中には妙《たへ》なる音樂を奏する數十名の少女が居り、美觀眼も眩《くら》まんばかりだつた。彼は車中に端坐し、含羞《はにか》みながら落着かなかつた。田子華は時々話しかけては慰めた。

やがて、修儀宮《しうぎきゆう》に着く。淳于棼は車から降り、叮嚀な出迎を受けて御殿に送り込まれ、そこで始めて王女を視た。王女は金枝公主《きんしこうしゆ》と云ひ、十四五で仙女のやうな美しい人であつた。

彼は夫婦仲睦じく、萬事の取扱ひ國王に次ぐくらゐ優遇された。或る日、王の命で、都の西方靈龜《れいき》山《ざん》に狩獵《しゆれふ》したが、此山は峻嶮で附近には湖水河川があり、樹木茂りて無數の禽獸が棲息《せいそく》してゐた。大獵を獲て夕方歸つた。

十八年前に別れた父と書信の往復

淳于棼は、或る時、十七八年前別れたぎりになつてゐる父に一度逢ひたくなつたので、王に此の由を願つたが、王は、父が彼の地に在つて大切な役目を仰付かつてゐるが、交通は困難だから行かずとも手紙を出せば好いではないかと答へた。そこで、彼は贈物と共に手紙を持たせてやつた。數日の後、返事が屆いたので、取る手遲しと披見《ひけん》すると、昔に變らぬ筆蹟《ひつせき》で詳細に現狀を報じた上、自分は僻遠《へきえん》の地にゐるから逢ひに來るには及ばぬ。何れ丁丑《ていちう》の年には逢へるからと書いてあつた。彼は熱涙に咽《むせ》んだ。

非常な榮達

彼は妻の勸告と王の綮命により、南柯郡《なんかぐん》の太守になり、輔佐役として周弁、田子華を伴つて就仕した。周は司憲《しけん》に、田は司農《しのう》の各局長に夫々任命された。善政《ぜんせい》二十餘年、人民は悅服《えつぷく》して太守の德を頌《しよう》し、功德碑《こうとくひ》を樹てるやら、生き神樣として祀《まつ》るやら大變だつた。此の間に、彼は二男二女を生んだが、門閥を以て男は高官に就き、女は王族に嫁ぎ、一門の榮華は輝くばかりだつた。

不幸つゞき

突然隣國の檀蘿國《だんらこく》が攻め寄せ、周弁《しうべん》が兵三萬を率ゐて瑤臺城《えうたいじやう》に防《ふせ》いだが一敗《ぱい》地に塗《まみ》れ單身纔《いつか》に逃げ戻ると云ふ醜態《しうたい》を演じた。その後周弁は憂憤の餘り疽《そ》を發して死んだ。間もなく淳于棼の妻も亦病死したので、彼は力を落してしまひ、太守を辭して都に歸つた。妻の遺骸は都の東端、盤龍岡に葬られた。

驚くべき不吉の密告

淳于棼は南柯郡太守で評判が好かつたので、都に歸へると訪問、答禮、宴會と交際廣くなり、次第に威勢《ゐせい》が盛んになるにつれ、王は聊か疑惑《ぎわく》を感じた。時しも一通の密告が宮廷に投ぜられたが、それには次の如く書いてある。

『天文に據れば、國に大事變勃發の兆あり、首都は遷徙《せんし》し、宗廟《そうべう》は崩壞《ほうくわい》し、他國との戰鬪起らむ。禍根《くわこん》は親近にあり。』

人間に歸れとの仰せ

王は、淳于棼が其の禍根だと考へ、彼に閉門蟄居《へいもんちつきよ》を命じた。彼は怏々《わう〳〵》として樂まない。或る日王は彼を招き、姻戚《いんせき》二十餘年、不幸にして娘が夭折《えうせつ》したのは殘念である。子供等は引取つて面倒を見ようから、久し振りに家へ歸つたらどうかと諭した。

『家はこゝで御座います、何處へ歸へりませう？』

牛車に乘つて歸國

そこで、王は微笑して淳于棼が人間であることを敎へた。彼は忘れてゐた今迄のことを急に思ひ出し、涙ながらに歸國を決心した。そして、悄然《せうぜん》として粗末な牛車に乘つて、

槐樹下に夢の跡を探る

蟻の國の大國難

もと來た穴へと歸路に着いた。穴を出ると、すべては最初に召された時と同じだつた。家に入ると榻《たふ》の上に自分の體が横臥してゐる。あきれて突立つてゐると送つて來た役人が大聲で自分の名を呼んだ。ハツと氣付くと、二人の友人がまだ足を洗つてゐるのであつた。ほんの一寸の間に、彼は一生を過ごして來たのだ。彼が友人に夢の話をすると早速槐樹の下へ行き、穴を捜し出したので、下男に命じて入口を切りひろげさせ、穴の内部を探査《たんさ》すると、ベンチ一脚を入れ得る洞があり、その中に蟻が密集し、中程に白い翼《はね》に朱《あか》い首《くび》をした三寸位の大蟻がゐた。これが大槐安《たいくわいあん》國王なのだ、探査の歩を進めると、南柯《なか》郡《ぐん》、靈龜《れいき》山、盤龍岡《ばんりうかう》と覺しき數個の洞があつた。其のまゝにして壞さずにおいたが、夕方暴風雨があつて、一蟻の姿も見えなくなつた。これは夢の中の、國難來るとの豫言に的中してゐる。

それから檀蘿《だんら》國《こく》征伐の事を思ひ出し、其處等を捜すと五六町距つた所に檀槐の大樹があり、藤蘿が卷着いてゐて、そこにも穴があり、中には矢張、蟻が密集してゐた。これが檀蘿國なのであらう。

蟻ですら斯くの如き我等の到底測知し得べからざる神祕がある。況や大いなる天地の

酒色を絶ち道に入る

間にはどんな不思議なことがあるか想像の及ばぬことである。

その時、淳于棼は、十日許見えない飲み仲間の周辨や田子華のことを思ひ出し、下男に様子を見にやると、周辨は急病で死に、田子華も亦寢込んでゐると云ふことであつた。彼は南柯の榮華の空虛なこと、人世の倏忽なることを深く感じて、神仙の道を修め、遂に意を決して斷然酒色を斷つたが、三年後四十七歳で長逝した。此の年は父の手紙にあつた丁丑の歳だつた。

伊祁玄解

もの食はぬ裸の牝馬

彼は髮黑く、顏若く、氣自ら香潔で、常に黃の牝馬に乘るのであつたが、其馬に秣《まくさ》を食はせるでもなく、轡《くつは》や手《た》綱《つな》をつけるでもなく、唯《たゞ》背《せなか》に青毛氈をかけて置くばかりであつた。

常に青《せい》州兗《えん》州の間に遊んで、人と千年の古事を語るのに皆目擊した事のやうであつた。唐の憲宗彼が事を聞いて召し寄せ、九華の室に居らしめた。毎日龍膏酒《りうかうしゆ》を飲ませ、帝自身で彼を訪ねて頗る敬つてゐたが、本人の玄解《げんかい》は魯朴で臣下の禮など更に知らなかつた。帝は尋ねた。

『先生は年を取つても顏色は老いないのは何故です』

『海上に靈草があるのを食ふばかりです』といふので、其種を殿前に播いた。靈草といふのは雙麟芝、六合葵、萬根藤であつた。帝が之を食すると頗る効驗を覺えた。

仙草栽培

玄解は辭して東海に還らうと願つたが帝はまだ許さなかつた。そこで宮中で木を刻んで蓬萊の三山を作り、極彩色の麗はしいものとした。帝は元日に玄解と此作り物を見て、

木刻りの蓬萊山

『上仙でなくては此境には入られまい』といつた。

玄解は笑つて、

『蓬萊三島僅かに咫尺の間ではありませんか、何の難かしいことがありませう、私は無能ながら試みに一遊して見ませう』と身を空中に躍らすと見たら、漸々に身體が小くなつて、到頭其の金銀で作つた蓬萊宮の中へ入つてしまつた。人々驚いて名を呼んだが復び出て來なかつた。帝は彼を惜んで病氣となる程だつた。其作り物の山には藏眞島と名をつけた。

桃の樹から落ちて仙化

其後十日ばかりして、玄解が例の牝馬に乗つて、海を渡つて行つたと、青州から報告があつた。

韓湘子

字は清夫、韓文公《かんぶんこう》(退之《たいし》)の猶子《をひ》である。磊落不羈で純陽先生(呂洞賓)に遇つて、其から従《つ》いた歩《ある》いてゐたが、桃樹に登つて墮ちて死んだ。そして尸解した。

それから文公《ぶんこう》の前に現れたから、公は學を勉めよと勸めた、湘は、

『私が學ぶところは公《あなた》が學ぶところと違ひます』と澄してゐたので文公は悦ばず、その志を見ようと詩を作らせた。

青山雲水の窟は、此の地これ吾が家なり
夜更けて瓊液をすゝり、朝とく紅の霞を喰ふ」
琴は碧玉の調を彈じ、爐には白珠の砂を煉る

韓退之へこまさる

牡丹花中に金字の名詩

寶鼎には金の虎を存し、芝田には白き鴉を養ふ」
一瓢の中に造化を藏し、三尺の劍能く妖邪を斬る
即坐に酒を造ることを得、寸時に花をも開かしむ」
能く我に學ぶ人あらば、同じく共に仙境の花を看ん」

文公は此詩を見て、造化を奪ふ事は出來まいと言つたが、然し即座に樽を開いて醇酒を湛へ又土を寄せ集めたかと思ふと一枝の碧花を咲かせて見せた。其花は牡丹に似て大きく、色は更に麗はしかつた。花間に一聯の金字が讀まれた。

雲は秦嶺《しんれい》に横《よこた》はつて家何くにか在る。
雪は藍關《しんくわん》を擁して馬前《すゝ》ます

文公は此句の意味が解せなかつた、湘《しやう》は『そのうちに御自分で體驗なさいますよ』と澄してゐた。それから幾もなく、文公は佛骨を諫むる表を奉つて勅勘を蒙り、潮州に貶せられた。

其の途中で雪に逢つたが、俄に雪を冒して來る者を見ると湘《しやう》であつた。『公はあの花間の句を思ひ出したでせう』といふから、文公は玆の地名を問ふと藍關《らんわん》だ

といふ。公は驚歎して句を足して一首とした。即ち文公集中に在る左の詩が、さうである。

一封朝《ニ》奏《ス》九朝《ノ》天　夕《ニ》貶《セラル》二潮陽《ニ》一路八千
本《ト》爲《メニ》二聖朝《ノ》一除《ク》二弊事《ヲ》一　豈將《ニ》二衰朽《テ》一惜《マンヤ》二殘年《ヲ》一
雲横《ハリテ》二秦嶺《ニ》一家何在《クニカル》　雪擁《ハシテ》二藍關《ヲ》一馬不《ズ》レ前《マ》
知《ル》汝遠《ク》來《ル》應《ニ》レ有レ意　好《シ》收《メヨ》二吾骨《ヲ》一瘴江《ノ》邊

文公は湘と共に藍關の旅宿に泊した。湘は別るゝに臨み一瓢の藥を出して公に與へて、『一粒を服用すると瘴毒を禦ぎます』といつた。そして文公が悄然としてゐるのを慰めて、

『久しからずして還られるでせう、御無事であるばかりでなく、又復び朝にお立ちになります』

『今後復た相見る機會があるかね』と文公は名殘を惜んだ。

『さきの事はよく判りません』とばかりで別れ去つた。

呂　巖（字は洞賓）

呂純陽の異相

呂《ろ》洞賓《どうひん》は唐の蒲州永樂縣の人である。祖父の呂渭《ろゐ》は禮部侍郎、父の呂讓は海州の刺史であつた。德宗の貞元十四年四月十四日の巳の刻に生れた、そのための純陽子と號した。母が產蓐に就く時異香室に滿ち天樂空に聞えた、一羽の白鶴が天から下つて產室へ飛込んだまゝ姿が消えた。

產れた子は金形、木質、道骨、仙丰《せんぽう》、鶴頂、象背、虎體、龍腮といふ姿で、鳳眼は天に朝し、双眉は鬢の中まで生え込み、頸長く顴骨《ほゝぼね》秀で、額廣く身圓く、鼻梁《はとすぢ》は聳えて直く、面色白黃であつた。左の眉の角に黑子《ほくろ》が一つあり、足の裏《うつ》の紋《すじ》は龜甲《きつかふ》が表れてゐた。

少年から聰明で記憶が良く、作文が捷《はや》かつた。身の丈は八尺二寸、好んで黃い衣を着たり華陽巾を冠つたりして張子房に似てゐた、二十歲になつても妻帶しなかつた。

まだ嬰兒の頃、馬祖が彼を見て、

『この兒の骨相は凡でない、自然と風塵外の物たる事が分る。將來廬《ろ》に遇つたら居れ、

文官試験は落第

鐘《しよう》(酒盃)を見たら叩け、努々忘れるなよ』といつた。廬山で教を受くべき人に逢ひ、又酒間に知已を得べきを豫言したのである。

長じて廬山に遊びて火龍眞人に遇ひ、天遁《てんとん》劍法《けんはふ》を傳へた。會昌年間(武宗)に二度まで進士に出たが及第しなかつたゞ その時は既に六十四歳だつた。

長安の酒肆で青い頭巾に白い袍《はふ》を着た道士が壁上に三絶句を題《しる》すのを見た、其詩は

『坐臥《さくわ》常に一壺《こ》の酒を携ふ、双眼をして皇都を識《し》らしめず、
乾坤は許大《きよたい》なれども名姓なし、人間に踈散《そさん》す一丈夫』

『道を得たる眞仙には逢ひ易からず
幾時《いつ》か歸り去つて、願くは相從はん
自ら言ふ住處は滄海《さうかい》に連れり
卽ち是れ蓬萊の第一峰』

『厭ふ莫れ歡《くわん》を追うて笑語の頻《しきり》なるを
離亂を尋思《じんし》せば心を傷む可し
閒《しづ》かに指を屈して頭《はじめ》より數ふるに

呂　巖

異人に逢ふ

唱和の仙詩

雲房先生の仙人試驗

清平に到るを得る者幾人か有る』

呂洞賓はこの道士の風貌奇古にして詩意飄逸なるを訝り、恭しく姓氏を問ひ坐に請じた。羽士曰く、

『一絕を吟じて見せさつしやい、予が志の程を見たいものぢや』

洞賓筆を執つて書いた。

生れて儒家に在りて太平に遇ふ
纓を懸け帶を重くするより布衣は輕し
誰か能く世上に名利を爭はんや
天皇《てんくう》に上玉淸《じやうぎよくせい》に事へんことをのみ欲す』

道士、此の詩を見て

『わしは雲房先生《うんばうせんせい》ぢや、終南山《しうなんざん》の鶴嶺《くわくれい》に居るのぢやが、おぬし跟《つ》いて來さつしやるか』

洞賓は即答しなかつた。雲房も强ひてはいはず、共に一室に入つて休んだ。雲房は其處で自分で粟飯を炊《かし》ぎはじめた。洞賓は枕を取つて假寢をした。

洞賓は都へ登つて試驗を受けて見ると第一番で及第した。各省や内閣に歷任して樞要

人世は一大夢

の地を占め、二度まで富貴の女の娘を娶つて數人の子を設け、其子等もそれ〴〵嫁いだり娶つたりして、孫共も多勢になつた。さういふ賑やかな世を四十年から送り、自分が宰相たることも十年、權勢竝ぶ者もなかつたが、偶重罪に陷《おと》されて、家產は沒收され、妻子眷族は四散し、自分は遠疆に流されて孤獨の寂しさに惱み、憔悴して風雪の中に馬を立て浩歎を發したと思つたら恍然として夢が覺めた。而かも先刻炊きかけて居た粟飯は未だ出來てゐなかつた。

雲房《うんばう》は笑ひ乍ら吟じた。

『黃粱《くわうりやう》なほ未だ熟せざるに一夢華胥《くわしよ》に到れり』

洞賓《とうひん》驚いて

『先生は今の私の夢を御存じですか』

『おぬしが先刻から見た夢は、浮沈榮枯千態萬端で五十年の間を一瞬《しゆん》に過したのぢや、得るも喜ぶに足らず失ふも悲しむに足りない、大きく覺《さ》むれば人世は一大夢たることが分るものぢや』

洞賓は感歎して雲房を拜し仙道に入るの術を問うた。

雲房は洞賓が決意を試みようと『おぬしの骨筋は未だ完備してゐない、仙人たることを得るには二三度生れ更つてからの事ぢや』と飄然と行つてしまつた。洞賓は落膽もしないで斷然儒を棄て切つてしまつた。

十個の難關

雲房は是から十度洞賓を試みたが彼は皆それを切り拔けることが出來た。

その第一試。洞賓が遠方へ行つて歸つて見ると家人は皆病死してゐた。彼は徒らに悔恨することとなく厚く葬具を整へてゐると、死人は皆甦つた。

第二試。洞賓は市に物賣る店を出した。客が來ても値を聞いてフイと行つてしまつた、又僅に半額しか拂はない人にでも決して爭ふことをせず、品物を持つて行くまゝ任せた。

第三試。元旦に門を出ると乞食が來た、求むるまゝに殘や品物を施したが、乞食は厭かず貪り貰つた末に惡口をいつた、然し洞賓は唯笑つてゐた。

第四試。羊を山に放牧してゐると餓虎が飛出した、彼は羊を免れしめて我が身を以て虎に向つた。虎は敢て彼に迫らずに去つた。

第五試。山中の草庵で讀書してゐると十七八の美人が來て、路に迷つて歩み惱む者だからと頼んで庵に入つて憩《いこ》うた、そのうち美人は頻りに洞賓が心を動かさうと嬌態《けうたい》を盡して、夜になると一緒に寢るといふ、さうすること三日に亘つたが、彼は遂に動かされなかつたので女も去つた。

第六試。或日留守の間に家財悉皆を盜まれてしまつた。彼は更に怒つた色もせず、自ら耕して食糧を得ようと畑に鋤を下すと、ザクリといつて數十片の金が現れた、彼は一枚も取らないで直ぐさま土を被せて隱してしまつた。

第七試。銅器を賣つてゐたから買つて歸ると、それが金だと判つた。卽ち賣主を搜して之を還した。

第八試。風狂の道士があつて街に藥を賣つてゐた、その能書を述べてゐるのを聞くと、此の藥を呑む者は立どころに死ぬが、今度生れて來ると仙人になれるといつてゐた。十日も賣つてるが買手がない、洞賓がそれを買つた、道士は『早速死後の用意をせよ』といつたが、洞賓は飮んでも何ともなかつた。

第九試。洪水が出たから洞賓も衆と共に水を渉つた、中流へ出て浪が暴れ狂ふので皆怖れ騷いだが、彼は端坐して動かなかつた。

三千年後の人も欺かず

第十試。洞賓が一室に獨坐してゐると、奇怪の鬼魅が無數に現はれて、或者は彼を擊たうとし、或者は彼を殺さうとした、けれども彼は毫も懼れなかつた。今度は數十の夜叉が現はれて罪人を拷問にかけた、血迸り肉飛ぶので罪人は號泣しながら洞賓に向ひ、『お前は前の世でわしを殺してゐる、今此場でわしに代つて罪に服せい』といつた。洞賓は、

『命を殺したから命で償へといふのは尤ぢや』と刀を執つて自盡しようとした、忽ち空中に大聲に叱る聲が聞えたかと思ふと、今まで居た多くの鬼神は忽ち消失せた。そして雲房が大笑しながら天降つて來た。

『十度おぬしを試みたが遂に心を動かさなんだ、必ず道を得るであらう、然し未だ功行《こうぎやう》完《まつた》しとは言へない、わしが茲で黃白の術（金銀を作る術）を授けるから、世を濟ひ物を利し、三千の功を滿たし、八百の行を圓かなさしめたら、其時わしが現れて得度させよう』

『此の法で作つた金銀は後で變質する事はありますまいか。』

『ある、が三千年の後の事ぢや』

『三千年の後の人に迷惑を掛けることは罷しませう。』

雲房笑つて、

『お前の功行はもう其れで滿つたのぢや、さアお出で』と洞賓を伴つて鶴嶺へ行き、悉く仙道の祕訣を傳授した。

雲房は上帝に召されて九天金闕の選仙となつた。當に行かうとする時洞賓に向ひ、

『わしはお召で天へ昇る、おぬしは人間に住んで功德を積んで居れば他日必ずわしがやうに召される』

『私の志は先生と違ひます、天下の衆生を濟度し盡して後に昇天したいと思ひます』と洞賓は答へた、雲房は雲に乘つて去つた。

洞賓はそれから江淮に遊んで蛟害《かうがい》を除いたのを手初めに、隱顯變化すること四百年、常に湘潭、岳鄂及び兩浙汴譙の間に遊んでゐたが、人が誰も見識らぬから回道人《くわいだうじん》（呂の字の謎）と自稱してゐた。

宋の政和年間（徽宗）に宮中に妖怪があつて、白晝に現れて寶物や官女を盜んだ。林靈素、王文卿等が一旦は退治したけれども復た起つた。帝親ら潔齋して禱ること六十日に及んだ。そして晝の夢に東華門外に一人の道士を見た。

關羽現はれて、妖魔を捉ふ

其道士は碧蓮冠を戴き紫鶴氅を纏ひ、水晶の如意を携へ、帝に揖していふには、

『臣は上帝の命を奉じて此妖魔《えうま》を治《をさ》めに參つた者でございまする。』とて一人の金甲の武將を呼出した。其の武將は妖魔を捉へ引劈《ひきさ》いて啗《くら》ひ盡した。帝が此の勇敢な丈夫の誰なるかを問ふと、道士は、

『此者は陛下が贈封遊ばされた崇寧眞君關羽《こうねいしんくんくわんう》でございます』と答へた。

師は繰返して其の勞をねぎらひ、張飛は何處にゐるかと問うた。關羽は、

『張飛は累劫世々男子に生れて臣となつてゐます。今も既に陛下の爲に相州の岳氏の家に生れてゐます』と答へた。帝は更に道士の名を問うと、

『臣が姓は陽、四月十四日に生れました』と答へるかと思つたら帝の夢は覺めた。

夢の中で道士がいつた事を調べて、それが呂洞賓であると判つた。此事あつて宮中も無事となつたから、天下に詔を下して洞賓の香火處には皆正妙通眞人の號をつけた。その神通妙用を讃へた詩や詞を碑文に錄したものが世に傳へらるゝ。

岳武穆の父が張飛が生るゝ夢を見たから其子に飛と命名した。關羽が夢に語つた通りである。

国 呂洞賓は五代宋元明に亙り、屢其の姿を現すと信ぜられて傳說甚多し

王卿

居酒屋の顧客

巖壁に突き當る

唐の貞元《ていげん》の頃、郢《えい》の南郭《なんくわく》附近に王卿といふものが居酒屋を出して居た。物日には必ず一人の道士が飲みに來た。何年と續いたが、ある時王卿が道士の歸途をそつと尾行して往くと、道士は振り返つてビツクリし、『何しに來た？』と見咎めた。王卿は拜伏して『神人、どうぞ召使に使つて下さい』と賴んだ。道士は『不可《いか》ん』といふが強ひて跟いて行つた。谷間、岩道を超え、一丈ばかりの崖につき當り、道士がヒラリと飛び越えたので、王卿も續いて飛んで見ると、造作なく飛べた。行くこと數十里、高さ百餘丈の大巖壁に行當り、道士は輕々と身を躍らせて飛び上つたが、サア登れない。道士は上から『何だつてついて來るのだ、諦めて歸れ』といつたが、王卿は極力哀願するので、道士は巖から手を下げてくれた。それに捉まつて目を閉ると、ふわりとして身は已に巖上に登つて居た。見渡すと廣々とした景氣は、到底人間の世界でない。十餘里行

天師の謁見

竈番を申付かる

嚴禁の箇條は竈の中を覗くこと

つた處に道士の家があつた。表のかゝり誠に整肅なものである。『此處に居ろ』といはれる儘に傍の草原へ潜込んだ。道士は『此處に居れば俺が飯を運んで遣る。そして折を見て天師に謁見を願つて遣らう』といつた。三日ばかり辨當を運んで呉れた。ある日天師が杖をついて御出門になつた。形狀誠に魁偉《くわいゐ》たるもので、眉疎《まゆまばら》に目《め》明《あきらか》にして如何にも尊嚴な風丰である。四五人の侍從が左右に從つて居る。道士は王卿を呼んで道傍へ出て拜謁したのであつた。天師はジロリと見て驚いた樣子『どうして其方は此處へ來た？』との御尋ねである。王卿は謹んで始終を申上げた處が、諸道士が「見た處謹厚な男だ、使ひ者になりさうだから、竈番《かまどばん》にでも使ひませう』と、推薦した。天師の許可があり、漸く院内に入れられ、臺處へ行つて見ると、一ッの大竈があつて下から熾に火を焚いて居る。竈の上には鐵筒があり幾重も嚴重に蓋がしてあつた。道士の指圖でいよ〳〵竈番になつた。その時『專心に番をせねば不可ん。妄りに覗いて見ると取返しの付かぬことになるぞ』と言聞かされた。

それから四五人の道士は、或は水を汲み或は藥草を採集し、飯拵へをして天師に供へるといふことが大體の仕事だ。竈番の王卿は夜も竈の側へ臥《ね》て火の番をするので、六七

遂に禁令を犯す

煉丹の行り直し

下界へ放逐

日經つたが、誰一人竈を看に來る者はない。王卿退屈でもあり、何心なくそつと開けて何んな藥かと覗《のぞ》かうとすると、鐵筩《てつをけ》の中から突然一匹の白兎が飛び出し、ガタンといふ音がした。『しまつた！』と叫ぶ道士の聲が聞えると、どや〳〵やつて來てこの樣子を見、一同蒼白になつて居る。すると天師が大に怒り『俗人などを連れて來るから、藥を失つて了つたのだ』と大そうな不興である。髯の道士はひどく叱られ、鞭《むちう》たれる筈のところを、陳謝して『も一度白兎を取つて來ますから』と引退がり、數人の道士が庭へ出て香を焚きながら足ふみをして居ると、道士二人が一双の白鶴となつて天に飛び去つた。一寸の間に歸つた鶴は一匹の白兎を下げて居た。早速竈へ放り込んで漸く取返しがついた。同時に王卿は放逐になつた。道士が王卿を連れ出して『君の爲めにはひどひ目に遇つたまだ心が堅固でないから駄目だ、歸つて行け』と高い巖壁の處まで來て手を離し、『後、二十年、汾州の市中で再會しようよ。』と言つて道士は去つた。

王卿は此から道士となつて、十餘年經つて太原の方に往つたが、果して髯の道士に遇つたものやら。

陶尹二君

松の枝上に二人の笑聲

唐《たう》も末《すゑ》の頃であつた。

陶太白と尹子虚といふ仲善しの老人があつた。共に仙家養生の方など修めて、をりをり嵩山《すうざん》、華山に入つて、松脂《しようし》、茯苓《ぶくりう》、其他の藥材を採集してゐた。ある時芙蓉峯に登り。だん／＼景色を貪つて深入りし、大きな松林の陰に憩《やす》んで、用意の瓢を酌みかはしてゐた。掌をうつて笑ふ聲がした、松の梢に二個《ふたり》の人が居るのであつた。

『貴方《あなた》がたは神仙で有らせられませう、如何で御座います降《お》りて一杯召上つては。』

『いや／＼仙人でも、山精木魅《ばけもの》（山や木の精靈）でもない、秦の世の者で、俺《わたし》は役夫《えきふ》、此の人は宮女ぢや。酒が欲しいんだが、姿が異《かは》つて毛だらけになつてゐるから、びつくりされるだらうと思うて降《お》りないのぢや。少し待つてくれい、今、穴に往つて換衣《きがへ》して來るから、』

『よろしい、早く御出下さい。』

やゝ暫く待つてゐるとやつて來た。

儼然たる丈夫と綵衣の少女

徐福の一行から脱走

一丈夫の古服儼然《こふくげんぜん》たるのと、鬟髻綵衣《くわんけつさいい》の女子とが松の下に立つた。四人は互に拜禮して小酒宴となつた。さて陶太白は問ふ。

『貴君《あなた》はどういふ次第で此の山に來られましたか、どうぞ御聞かせ下さい。』

『俺《わたし》は秦《しん》の者で、十五に爲つたとき、天子が神仙の術を好み、不死の藥を求むるため徐福に童男童女千人を附けて東海の仙島に遣されることになり、俺は選ばれて其數に入つた。船は小さし人は多し、海は荒れつゞくので苦しさに堪《た》へず、奇計を設けて俺《わたし》は船を脱して上陸した。姓名を易へて學問に志し儒者になつた。儒者連中に國政を誹謗する者があつたので始皇の怒に觸れ、四百何十人一時に坑埋《ちなう》めにされた、私も其數に入れられたのを辛うじて逃げ出し、土工《どこう》の中に隱れてゐたところ、萬里の長城の大工事に駈り出されて役夫となり、ひどい苦勞をさせられた、又隙《すき》を見て逃げ出した。此度は大工になつた。すると始皇が崩じて其陵墓《れうぼ》を築くに、金工石工木工有らゆる工人が徴發されて、又た其の内に入れられ、工事が終れば墓中に封じ込められる筈のを、又々奇謀に依つて脱《のが》るゝことが出來たが、もう世の中が恐ろしくなつて、とう〳〵此の山に隱れて松實《まつのみ》を食つて饑を凌ぐうち、不思議に長生の法を得たのぢや。此の毛深《けぶか》

殉死する宮女を救ふ

仙丹は用ひず木の實が常食

くなつてゐる女子は元《もと》、秦の宮女で、始皇の墓に殉死《じゆんし》として閉ぢ込められるのを、俺が救つて一緒に逃げて來た。一體今は何《なん》の代《よ》で、あれから何年になるのかナ。』

陶《たう》と尹《ゐん》とは、今は、秦から漢《かん》、魏《ぎ》、晉《しん》、何々と九代の末で千餘年も經つてゐると、二人交る〳〵歷代の興亡の話をして聞かせた。そして二人は、

『不思議の御緣でお眼にかゝりました、どうぞ私共に長生の藥を御投け下さい。』と懇願した。

『俺《わたし》は前申す通りの凡人《ぼんにん》ぢやて。此山に隱れて以來一切世間の思慮を絕ち、たゞ木實《きのみ》ばかりを食つてゐる中に死ななくなり、體に徧《あまね》く深毛が生えて飛行も自在になつたといふまでのこと、金丹仙藥そんな物は知らんのぢや。』

『では其の木實《きのみ》はどうして食べれば好《よ》いのでせう。』

『俺《わたし》は初め柏《はく》の實《み》を、次に松脂《まつやに》を食つてみた、滿身に瘡《かさ》を生じ腹中が痛み非常の苦痛を覺えた　、一月たゝぬ中に、皮膚が滑澤《すべ〳〵》になり、毛髮もつややかになり、數年後には空を行《ゆ》くのも自由になり、飄々然として風のまに〳〵翔《かけ》ることが出來た。今は天地と一體になつた樣な氣持でな、病《や》むこともなく死ぬることもない身の上になつた。』

丈夫吟じ綵女和す

遺れた衣が蝶と化し花と舞ふ

星を仰いで時勢を慨く

其のうちに瓢の酒も盡きかけた。丈夫は微醉機嫌《ほろゑひきげん》で松に凭《もた》れ吟じ、女子も之に和して歌うた。

『こゝに萬歳の松脂《まつやに》と千歳の柏子《はくのみ》とを少し持つて居る、此を二人で分けて服《の》むが可《よ》い。其の内に世を脱することが出來よう。』

二人は推戴いて、直に酒で嚥《の》み下した。二人の仙人は別れを告げて立ち去つた。先刻着て居た衣の其處に殘つてゐたのが、風に吹かれて花となり蝶と化し空中に舞ひ揚つた。陶、尹二公は其後、蓮花峯上に居《を》り、顏の色は紅く、毛髮は黑く、すつかり若返つてゐた。雲臺觀の道士が之に遇うて其成仙の次第を聞いた時話したのが此れである。

王常

王常は意氣を尙《たうと》ぶ慷慨の士で、不埒な奴と見れば直に斬り倒し、貧困な者には着てゐる物も脫いで助けるといふ風であつた。

唐の至德二年終南山《しうなん》に登つて風雨に遇ひ、山中に宿した、其の夜半、からりと雨が霽

始皇武帝は何故欺かれたか

れた満天の星燦としてか丶やく、王常慨然として、

『あ丶此の涼しい靜かな山の景色《けしき》に引かへて世は亂れはて丶天子（玄宗皇帝）は西蜀に落ちさせられ都は安祿山、腥《なまぐ》さいえびすどもに蹂躙されてゐる、何といふ意氣地の無いことだ、乃公《おれ》は天下を平げてやりたい、だが誰も乃公に兵權を授けてもくれず、尺寸の封土も無い、何と思うても空拳では萬民の饑寒を救ふことは出來ない、天神地祇は何をしてゐるのやら、此んな時何の役にも立たぬではないか。』

と慷慨の聲を漏らしてゐると、一神人が空より降つて來て、

『汝は何を申して居る？』

王常は劍を握つてぢつと其の神人を見つめつ丶、落付いて、

『今言うたのは、拙者が平生の志で御座る、降臨《おいで》なされたは何の神であらせられるや。』

『我れ、術あり、黄金成る可し、水銀死すべし、天下の禍亂を根絶さするには足らずとも、人民の饑寒は幾分救濟が出來よう、汝、我が術を受けて世人を救ふの意はなきや。』

『其の神仙の術は兼て耳にして居れども、秦の始皇、漢の武帝、孰れも方士に欺かれて後世に笑を貽したに過ぎませぬのは何故で御座りませう。』

水銀を黄金にするは容易なり

『彼等は帝王――人を救ふの位に在りながら、其位に伴ふ權力を以て人を救ふことをせず、却つて神仙の術を假らんとするを天は容されざりしなり。汝、世を救ふの地に非ずして世を救ふの大願を有す、故に汝に此の術を授けんとするなり。』

『果して「黄金成り、水銀死す」左樣の事が出來ませうか。』

『疑ふ勿れ。夫れ黄金は山石にして其始《そのはじめ》なり、山石の精《せい》なり。此の精、百千年を經て水銀となる、水銀は太陰の氣を受けたるものにして流蕩として凝らず。今若し微《すこ》しく純陽の氣合するに遇へば、倏忽《たちまち》にして黄金に化するものなり、仙人煉金の術は、水銀を死《し》して其の始めに還らするに過ぎず、事甚だ容易なり、今若し水銀を黄金と化せしむるには必ず山に在ることを要す、山に在らざれば卽ち化せざるなり。我れに書あり、汝に授く、ゆめ〳〵疑ふことなかれ。』

煉金術の傳授書

王常此に於て、はじめて神人に再拜頓首した。神人は袖中《そでりうち》より一卷の書を取出して王に授けた。

『此の書を讀まば黄白の術（黄金白銀を作成する仙法）はすべて明かならん、他日適當の人を得ば傳ふ可し、輕しく授くるなかれ、頑《かたくな》に祕することなかれ。貴人に授く可らず、道士僧侶の輩に授く可らず、ゆめ〳〵不義の輩に授くることなかれ、彼等は他人の饑寒を意とせざるものなり。黄金成らば人を濟《すく》ふの外奢逸に費すことを得ず、若し我が誡を守らざれば天罰立ちどころに到らむ、恐る可し愼む可し。』

『難有き御教へ、謹んで嚴守致しまする、して、此の聖術を授けたまふは如何なる神に渡らせられるや。』

『我は山神《さんしん》なり。昔し道人あつて此の書を我が山に藏せり、今、汝義烈の士たるを認め得て、汝に授くるものなり。』

言ひをはつて忽然として神人の形は滅した。王常此より天下を歷游し其の化成せる黄金を以て、到る處に窮乏貧苦の人民を救濟した。

山神仙術を奪ふ

齊映

大宰相の齊映が初め進士の試驗で都に上つたとき、各省に知人を訪問してあるくうち雨に遇うて、或る墻《かき》の下《もと》に佇んでゐると、一老人の二個の僕《しもべ》を従れたのが來て、齊公に

誘ひ合はした一老翁

夥しい酒の賣上高

宰相か昇天か

敬禮をして『俺《わたし》の處は遠くないから暫くお休息なさいと』勸めた。是れ幸と跟いて行つた。途中で老人は一僕を齊公に付けて『そろ〳〵お出下さい、俺《わたし》は一足お先に往つて準備を致します』と言つて、白い驢馬に乘つて飛ぶが如く馳せ去つた。

齊公は一僕に案內され、街路を幾曲りかして、とある靜かな橫町に入つた。立派な門構への宅《いへ》に着いた、老人が出迎へた。十數人の侍婢《こしもと》が取りまいて中堂《ざしき》に通した。華麗清潔な設備がしてあつて馳走の品々も極めて結構づくめであつた。其のうちに、澤山の錢を持ち込んで老人に何か報告して去つた。老人問はず語りに『此れは俺《わたし》の酒舖《さかみせ》の收入です、自分は一丸藥で一甕の酒を作るのです』などゝ話した。日が暮れかゝつた齊公が辭《いとま》を告げると、老人は、

『貴郞《あなた》は好い人相を有つてゐられます、宰相に爲りたいですか、それとも白日昇天（仙人さなる事）ですか、どちらをお探りになります。

齊公は、ぢつと考へた擧句《あげく》

『宰相！』と言つた。

老人は笑つて

『明年は及第せられます、任官せられたら、帛《はく》を何十疋か贈りませう、併し此事は御他言ない様に。お閑があつたら又御出下さい。』

齊公は拜謝して歸つた。此後しば〳〵往《い》つた、往くたびに何か貰つた。明年の春果して及第した。同年たち（同時に及第せる進士をいふ）が齊公が車服萬端支度の行届いてるのを羨み、宴會の時に種々詰《なじ》るので、齊公も醉つたまぎれにつひ饒舌《しやべ》つてしまつた。其ならば吾々も訪《たづ》ねようと、其翌日、二十幾人が一緒に老人に拜謁に押しかけて行つた。老人は甚だ迷惑して、病氣だといつて面會を謝絕して一匹づゝの縑《きぬ》を進呈し、獨り齊公のみを呼入れさせて、

『なぜ輕々しく泄《もら》したのです、昇仙の事も略定《ほゞきま》つてゐたのに、此でぶちこわした。』

齊公は老人に慚謝して引退《ひきさが》り、十日計して復た往つて見ると邸宅は主《ぬし》がかはつてゐた。老人の行方はそれきり判らない。

天機泄る

李生

煉金術を秘する所以

唐の僖宗《きそう》の頃、李生は進士の試験を受けに長安の都へ上る途中、一道士と路づれになり、幾日か同じ宿にも泊つて心安くなつた。都近くなつていざ別れようといふ際、黄白術（金銀化成の仙法）の話が出た。

『點化の事（煉金の術）といふものは神仙道に於ては卑淺の術に過ぎないのであるが、世人が、貪欲で此の事を重大視する。其奴等《そいつら》は此の術を得て奢侈心を滿足せしめようとする、其を惡むから仙道に於て此術を秘《ひ》して容易に傳へぬことになつてゐるが、實は仙方は簡易なものぢや、之に用ゐる藥も求め難いものでは無い。君の性情を見るに廉直寡欲の樣だから、其法を傳へよう。之を用ゐるのは自他の窮乏を濟ふに必要なる程度に止めなければいかぬ。仕官をしたらば煉金は罷《や》めるが可《よ》い。』

道士は其の法を記《しる》して渡した。有り觸れた藥品の若干を要するに過ぎないのであつた。此に依つて行へば容易に黄金が出來て多くの人を助けることが出來た。其内進士に爲つて官に就いたが、段々陞進するに隨ひ金の出來方が減じ、南昌《なんしやう》の令に榮轉すると全く出來なくなつてしまつた。

韋泛

冥土の物語

唐の大暦年間、潤州金壇縣の尉（官名）韋泛《ゐへん》といふ者が呉興に遊びに行き、興國寺の岸に舟を停めて居たが、何故かわからず突然死んでしまつた。檢屍や何か大騒ぎをして居ると二日して復た生きかへつた。そして其の間の事をかう話した。

人違ひで冥土へ召さる

一官吏が召狀《めしじやう》を持つて來て自分を伴れて往つた。三四十里ばかりで一城に達した。守衞甚だ嚴重に見えた、門を入ると通行の人に知人が多いから『一體此處は何處でせう。』と役人に訊いて見て、始めて冥土だ、自分は死んだんだといふことが判つて驚いた。

數人、騎馬の人がやつて來る、服裝其他堂々たる大官らしい、顏を見ると友達の某だツたので、意はずヤアと聲をかけた、其人は驚いて、『ヤア君どうして來たのか。』『役人に召喚されて來たのだ。』と言ふと、『はてナ僕が召魂（魂を冥府に召喚する主任）を主つてゐるんだが、君を喚び出した覺えは無いが……』と一寸考へる風であつた。『おゝさうだ、間違ひだよ、召喚したのは同姓名なんだが、金鄕縣尉の韋泛といふんだ、君は金壇縣尉だのに、下役が間違へたんだ、氣の毒したネ。』早速役所に伴うて、送還の手續をしてくれたので韋泛は安心をしたが、心安《こゝろやす》だてに、『僕の壽と祿はどうなつてゐるのかネ、內所で敎へてくれたまへ。』と言つた。其人も一應は拒んだが遂に、密かに一吏に何か命じた。其吏は韋を別室に伴ひ行き、左の手に朱筆で、『前楊復後楊、後楊年年强、七月之節歸元鄉』と書いてくれた。

韋は復活の後、太原陽曲縣主簿と爲り、其後楊子縣巡官と爲り、建中元年六月二十八日立秋の日に死んだ

淘沙子

蜀の大東市《だいとうし》の施療《せれう》病院《びやうゐん》は乞丐《こじき》や貧病者《ひんびやうしや》などが、自由に宿泊することが出來るのであつた。中には毎日畚鍾《どうぐ》を擔《つ》いで町々の溝渠《どぶ》を廻《まは》り、泥を浚《さら》ひ、銅鐵片や木屑などを拾つて生活して居る者もあつた。此の職業は淘沙子《たうさし》と呼ばれた。ある歳、淘沙子《たうさし》の內に妙な奴が一人あつた。それは何處から來たか、名を何といふかも判らず、いつも古帽を被つて

淘沙子進士文谷を驚かす

天子淘沙子を景慕す

鐵把《くまで》や竹𥫗《たけかご》を擔《かつ》いてゐた、よく寺や道觀のやうな物靜な處へぶらついてゐた。

文谷《ぶんこく》といふ落第進士が、聖興寺の知合の僧を訪ねた時、此の淘沙子が佛殿の上に坐つて居た。容貌古峭たるもので、音聲爽《さわや》かに、文谷が近頃作つた數首の詩を吟《ぎん》じた。文谷愕然《がくぜん》として居ると、今度は自作の詩を吟じ出した。時事問題を皮肉つたのもあり社會に對する警告もあり神仙を云つたのもある。文谷は煙に卷かれて居ると『君は今何處へ往くつもりか』と問ふから『此寺《こゝ》の友達の僧に金を借りて、更に一分別しようと考へて居る處だ』と答へた。するとその淘沙子は、懷中の布袋《ふくろ》から麻紐《あさひも》へ通した小粒銀《こつぶぎん》の内を一枚取つて文谷に與へ、辭儀をして、さて古帽をかぶつて、道具を擔いで寺を立ち去つた。

その後文谷は蜀の通奏使《つうそうし》・王昭遠《わうせうゑん》と同席したとき淘沙子の話が出て、

九重城裡人中貴《ノ》　五等諸侯閫外《ニ》尊、
爭《デカ》似《ン》二布衣雲水客一　不《ルニ》下將《テ》二名字《ヲ》一掛《ケ》中乾坤《ニ》上

と、その時の詩を朗吟した。王昭遠は『如何にも異人《いじん》の作《さく》だ』と蜀《しよく》の天子に奏聞し、廷《てい》臣《しん》をして諸方の町々を探《さが》させた。當時淘沙子は東市《とうし》・國淸寺街《こくせいじまち》の富豪宇文氏《うぶんし》の邸前にある大桐樹の下に休んで居た。宇文は元來道術の熱心家だつたので、淘沙子を常人《たゞびと》でないと見て、座敷へ上け、其の職業や嗜好などを尋ねて見ると『俺《わし》は詩と酒が好物《かうぶつ》だ。』とばかり、言動甚だ凡俗を脫して居る。酒を二三杯飲んで、また來ると言つて別れた。

半月ばかりして、門前へ來て、例の破帽を門番に突付け『主人に取次げ』といふと門番は怒つて『貴樣のやうな乞丐《こじき》に主人が會ふものか』と怒號《どな》り付けた。宇文《うぶん》はそれを聞き付けて駈けて出『好く御出下さいました。實は日に〳〵御待して居りました。』と座敷に請《しやう》じて酒を出した。『神仙道といふものは學び得るものでせうか』と問ふと、淘沙子は『心次第サ』といつた。そこで宇文《うぶん》は『私は數年前、ある人に嚥氣《えんき》の術を敎へられたが物にならず廢《よ》して了ひました』といふと『何でも初の通り行《や》れば、十分行《い》けたのだが、大抵行《や》り始めても中途でなまけるから、折角修業したのを臺なしにする。どうかな、金銀は有るかな、欲しくはないかな』といはれ、宇文は『執着《しつちやく》はして居りませぬ、有《も》つて居《ゐ》無《な》いともいはれませぬが、特に好きだと言ふのでもありませぬ。』すると、淘沙子は主人に銅錢十文を出させ、己《おの》れの懷《ふところ》から一粒の藥を出し、醋に浸《つ》けて燒くと、銅錢は白銀になつた。『これが神仙の技術の擬《まが》ひない處ぢや。世間に本者《ほんもの》は少ない、多くは虛妄《ほら》ばかりサ』というて返つて行つた。

一束の髻を置土產

翌朝未明、一ツの手拭包みを持參して、『淘沙子が主人への土產だ』と投げ出して行つたものがある。宇文が開けて見ると、一括《くゝ》りの頭の髻《かみのけ》で何の事か判らなかつた。處がその日、日たける迄門番が起きて來ないので、起《おこ》しにやると、門番は『今朝明方の五更頃熟睡中何者かに頭髪を切り取られました』といふのであつた。蜀の天子が此の事を傳聞き、宇文の宅へ訊《たづ》ねられたので、宇文が施療病院に訪《たづ》ねて見ると、『今朝出たまゝです』といふことであつた。爾來其後消息がなかつた。

註　本文の蜀の天子は五代の蜀なり

馬士良

水邊の仙女

唐の元和年間、萬年縣の馬士良《ばしりやう》といふものが、違法《ゐはふ》の事があツて、逮捕を懼《おそ》れて南山へ逃げ込んだ。炭谷湫《たんこくしう》といふ澤の岸の柳《やなぎ》の下へ隱れて居ると、夜明け方五色の雲に乘つた一仙女が水際《みづぎは》へ降《お》りた。金槌玉板《きんのつちぎょくのばん》を取り出して、仙女がそれを五ツ六ツ扣《たゝ》くとパラパラと蓮《れん》が湧《わ》き出した。仙女はその蓮《れん》の三四葉を摘《つ》んで食ひ、また雲に乘つて飛び去つた跡を見ると金槌玉板がまだあつた。士良は飛び降りて扣《たゝ》いて見ると、やはり蓮《はす》が出たので十數枚頬張《ほゝば》つた。身體が頓《とみ》に輕く宙《ちう》に飛び擧がれさうになつた。谷間の蔓を傳ひ五色の雲の行先を逐《お》うて行くと、高崇な宮殿に向《さき》の天女が仙人團の中に居て、大いに驚き、士良を竹杖でさん／＼撲《う》つて高い崖《がけ》から谷間へ引曳《ひきず》り落した。へと／＼になつて、動けない、そのまゝ寐込んで了つた。

仙女に結婚を迫らる

眼が覺めると、そこに兩髻を結んだ少女が、刀を磨いで居て『靈藥を盜んだから主君の仰せで命を取りに來た。』といふ。士良、平伏して只管《ひたすら》助命《じよめい》を哀願した處が、『それは覺《おぼ》束《つか》ない、けれども神液《しんえき》で救《たす》けて上げるから私を妻になさらねばなりませぬ。』直に取つて來たのは、青い小甌《こがめ》に入つた白飯の樣なものであつた。士良は其を食つて一寐入りし、こんど目覺めると少女は『藥が出來ました』と見せたのは、光澤のある青色の藥七粒であつた。士良は腹を出して見ると刀瘢《かたなきず》が赤く通《とほ》つて居た、それを少女が今の藥《くすり》で撫廻《なでまは》すと忽ち消えて了つた。さて少女は『專ら仙學を勉強なさい、人には話してはなりませぬ。万一漏洩《ろうえい》すれば、今の腹の瘢痕《きずあと》から忽ち破裂します。』と戒めた。そして『私は谷神《こくしん》の娘で、上仙の靈藥を見張る役なので、あなたを救けることが出來たのです。』といつた。會《くわい》

谷神の娘

昌年《しやうねん》代《い》まで炭谷湫で往々此の夫婦を見かけた者もあつた。

維楊十友

十人の富豪の享樂會

貧乏な老叟を優待す

維楊《ゐやう》の十友といふのは、皆困らない物持達、分《ぶん》を守り、足ることを知り、祿位を求めず、貨財を貪らず、道を知り玄を慕ふ人々の社交團體で、交の厚きこと兄弟の如くであつた。會員の廻り持ちで會合を開き、酒食を娛《たの》しみとして、浮世を面白く遊びくらしてゐた。

ある時この十友會へ一人の老叟《らうそう》が訪《おとう》れた。服裝も穢く、顏色も悪い、その日の生活に困るといふ樣子であつた。わだかまりなき十友は、可哀さうなものに思ひ、今日は誰れ翌日は誰と例の廻り持ちで、十分馳走してやると、十日ばかり好い氣持に昏して歸つた。其後又來て十友に言ふには『先日は皆樣に御款待を受けまして御禮の申上げやうがない。御禮心に私も一會を催したいのです、某日某所まで御來駕を願ひたい』といつた。十友も興《きよう》あることに思つて、約束の通り往つて見ると、例の貧叟《ひんそう》は、途中に出迎へ、連れ立つてぶら〳〵行くと、東塘郊外まで來たのだが、さう遠いやうにも思はなかつた。

貧叟の答禮
あばらやに
富豪の請待

御馳走は童
兒の丸煮

會場は草叢の小さな藁屋《わつや》で、危い程に朽ち傾いて居る處へ『どうぞ』といふ譯である。見ると七八人の乞丐が居た、蓬髮鶉衣、甚だ見苦しい。叟が行くと皆起つて氣を付けの姿勢で命を俟つてゐる、部屋の内外を片付けさせ、藁《わら》を敷《し》き菅菰《すがごも》を延《の》べて『こちらへと請ぜられる儘、そこへ車座に着席した。もう午時なので十友は空腹を感じて居る。まづ長い竹箸を出して、一々客の前に配つた。七八人の者が長さ四五尺の大きな板を運んで來て、席の中央に据ゑた、油布《ゆふ》が被せてあるから何だか判らない、空腹の十友は互に顧みて喉を鳴らした。油布を除けた、湯氣が一杯騰《た》つて見えなかつたが、やがて收《をさま》ると蒸し物は十四五歲の兒童で全身煮え爛れ、目、鼻、手足は半ば崩れ落ちて居る。貧叟は一禮して『どうぞ召し上がれ』と勸めるのであつたが、十客は胸を惡くして誰も手を出す者はない。『十分です、腹はまだ空きませんから』と辭退はしたが、竊に腹も立つのであつた。逃げ腰になつて居ると、貧叟は頻に箸を執り、獨り如何にも旨さうな食振りである。

やかて先の乞丐を喚んで『下げろ、食つて了《しま》へ』と食卓を取拂はせて、『唯今のは千年を經た人參で、甚だ得難い貴重なもので、此程不思議に手に入つたから、皆さんへお禮

千歳の人参乞食共みな登仙す

心に一箸差上げた譯でした。これを食へば白日に昇天し、肉身のまゝ仙人となるのだが、お上りにならぬのは、此も命運で致し方はない』といつた。十友始めて驚いたが既に遲かつた。貧叟は『皆の者、濟んだら出て來い』と呼ぶ、先程の乞丐共はいづれも化して妙齡の童男、童女となり、幡蓋相從つて叟と共に昇天した。十友はぢだんだを踏んだが、もう姿は見えなかつた。

葛長庚

西湖の水底一晝夜の醉臥

葛長庚《かつちやうかう》は白玉蟾《はくぎよくせん》と號す、宋の瓊州《けいしう》の人だ。武夷山に入つて、陳翠虚に事へ海瓊子とも號した。九年の修行で道を得、蓬頭亂髮、甚しい破れ衣を着、跣足でそこら漫遊してゐた。詩文共に巧にして、書も畫も妙と稱せられた。かつて自讃の詩がある。

千古《せんこ》蓬頭《ほうとう》洗足《せんそく》、一生《いつしやう》服氣《きをふくし》餐霞、笑《わらつて》指《ゆびさす》武夷山下《ぶゐさんか》、白雲《はくうん》深處《ふかきところ》吾家《わがいへ》。

西湖に遊んだとき、醉うて水に墮ちた、舟人が驚いて搜索したけれども、日が暮れて遂に見つからなかつた。夜明けて見ると玉蟾はまだ水の上に轉《ころが》つて酒が醒めずにゐた。

ある時刀を抜いて脅かす者があつたのを玉蟾が一喝すると刀が墮ちて、其男は逃出した。一時、天子の召を受けて太一宮に居ることになつた。間もなく居なくなつた、其後、各地の名山に往來して神異測られない。

丘處機（字は通密、長春子と號す）

丘處機《きうしよき》は山東登州の人。寧海の全眞庵に王重陽の居ることを聞いて、往つて弟子となつた。後、師に隨つて梁に遊び、間もなく師が逝去《せいきよ》したので、外の弟子たちと棺を護つて終南山に葬り、三年が間墓側に廬居して喪《も》に服《ふく》した。

金元兩朝の優遇

金の世宗から召されて優遇を受け、後、元の太祖に尊信せられ、天下の道家一切の事を委《まか》せるといふ勅命があつたほどである。ある時梨の花を張去華《ちやうきよくわ》に贈つた、張公が之を瓶に活けておくと、秋に爲つて十四の實が熟した。延祥觀に槐樹《ゑんじゆ》が枯れてゐたのに、杖で毆りまはつて『此の槐は生きた』と言つたが、今に至つても繁茂してゐる。

朱橘

鞠君子の賜物

朱橘《しゆきつ》は淮西《わいせい》の人、翠陽と號す。母は懷胎已に十五月を經て未だ分娩の期が到らぬので、甚た憂へてゐた。偶ゝ途上で一道士が一個の橘《たちばな》を與《く》れて『此を食《た》べたら子が生れる。』と言つた『有り難う御座います、どうぞ御名前を……』と尋ねた。『鞠君子《きくんし》』とさう言つて見えなくなつた。

橘を食べると直に子が生れた、名を橘《きつ》と命《つ》けた。幼より學問を勵んだが登用試驗は通らなかつた。落膽して、池に臨んで悄然自分の影を見て居るうち、忽然と悟る所があつて以來名利の念を去つて、道術修煉に志した。

狂者の歌

ある日、橘を手にせる一道士に遇うた。氣が狂《ふ》れてゐるやうで、行《ある》きながら歌つてゐる其文句が判らないもので『橘、橘、橘、人の識《し》るなし、惟《た》だ朱姓の人あつて、方《まさ》に、這《こ》の端的《たんてき》を知らん』といふのであつた。誰にも判らない狂人の歌が、橘一人には判る樣に思へた。それで道士を尾《つ》けて郊外まで往つて、人の無いのを見計《みはか》らつて拜禮した。

人生の富は海上の漚

小兒は橘の分身

『鞠君子《きくくんし》でせう。』と言ふと、

『お前は誰ぢや。』

『朱橘と申します。』

『ふむ、お前か、何が欲《ほし》い。富か貴か、擇べ、欲するままぢや。』

『人生の富貴は海上の漚《あわ》、空中の雲、何ぞ慕ふに足らむ、願ふ所は唯だ神仙不死、其をどうぞ御教へ下さりませ。』


道士は玆に於て要領を授けた上、此より皖《くわん》公山に往き修煉せよと告げ、忽ち雲に乘つて去つた。朱橘は直に皖公山に赴き一室を構へ、此に在つて專念に修養した。一小兒の潔白、玉のやうなのが、此の草庵の前の池に遊んでゐた、其のあるくのが、星の流るゝ樣だつた、人が不審に思ひ尾《つ》けて見ると庵《いほり》の中に消えた。小兒は橘が分身だと皆が謂ふのであつた。

『俺《わし》は縣廳の前に立ちながら仙化する、清淨な土で護《まも》つてくれ。』と同鄕人の陳六に謂つた。其の日限に、其の場所に、果して朱橘は立ちながら死んだ。陳六は泥を塗つて其のまゝ塑像にした。縣の吏員が怒つて打ち叩いた處、泥が剝がれて地に墮ちたが、中に朱橘の屍體は無かつた。宋の理宗の淳佑二年の事である。

陳摶

婆の乳に啞が治る

陳摶《ちんたん》、字は圖南《となん》、扶搖子《ふえうし》と號した。亳州《はくしう》（河南省）眞源の人である。幼時もの言ふことが出來なかつた。四五歲の時渦水の岸で遊んでゐたら、靑衣の老媼《ばゞ》が來て抱き取つて乳を呑ませた、夫から口をきくやうになつた。のみならず敏悟人に過ぎ、經史は遺《のこ》すところなく讀破し、十五になる時は、詩禮書數から醫藥の書に至るまで究めざる莫しといふ程だつた。

『今まで學んだところは姓名を記するに足るを得ただけぢや、もはや親は亡《な》し、官祿を貪るの必要も無い。是から泰山へ行つて、安期《あんき》、黃石《くわうせき》（仙人の名）など〻出世の法を論じ、不死の藥を調劑しよう、この卑劣な世俗と伍して生死輪廻《しやうじりんゑ》の間に迷つてゐられるものぢやない』

斯ういつて盡く家資を散じ、一つの石鍋《いしなべ》を携へたゞけで行つてしまつた。後梁、後唐の士大夫等は其の淸風を汲んで、彼の顏を見識ることを景星慶雲《けいせいけいうん》を見る程に有難がつた。然し彼は誰とも交はらなかつた。

後唐の明宗が彼の名を聞いて親書を以て召した、彼は帝の前へ來たけれども臣下のやうに拜することはしない、それでも帝は愈々懇に待遇して宮女三人を賜うた。彼は一詩を賦してこれを斷はつた。

雪の膚《はだへ》と玉の腮《あぎと》と
　有難し君が賜物
處士《しよし》が興《きよう》は巫山《ふざん》の夢にあらず
　雲雨を陽臺《やうたい》に下らすも詮《せん》なけん

遁れ去つて武當山の九室巖に隱れ、穀物を斷つて凡そ二十餘年、華山へ移つた頃は七十餘歲であつた。常に門を閉ち、臥したまゝ幾月も起き出さなかつた。

後周の世宗の顯德年間に、樵夫《きこり》が山麓に死骸を見つけた。古くて既に土にならうとしてゐた。近づいて熟視すると圖南《となん》であつた。そしてやがて身を起して、『よく睡《ねむ》つてゐるのに、何故邪魔をするのぢや』といつた。世宗は彼を召して號を雲先

天下是より治る

生とつけた。

宋の太祖が帝位に即いたといふことを聞いて、彼は手を拍つて大笑し、

『天下は是から定まるンぢや。』といつた。

太祖も彼を招いたが應じなかつた。再び召されて
『九重の仙詔、丹鳳《たんほう》をして一片の野心を啣《ふく》み來らしむるをやめよ、既に白雲に留住《とゞめ》らる』と斷つた。

太宗の雍熙元年になつて始めて召に應じて都へ出た、建隆觀に居を與へられた、其處に戸を閉ぢて一月餘りも熟睡して、起き上つたかと思ふと山へ還つてしまつた。號を希《き》夷《い》先生《せんせい》と賜うた。

端拱《たんきよう》元年(太宗)に彼は門人に語つて
『來年の中元の後には峨嵋《がび》山に遊ぶのぢや』といつた、翌年門人をやつて張超谷《ちやうてうこく》に石窟《せきくつ》を鑿《ほ》らせた、それが出來上ると、自分は茲で歸《き》するのだと、その中で左手に頤《あご》を支《さゝ》へたまゝ終《をは》つてしまつた。然し七日經つても色つやも變せず、身内は溫かだつた。五色の雲は其の谷の口を塞《ふさ》いで、月を越えても散じなかつた。年は百十八歳であつた。

南庵々々

彼は易學に精しく人物を見るに鋭《するど》かつた。五代の亂世に宋の太祖の母は未だ幼い太祖と太宗とを籃《かご》に入れて亂を避けた。彼はこれを見て、『今の世に天子がないなど丶言ふが天子は檜《りふこ》の上《うへ》に御坐るわい』

と歌にうたつた。又太祖太宗が趙普と長安の市に遊ぶのに出逢つて共に酒店へ入つた。張普が太祖太宗の右に坐つたのを見て、彼は

『お前は紫《し》微《び》垣《えん》の一小星に過ぎない、天子と並ぶ柄では無いわい』といつた。

周の世宗と宋の太祖とが同行してゐるのを見て、彼は城外に二天子の氣ありといつた。

种放《ちゆうはう》は始め彼に從つてゐた、放に向つて、

『お前は明君に遇つて名を揚げるが、天地の間に完き名は無いものぢや、名が起らうとすれば何か之を妨げるものがある、用心せい』といつた、果して放は其の晩年を完うしなかつた。

陳堯咨《ちんげうし》が及第して後彼に謁《えつ》した、其の座に居合せた老道人が陳を見て、頻りに南菴々々といつて何處かへ行つた。陳は不思議に思つて尋ねると、今のは鐘離子《しようりし》ぢやといふ。陳は追かけんとすると彼は笑つて

『もう數千里の外へ行つてるわい』といふ。

『南菴といつたのは何の事でせう』

「いつか自分で判るよ」といつたのみだつた。

陳堯咨は後に閩中《びんちゆう》（福建省）に行つて、或處で田舍女が其子に聲高に言つてるのを聞いた。『お前は南菴へ行つてお父さんに早くお歸りといつておいで』と。堯咨は驚いて、其の南菴といふのへ行つて見ると、荒廢した伽藍があつた。其處には墓石が立つてゐて『某年月日南菴主人滅《めつ》す、玆に其眞身《しんしん》を祠る』と刻してあつた。その年月日は堯咨が誕生の日に當つてゐた。

意中を洞察す

陳圖南は又人の意中を洞察《とうさつ》するに妙を得た。道士賈休が、陳の大瓢《おほふくべ》を欲しいと思つて未だ言ひ出さないのに、童に命じて瓢を休に與へしめた。

郭沆《くわくかう》といふ者が圖南の居る所に近く宿つた。夜半に彼は郭を呼起し自宅へ歸れと自ら送つて行つた。少し行くと郭が母の死を知らせに來る者に逢つた。彼は郭に藥を與へて行かしめた。その藥を死人の口に注ぎ込んだら直ぐ甦《よみがへ》つた。華陰の令の王睦が彼に向つて、

留守番は白雲

『先生は谷間に居て寢る室がありますが、お留守番は誰がします』と尋ねると、彼は笑つて吟じた、

華山の峰は是れ吾が宮
出るには空を凌《しの》ぎ曉風に跨《またが》る
臺榭金鎖《たいしやきんさ》閉づることを須《もち》ひず
來時《らいじ》自ら白雲の封ずるあり

或人が彼を訪ねると彼は睡つてゐた、然るに其側に一異人がゐて、彼の寢息《ねいき》を聽いてはそれを筆記してゐる。それは何だと訊くと、

『先生は今華胥《くわしよ》に遊んで混沌の譜《ふ》を奏べてござるのぢや』といつた。

宋の太宗が彼が人を相するの妙を聞いて、召して皇子(恒、後の眞宗)を相せしめようとした。彼は皇子邸の門まで來ると其のまゝ引返して歸るから、その理由を聞いたところが、

『門番の小者等が既に將相の器ぢや、何も王を見るには及ばない事ぢや』といつた。そこで恒を立てゝ太子とするに決した。

彼は种放が爲めに墓地を卜定してやつたが、未だ墓穴の工を竣《をは》らないのに放を葬つた。其時彼は『此地は佳い處ぢや、穴は安らかにして置け、後に名將が出るやうに』といつたが、种放には妻子が無く甥の世衡《せいかう》が跡を嗣いで名將となつた。

彼は易學を、穆伯長《ほくはくちやう》に授けた、穆はそれを李梃之に授け、李は邵康節《せうかうせつ》に授けた。一方に彼は象學を种放に授け、放は許堅に、堅は范諤《はんがく》に傳へた。其の糟粕は後世に存してゐる。

註　武當山は湖北省武當縣、華山は陝西省華陰縣、峨嵋山は四川省峨嵋縣、

酒壷の中に飛込む

申屠有涯

宋の人、宜興《ぎこう》にゐた。常に酒壺《さけつほ》を携へてゐた。或日渡船に乘つて、船中で壺の酒を飲んで大に吐《は》いた、乘合の者が彼を惡《にく》んで船から上がらせた。彼は岸に上つて

孔子は賢ならざるにはあらず

世の爲に容れられざりしのみ
愚鈍なるかな乘合の人々
人中の龍を見分け得ず

と吟じ終ると身を躍らせて持參の酒壺の中へ飛び込んだ。衆人は駭いて其壺を碎いて見たが中には何も入つてはゐなかつた。

侯先生

何處の人か判らない。

宋の大中年間（眞宗）に藥を都で賣つてゐた。年四十あまりで鬚《ひげ》も眉もなく、瘤《こぶ》が身體中にむく〳〵と出來てゐた。酒に醉へば乞丐《こじき》と一緒に寢たりした。馬元といふ者が夏の頃侯《こう》先生に從つて郊外へ出た、池があつたから侯は水浴をした、馬元がよくそれを見ると浴してゐるのは人ではなく大きな蝦蟇《ひきかへる》だつた。

やがて池から上つて衣を着るのは侯だつた、笑ひながら馬元に向ひ、

「お前にはわしの姿が見えたかね」といつて、酒屋へ伴なひ、一粒藥を取出して、「この藥を服用したら百まで生きるだらう」といつて與へた。

其後侯先生は見えなくなつたが、蜀から來た者の話では、あちらの市で藥を賣つてゐたさうだ。

林靈素

字《あざな》は通叟《つうそう》永嘉の人である。

母が夜その寢所に入ると紅の雲が身體を包んだと思つたら妊んだ、二十四箇月も產をしなかつた。或夜の夢に緋袍玉帶の神人が眼から日光を出して、明日此處を借ると告げたと見たら、その翌日に靈素が生れた。金色の光が產室に滿ちた。

道人啞兒を語らしむ

然るに彼は五つになつても物を言はなかつた、或時一人の道士が默つて入つて來て靈素に向ひ

「久しぶりだつた、態々訪ねて來たのぢや」といひ乍ら顏見合せて大に笑つた。それか

ら此の子が口をきくやうになり、七歳にして詩を作つた。

蘇東坡と一緒に稽古したときに、一度讀んだものは忘れぬので東坡も驚いて

『君が聰明は迚も及ばぬ。富貴は請合ぢや』といつた、靈素は笑つて、

『生きて侯に封ぜられ、死して廟を立てられても、鬼たることを免れないのは予が志で無い』といつた。

彼は三十の時西洛に遊んで趙といふ道士に神霄天壇玉書といふのを授つた。其の書には神仙變化法と雲を起し雨を呼ぶ呪符、百鬼を驅使し萬靈を役する法などがあつた。是から何をしても靈妙ならざるはなかつた。

次の年に岳陽の酒肆で復び趙道士に逢つた。

『わしは漢天師の弟子趙昇ぢや、此前に授けた玉書を謹んで行つてゐたら、行く々々は神霄教主兼雷霆大判官となつて東華帝君を輔佐するやうになるであらうぞ』と道士はいつた。

徽宗皇帝は崇寧五年八月十五夜、玉帝の召に赴く夢を見た。空高く上つて遙かに天門を望み遂に玉闕に入つて玉帝に謁した。歸りに天門を下る處で、青衣青巾で青牛に乘つ

徽宗帝と夢中の知遇

た道人が、前後に供を從へ肅々と上つて來るに逢つた。帝の前を過る時その道人は『萬歲』と叫んだ。帝は夢が覺めてもその道人を忘れなかつた。

大觀二年に天下に詔して有道の士を求めた時、茅山《ばうざん》の宗師は林靈素を推薦《すゐせん》した。林は帝の前に出た時、如何なる法術が有るかを問はれた。

『臣は上は天上を知り、中は人間、下は地府を知つて居りまする、先年中秋に陛下が玉帝に朝せられた際、天顏を拜した事がございまする』

『さやうであつた、朕も思ひ出した、あの時乘つてゐた靑牛は何處にゐるのか』

『唯今外國に預けてあります、近々に進上しませう』帝は林に對して弟子の禮を取つた。

特に神霄宮を建立した。落成した時、帝は百官と之に赴き、

『宣德五門萬國を來たす』

と吟じた、お供の蔡京等は之に附けることが出來なかつた。靈素卽ち

『神霄の一府諸天を總ぶ』

と附けたので、帝は大に喜んだ。

徽宗は雷書金經を編修して、道藏の中に加へたいと希つてゐたが出來ずにあつた。靈

素が靜夜に祕を飛ばして上帝に乞ひ奉つた、上帝は玉女を遣はして雷霆司の印と雷書五卷を彼に投けた。彼はそれにより雷書を錄して奉つたので同書が始めて完備した。

政和七年に果して高麗から青牛を献上して來た。帝大に喜んで靈素にこれを與へた。

重和元年に華山の三淸殿から雷文の法書といふものが帝の手に入つた、それを見ると先に靈素が錄して奉つた雷書と一字も差はなかつた。

帝、彼に金門羽客の號を賜うた。

或日帝は嘆しながら靈素に向ひ、

『亡くなつた皇后の事が頻りに想はるゝ、先生の力で何とかして一度逢はせてもらひたい』

『承知しました』と彼は夜に入つて供物を整へ、皇后の靈を招いた。帝に奏して曰く、

『皇后は今玉華宮で王母と御酒宴中ですから、程なくお出でになります』

俄に異香人を襲ひ、天花亂れ落ち、仙樂空に滿ちて、皇后は靑鸞に駕して來た、

『妾は昔仙宮の主者でありましたが、陛下と神霄宮でお目にかつゝて愛欲の念を起したゝめに一時人間界に下されてゐました。今還つて原職に復しました。丙午の歲には亂が

起る徴がありますから、お氣をおつけなさい、忠に任じ奸を斥け童蔡（童貫と蔡京を指す）を誅して天下におわびをなさつたら無事ですみませう』と皇后がいつたので、帝は更に問うた。

『御身が以前に仙班に列してゐた頃は、何職であつたのですか』

『妾は紫虚元君といふ陰神で、陛下は東華帝君だつたのでございます』

『今この禁中にゐる諸官の中にも上界から降つて來てゐる者がありますか』

『明節は紫虚玄靈夫人、王皇后は獻花菩薩、太子は龜山の羅漢尊者、蔡京は北都六洞魔王大頭鬼、童貫は飛天大鬼母、林先生は神霄教主雷霆大判官、徐知常は東海巨蟾《きよせん》の精《せい》でございます』

『國運は安泰なることを得ますか』

皇后は是には答へないで、次第にその容《かたち》を消した。

元祐黨人は天上の星宿

靈素、或時太清樓下の宴に侍つて。元祐の黨の碑を見て禮拜をした。帝は不審して其の故を訊ぬると答へて、

『あの碑に刻まれてゐます人々は皆天上の星宿《せいしゆく》でございます』と一詩を賦した。

偉大なる一本の足

蘇黄は文章の伯とならずして
童蔡かへつて社稷の臣たり
三十年來定論なし
奸黨の何人《なにびと》たるを知らず

帝又如何にして眞武（四神の一玄武）の聖像を見るべきかを問うた。靈素は、

『虚靜天師と同じくお招き致しませう』と御符を焚いたら、忽ち黒雲日を蔽ひ太雷轟き渡り、電光の中に先づ龜蛇が現はれ、暫くして大きな足が一つ現はれて殿前を塞いだ。

帝は之を拜して
『願はくは聖祖の全身を顯はして仰き見ることを得させて下さい』といふと、一丈餘の全身が現れた。端嚴妙相で、黒袍《くろころも》に金甲、玉帯に劍を佩き、髪を捌き跣足《はだし》で立つた。帝は自らその像を寫したが、それは太宗皇帝の時に寫した者と同じ相貌であつた。

又西王母を見たいと望んだから靈素は唯小い御符一つを焚いたゞけで、王母は諸玉女を率ゐ雲に乗つて降つて來た。帝は香を焚いて再拜した。王母は、

『東華帝君久しくお目にかゝりませんでした』と挨拶をした。帝が教を請ふと西王母は

神丹補益之法を授け、別れ去るに際して、

『姦臣の罪を正し都を長安にお遷しなさい、太祖太宗の政治を法となさい、さもなければ必ず後悔しますよ』と訓へた。

錢型の中に仙宮

靈素は常に一室を鎖して居て、帝が行つても内へは入れなかつた。蔡京が帝に讒言して彼の室内は帝座に象つてゐるから見せないのだと告げた。帝は即ち京と共に彼の室に入つて見ると、其處には何の裝飾も無く白壁と明窓と卓子椅子が二脚あるばかりだつた。京は恐懼してその罪を謝した。靈素は何を蔡京が謝《あや》まるのかと帝に問ふたから、その理《わ》由《け》を打明けた。彼は笑つて壁上を指すから其處を見ると、金殿玉樓が錢の如く小く現れてゐた。

十二の方士林靈素を殺さんとす

後、太子が彼は妖術だと奏した。

『陛下若しお信じにならぬならば諸法師に仰せ付けて彼の邪法を破り、罪を明かにしてからお殺し下さい』といつた當時法術を善くするものが十二人あつた。帝彼等を召して凝神殿で法を試みしめ、太子諸王群臣に見せた。

靈素は一口の水を噴いて五色の雲を起した。其の雲の中に金龍、獅子、仙鶴が居て殿

十二方士皆敵せず

前に躍つた。十二人奏して曰く
『これは皆紙で造つた物でございます、私等が大神呪を誦《ず》して元の紙に返してお目にかけます』と一齊に呪文を唱へて念《ねん》じた。ところが龍や鶴は愈益その數を増すばかりであつた。

『負《まけ》だ、外に何か術はないか』と帝にいはれて十二人は、

『水を祈つて沸立たせませう』と申出た。然し靈素が水の盆を一吹き吹くと水は忽ち氷となつた。今度は靈素が、

『炭を聚めて火洞を作り、私が先づ入りますから十二人の者も後に跟いて來るやうにして下さい』と進んで火洞に入つたが衣は少しも焦げなかつた。十二人の連中は地に伏し泣いて赦を乞うた。帝は怒つて彼等の面に刺青《いれずみ》して開封府に流した。

　靈素は朝政の日に非なるを見て、密かに上疏して曰く、

『蔡京は鬼の頭領であるのに重任を委ね、童貫は國賊であるのに兵權を與へ、既に彗星が變を示したのに帝は德を修めて之を禳《はら》ふこともせず、太乙が宮を離るれども帝は善に遷つて之を避ることもしない、運命は既に免るべくもない、然し臣は古き約ありて行か

帝を見限る

ねばならぬ、陛下自愛せよ』

帝は彼に暇をやらなかつた。然し靈素は門人を喚び、今まで帝から賜はつたものを一々類別整頓して一室に封藏し、密かに國門を出て去つた。そこで帝は觀《やしき》を溫州に賜うた。

或日靈素は弟子の張如晦に向ひ、

『この塵の世は久しく戀々として居るべきところでない、況んや大禍がこの世に降り來たらうとしてゐる、わしももはや去《い》んで了《しま》はう、又他日《いつか》再會しようぞ』といひ訖ると端坐して化《け》した。

遺命して、墓の穴を五尺多く深く掘れ、龜蛇が見えたら棺を下せ、それから五色の氣が立昇つたら土を被《かぶ》せないで、皆急いで百歩だけ離れよとあつたから、弟子どもが其の言に從つて棺を下すと、忽ち山崩れ石裂けて墓の在り所も判らなくなつた。

太子位に卽いて(高宗)人をやつて彼の墓を掘らせること三日だつたが見つからなかつた。そして亂石縱橫し黑風雷雨暴れ狂ひ、顏突合せても互に見分けられぬ程だつた。使が還つて此旨を奏したので、帝も始めて悔いて靈素を通眞達靈眞人に封じ、祠を天慶觀に立てた。

顔筆仙

宋の寶慶年間、顔《がん》は落魄してゐるうち仙人から法を授かり、其れ以來、高郵地方で筆を賣つて生活をしたが、一日に筆は十本だけしか賣らないと定めてあつた。或る高官が酒を馳走した、顔は返禮に筆を贈つた、高官は氣の毒がつて返させようとしたが、其室から持出さうとすれば、筆が重くなつて動かせなかつた。顔の賣る筆は管を劏れは中に詩が入つてゐて、破毀の年月日、其人の氏名、禍福吉凶が書いてあつた、其が皆中るので評判となつて、筆仙の名を取つたのである。

九十七歳の時、葦を庭に積み上げ其上に坐つて自ら火をつけた。どん〳〵焰がもえあがると、火雲に乘じて筆仙は昇天した。

賣薑翁

口中の薑が金に化す

衡州の街《まち》に薑《しやうが》を賣つて行《ある》く爺《ちよ》があつた。三十年來同じ顏つきをしてゐた。或る茶店で一道士と一緒に腰掛けてゐるうち、道士が爺を憐れがつて黄白之術《くわうはくのじゆつ》（金銀を製する仙法）を授けようかといふと、爺は頭《つむり》を振つて、自分の荷籠の薑を一個口に入れ、ぺつと吐き出すと純金に化《な》つてゐた。

道士と顏見合せて一笑した、此後薑賣の爺さんは見えなくなつた。

騾鞭客

講堂にあばれ込む

茅山《ばうざん》の黄尊師は、天尊殿の建立を思ひ立つてゐたが、法德の聞え高く日々の講說に聽講者が非常に多かつた。或る日、講堂に飛込んだのは色の黑い麤野《そや》な男で、騾鞭（騾馬使ひの持つ鞭）を腰に挿してゐた、荒々しい語調で、

『道士々々、おい貴樣は睡つてるんか、一體多勢を集めて何《なに》にするんだ。深山に往《い》つて修行することはせんで、毎日何をほざいてるんぢや。』

滿堂の聽講者は驚き且つ怖れて、誰も止《と》めに出る者も無い。黄道士もうつかり相手に

鍋釜を集めて銀と爲す

道士も馬方に對して顏色なし

は爲れない、先づなだむるの外なしと高座を下つて、謙遜に、鄭寧に應接したので、其の男もおとなしく、

『神殿が建てたいッていふが、それャつまり幾何《いくら》要《い》るんだ。』

『五千貫。』

『なんだ、それンぽッちか、さア何でもかまはン、釜でも鍋でも、金物《かなもの》を搔き集めて來い。』

何を言ふのか分らぬが、逆《さか》らつては可《い》かぬと思ひ、寺からは樣々の古金物を寄せ集めて、此の男の前に積みあげた。凡そ八九百斤もあつたらう。すると此の馬子《まご》は地を掘らせて爐をこしらへ、其の舊鐵《ふるかね》を銷《とか》して、懷《ふところ》から丸藥を二粒取出して、其の銷《と》けた中に入れて攪《か》き雜《ま》ぜるのであつた。少時《しばらく》して火を除けると爐の中には立派な銀が出來上つてゐた。

『此れで一萬貫以上ある、普請《ふしん》にや澤山だ、說教なんか罷《や》めッちまへ。』

黃道士は徒弟と共に禮を述べ、何か欲する所は無いかと尋ねたが、彼は笑つて門を出て去《い》つた。其後十數年を經《へ》て、黃道士が詔命に依り上京する途中、此の騾鞭を腰に挿し

た男が、驢馬に騎つた老人に跟《つ》いて行くのに遇つたが、黄が拜禮しようとする手を搖《ふ》つて驢上の人を指《ゆび》さしては黄に叩頭《おじぎ》をするから、黄も目禮だけに止《とゞ》めたが、老人は髮こそ眞白だが顏は十四五歳の少女の樣であつた。

王處一（寧海東牟の人）

傘の昇天

通稱鐵脚仙人

王處一《わうしよいつ》は號を玉陽といふ、大定八年（元代）重陽祖師に遇うて全眞庵で弟子となつた。其の母も重陽の弟子となつて玄靜山人といふ。處一は獨り鐵査山にゐた。重陽は弟子の丹陽ともと共に龍泉に赴いたが、酷く暑い日盛《ひさかり》であつた。重陽がさしてゐた傘が忽ち空中に飛び騰つて去《い》つた。其傘が夕方に處一の庵《いほり》の前に墮ちた、傘に重陽の標識《しるし》が書いてあつたので其れと判つたのである、龍泉は査山と二百里も隔《へだ》つてゐる。

處一は雲光洞に隱れてゐたが、聳え立つた崖の上に足をつまだてて立ち、數日間も其のまゝにしてゐることがあつた。人は鐵脚仙人などゝ呼んだ。

金の世宗から度々都に召されて信仰を受け、元妃は道經《だうけい》一藏《ぞう》（道教の經典類一切で四五千卷ある）を玉虛觀に寄附した。玉虛觀の水洞の前に大石が斜に數丈出て居り、其下を通るのを人が懼れるので大石を取除けようと掛つたが、數十の石工が幾日も費して纔に其の一少部分を切つたに過ぎぬ。處一は見て笑つた。躬《みづから》、其處に行つて鎚を取つて唯三擊した。百雷一時に震ふが如く、其大石が全部碎け散つた。其の翌年の四月、忽ち『群仙已に我と約あり』と言つて、沐浴し冠帶を新にして香を焚き、十方を禮拜して後、正坐したまま逝いた。

群仙との約に從ふ

張　景　和

張景和は異人に術を授かつて未來の事をいふのに善く當つた。常に鐵冠を戴いて居たので鐵冠道人と呼ばれた。明の太祖が兵を起して滁陽《ちよやう》に居るとき、之に謁して早く其の天下の主たるべきことを知つて、爾後、其幕下に在つて種々の豫見を爲して功があつた。天下一統の後、南京に在ること數年であつたが、ある日突然水に投じて死んだ。帝は其屍を求めさせられたがつひに獲なかつた、其後に至りて、潼關（陝西省關中道）の守吏より何月何日、鐵冠道人が杖をついて關を出たといふ報告があつた、恰も其日が入水の日に當るの

水に投じて隱る

であつた。

冷謙

壁上一羽の鶴

落した一葉の名刺

水瓶の中へ遁込む

冷謙は明の太祖に事へて音樂の事を主《つかさど》つてゐた。貧困な一友人が救濟を求めに來たので謙は『一つ敎へてあげるが、君往つて、二金だけ取れ、決して餘計に取つてはならぬよ。』と言ひつつ壁に一の門を畫《ゑが》いた。一羽の鶴が守つてゐる、友達に、其門を敲かせた、門が開《ひら》いた。友人は其内へ入つて往くと、金銀、寶玉が燦然として眼を射るばかりである、友人は貪つて二兩の金は取らず、外の高價な珍玉寶石類を思ふさま取つた。出る時に名刺を落したのに氣がつかなかつた。

宮中の寶藏に盜賊が入つたといふ騷ぎになつた。落ちてゐた名刺を證據に其名前の者を捕へて見ると、冷謙に關係があつた。で、冷謙も逮捕せられた。引かれて城門に入らむとする時、『俺はどうせ殺されるのだ、どうぞ水を一杯惠んでくれ』と賴むと、拘引者が水瓶に水を入れて與へた。謙は『ありがたう』と飮んで居たが、ひよいと足を水瓶に

瓶の儘で逮捕

瓶の破片に冷謙の聲

藥の盛違ひから道に志す

突き込んで、すぽりと體も入つて了つた。拘引者は驚いた『君が出てくれなければ困るぢやないか、僕等も皆罰を受けることになる、どうぞ出てくれたまへ。』『かまはン〳〵このまゝ瓶を陛下の御前まで擔いで行きたまへ。』其れで御前に瓶が持出された。

天子は親ら瓶に對《むか》つて勅問があつた。瓶の底からはつきりとした聲で冷謙は一々應答した。『瓶から出て來い、殺さないから。』と、仰せられたけれども、『私は罪があります、瓶から出られません』と申上る。天子はつひに怒つて『瓶を撃ちこわせ』と命ぜられた。侍衛の者は直に打碎いたが、冷謙の姿は見えず、瓶の缺片の一つ〳〵に皆冷謙の聲がするのであつた。

薩守堅

薩守堅は蜀の西河の醫者だつたが、藥を盛り違へて人を死なしたので、業を棄てて道に志した。江南には三十代目の天師・虚靜先生と、林、王二人の侍宸《じしん》（天師道での職名）とが法徳秀れてゐるといふ事を聞き、其の教を受けたいと思ひ立ち故郷を出たものの、四川か

一封の紹介狀

旅費捻出の秘術

ら棧道を渡つて陝西《せんせい》へ出て更に漢水を下り長江に入り、江西に行く大旅行なので、相應に準備して來た旅費も途中に盡きてしまつた。まだ、先きは遠いのにどうしたものかと、心配しながら、とぼ〳〵歩いてゐた。向から三道士がやつて來たが、此の姿を見て『何處に往くのか。』と訊いた。かく〳〵の志望と有《あり》のまゝを話すと『其は氣の毒だ、天師は此程既に登仙された』といふ、薩はがつかりした。すると一道士が『後繼《あとつぎ》の新天師も道法高い方だ、俺は識つてゐるから紹介を書いてやらう、往つて訪ねるが可《よ》い』と手紙をくれ、又一術を授けた。

『サア此の咒《まじな》ひで大きな棗《なつめ》が出る、一個を七文に賣れ、一日に十個咒へば七十文あるから、旅費には澤山だらう。』

外の道士も亦た、

『俺《わし》も教へてやらう、此れは棕梠扇《しゆろうちは》だ、此で煽《あふ》げばどんな病人も直に癒る。』と扇《うちは》を與《く》れた。

『俺が授けるのは雷の法だ。』殘りの一道士も秘傳を授けた。

三道士と別れて、これからは、棗を賣り病氣を治《なほ》すので旅費の不自由をせぬばかりか、

龍虎山で皆傳を受く

到る處先生々々と尊敬を受けながら旅行が出來た。江西の貴溪縣龍虎山まで辿り着いて紹介狀を差出すと、『あゝ虛靜天師の、親筆だ』と一家は慟哭するのであつた。手紙の中には『吾れ、林、王の兩侍宸と、薩某に遇うて各自《おの〳〵》一法を授けておいた、其地に往《ゆ》いたらば、總ての傳授をしてやる樣に』とあつた。薩守堅の名は一時に高くなつた。

廟から逐ひ立てを食ふ

湘陰《しやういん》といふところに往つて城隍廟《じやうくわうべう》（城の土地神）に數日寓居した。湘陰の太守の夢に城隍神が現はれ『薩先生が廟內に滯留せられるは自分に取つて窮屈であるから、何處ぞ然るべき處へ移してあげて貰ひたい』と賴んだ。太守は翌日薩を逐ひ立ててしまつた。其處置振りがあまり、冷酷だつたので、薩守堅も癪にさはつた。四五十里立ち退いて行つた頃、豚を舁《か》いて來る者に遇うた、其は城內の城隍廟に願解《ぐわんほどき》に往くのだつた。薩は少許の香を包んで渡し、『お前の願解が終つたら、どうぞ俺の香を香爐に焚《た》いてくれ』と賴んだ。其人が其の通りした。忽ち急雷鳴りはためき、閃電一擊して其廟を燬《や》いてしまつた。

報復の一香

城隍神との確執

其から三年經つた。薩守堅は或る渡し場で、船頭が居なくて困つた、しかたがないから自分で棹さして渡つた、船賃の積りで三文の錢を、人も無い船の中に置いて手を洗《あら》うてゐると、鐵冠紅袍の神が玉斧《ぎよくふ》を手にして水中に立つてゐる、薩は『何者か』と叱つた。

城隍神遂に屈服す

答へていふには『吾は湘陰の城隍神なり、先年、君、故なくして我が廟を燒かれしに依り、之を上帝に訴へたる處、帝は玉斧を賜はり、薩眞人が天律《てんりつ》を犯すことあらば其場に成敗を行つて可なりとの特許を得、眞人に尾行すること已に三年に及べども、曾て犯律の事あらず、況んや今、錢を人なき船に置かれたるは、暗中にも人を欺かざる義行、ほと〱敬服せり、今は君に怨を報ずるの念慮絶えたり、願はくば部將として召使ひ給はれ。』薩は『更に三年隨つても同じ事ぢや。』と打笑つた。併し城隍神の願ひの趣は上帝の認可を經、以後部將として使役することになつた。

後年、福建地方に遊び種々奇蹟を顯はした。一日諸將環侍《くわんじ》の中に『天帝の召あり』と言つて、身を起し、立つたるままに仙化した。

張三丰

元末《げんまつ》から明《みん》にかけての有名な仙人は張三丰《ちやうさんぽう》である。張は遼東の人で名は君寶、字は玄玄といつた。目が圓く耳が大きく、身の丈七尺鬚髯が針を植ゑた樣な異相であつた。手

寒暑とも一笠一衲

一旦假葬され本葬の時蘇へる

に刀尺を持ち寒暑とも一笠《りつ》一衲《とつ》で通《とほ》してゐた。一日に一千里行くこともあるが、多くは靜かに坐してゐて十日間も動かぬことがある。食物は一度に十人前も平げ、又は數月間絶食することもある。

元の末に寶鷄金臺觀といふ所に在つて、一旦世を辭《じ》してしまつたので、棺に納めて假葬式をしておいて、此度本葬をしようといふ段になると生き返つた。明の洪武年間には太和山に到つて修煉し、小庵を玉虛宮の前に結んだ、其の庵前に五本の古樹があつた、張は其の下が好きだつた。暫くするうちに此邊には今まで多くあつた猛獸、鷙鳥《してう》の害が無くなつた、張仙人の威力だと人々は尊信した。後、武當山に入つた。此の後或は隱れ或は現《あらは》れる。

王嚞

王の四友

王嚞は重陽子と號す、常に鐵鑵《てつくわん》を携へて乞食《こじき》してあるき、藍田、登州、崑崙の三ケ處を往來してゐた、其隨行者は馬鈺、譚玉、劉處玄、邱處機で、此等は皆其傳道の弟子であつた。重陽子の死後は馬鈺が其の教を嗣ぎ、譚と劉と邱が繼いで宗盟と爲つた。馬鈺は丹陽子と號し、譚玉は長眞子と號し、劉處玄は長生子と號し邱處機は長春子と號した。

肚裏飢

貰はぬ乞食

通州の街《まち》に一人の乞食が現《あら》はれた。杖に瓢をぶらさげ、衣《ころも》はぼろ〱鞋は底脫《そこぬ》け、加《それ》之《に》瘡《かさ》を病《や》んで不潔で臭《くさ》くてたまらない、通行人は皆鼻を掩《おほ》うて道を避けた。乞食は平氣で人の顏を視つめて『肚《はら》が飢《ひもじ》い〱』といふ。錢を與《く》れる人があれば辭《ことわ》る、食物を與《く》れても受けない。多分あれは狂人《きちがひ》だらうと人は噂してゐた。

三日ばかりさうしてゐた。

米屋の小僧が昇天する

あまり同じことをいうて歩くので、うるさくもあり、穢くもあるので、城外に追拂はうとすると、乞食は『俺《わし》の肚《はら》が飢《ひもじ》いばかりだ、皆さんに干係《かゝりあ》つたことではないぢやないか。』と言つて、一層聲高に『肚《はら》がひもじい』と呼びつゞけた。忽ち米屋の一少年が飛び出して來て、乞食の前に跪《ひざまづ》き『どうぞ先生、私を度《ど》(仙人となること)して下さい』と禮拜した。乞食は大笑して兩手を擧げて人々に對し『俺《おれ》が今、李機《りき》を度《ど》するのだぞ』といひつつ、少年を引《ひッ》かゝえて空に舞ひ昇つてしまつた。李機は少年の名である。市中に芳香が薫じて數日消えなかつた。

萬鐘

少年行倒れを救ふ

明の文學士萬鐘《まんしよう》といふものは、世間を莫伽《ばか》に見て、作《な》すこともなく放浪生活を續け、蜀の山中へ入つた時、五日間食物にあり付かず、遂に巖の下で行倒れとなつた。處が恍惚となつてる間に一少年が現はれ親切に介抱して生き返らせ『どうして行倒れなどになつたか』と笑つて居る。萬鐘きまりが惡く『私は山西のやくざもので、數十年學問をしたが、妻子を養ふことも出來ず、放浪の結果野垂れ死をしようとした譯です、助けて戴いて面目ありません』と羞らふと、少年は

餓死は男兒の恥に非ず

『何かまふものですか、孔子は陳で餓死する處だつた。韓信は淮陰の婆さんに握飯を貰つて命を繼いだのぢやありませんか。』

少年は懐中から二枚の煎餅を出してくれた。食べて見ると忽ち滿腹し、精神充實するを覺えた。その時少年は

『どうです、吾々の仲間になりませんか、どうせ功利世界の人ではない様だ、』といふ。

『どうぞ』と少年に隨つて、鳥ならでは通はぬやうな巖崖を攀ぢて、山を越え森を潜つて、清冽な流れを廻らした山陰の一茅屋に着いた。

少年の紹介で一老人に會はされた。白髮秀眉、朱唇玉顔、目を閉ぢて端坐して居た。少年は『この方は吾々の師、蕑石《けんせき》先生と申し上げる方です』と敎へた。先生は目を開いて『ア、お前か、善く來た』と少年を顧みて、『マァ此の境内を一通り案内したら善からう』と言はれたので、萬鐘は少年に連れられて山中見物に出かけた、奇峰怪石、珍草芳花、幾多の勝景を看て、一石室へ着いた。竹編《だけあみ》の床があり、藤蔓《ふぢづる》の蔽《おほ》ひがあり、厨子《づし》のやうな形の室であつた。少年は『此處が吾々の息を養ひ形を煉る所だ。四方の山脈の集まつて居る爲めに冬も寒からず、夏も暑苦しくない。雨風の害もない所だ』と説明してくれた。

養息煉形の道場

四壁は白い石が嵌めてあつて、その面に人の姓名を澤山彫り付けその人名を獸、鳥、

官吏は獸類の部に入る

蟲と三部類に分けてあつた。讀んで行くと蟲の部中に萬鐘の姓名があつたのでギョッとして少年に問ふと『これは皆藺石先生の弟子の名だ』といふ。『この部分《ぶわ》けは何ういふ譯ですか』『曾て朝廷の官職に就いた者は獸の部に入れてある。それは出でゝは人を噬《か》み、飽いては山に還り、その性、獸に同じいからである。科擧《しけん》には及第しても仕官しない者は鳥の部に入つて居る。朱文公が云つた——廉を說かせれば、廉を說き、義を說かせれば義を說く、けれども實行に及んでは廉も義もない。鳥が物言ふのと同じだ——からだ。また白髮頭《しらがあたま》になるまで、學問をして、それで一生飯が食へず、秋の蟲のやうに鳴くのは蟲の部だ。先生が此處に彫り付けられた譯は、弟子共をして、昔の事を忘れさせぬ爲めなのだ』と說明してくれた。少年の說明に依ると、先生は食物を食べず、氣を吸うて生を保つこと已に三千年、地行仙といふのであつて、少年自身は吳の猪といふ者で、度々試驗に落第し、罰を蒙つたのが癪に觸り、學を棄てゝ山に入り今や百二十年になつたといふことであつた。萬鐘が鄕里山西へ歸つた時は已に百年も經つて居たが、若い時の色艶が少しも變らぬので、鄕里の者には何ういふ人か判らなかつた。

慾には限がない

猪無糟

王《わう》といふ婆《ばゝ》さんは酒を釀《つく》つて賣つてゐた。一道士がよく來て飮んだ。曾て錢を拂はないが、婆さんも別に催促もしなかつた。ある日、道士は

『いつもたゞばかり飮んで氣の毒だな、うめあはせに井戸を掘つてやらう。』

さう言つて庭前を少し掘つた、忽ち水が湧き出した、其が皆醇酒であつた。婆さんは少々心許《こゝろもと》ながりながら、其井戸の酒を賣つて見た、客は皆『此れは滅法にうまい酒だな、今迄のよりもずつと好い。』と賞めぬものは無かつた。婆さんは元手《もとで》いらずで大儲け、またたくうちに大身代になつた。

三年も經つてから、道士が久振りにやつて來た。

『どうだネ、酒は。』

『おかげ様で、大變良い酒ですが、たゞネ困るのは猪《ぶた》にやる糟が無くてネ。』

道士は笑つて、其家《そこ》の壁に大書した。

始皇武帝の探檢古蹟

天高不レ算レ高《てんたかけれどたかきにさんせず》　人《じん》心《しん》第《だい》一高《いちたかし》
井《せい》水《すゐ》做レ酒《さけとなして》賣《うる》　還道《またいふ》猪無糟《ゐのとにかすなし》

道士は忽ち見えなくなつた。井戸から酒の出るのも止んだ。

嶗山道士

嶗山は勞山とも牢山とも書く、山東省卽墨《そくぼく》縣内(今の青島の東北二里より起る一山塊)に在り、黄海の海岸に峙つ高山で、秦の始皇、漢の武帝などが求仙に志して、東海沿岸を探檢した際の古蹟がある。山中の幽邃《いうすゐ》な區域には道廟寺院などがあつて、今も修道の士が隱棲してゐる。高密《かうみつ》(卽墨の隣縣)の張生は勞山の或る道觀にこもつて讀書をしてゐた。其處に薪取りや何かの勞役に服する、形貌怪醜な老道士があつた。張生は別に其老道士を尊敬するわけもなく唯だ其の職役相當に、いはゞ輕視してゐたのであつた。

或る時、山で二頭の牛を買つたが、家まで百里許もあるので、送るのに困つてゐたところ、

みんな俗說だよ

『君は何か考へてゐる様だが、牛のことだらう、俺《わし》が送つてやるよ。』

老道士が妙なことを言ふぐらゐに思つたが、つひ、其牛が見えなくなつた。後に、家に歸つたが、二頭の牛が届いてゐた家人に其の始末を訊《き》くと、老道士が送つて來たので、其時刻は張生が勞山で牛の話をした時なのである。是れで非常の人であることを知つて、爾後張生は老道士に大に敬意を表することになつた。

張生が或る日山中の人々に易《えき》の講義をしてゐた。老道士は窓の外から立聽してゐたが、聲をかけて『君のいふのは皆俗說だよ。』といふ。試みに彼に說かせて見ると、すべて解釋が意表に出ることばかりであつた。張生はほと／＼敬服して、此から老道士を師として易の教授を受け、他日張生は山東に於て易學を以て有名になつた。

大雷雨の晩に、張は窓隙《すきま》から外面を覗いて見たが、數百の天將が老道士の房《へや》を圍繞《とりかこ》んで敬禮をしてゐるやうである、驚き怖れ、息をひそめて夜を過した。曉になつて雨が罷《や》んだ、老道士の處を窺つて視ると居なかつた。此の夜山中の道觀數十百處皆老道士を見たといふ。

附録

老子 周李耳撰。老子姓は李名は耳、一に聃と云ふ

莊子 周莊周撰。周は蒙の人、孟子と時を同うす。

列子 周列禦寇著。禦寇は鄭人、遺著八篇は久しく散佚し、晉人張湛之を輯む。

禮記 四十九篇。孔子の弟子及び後の學者の記する所を輯む。

淮南子 漢淮南王劉安撰。安は漢高祖劉邦の孫。海内の學者を集め、本書を撰す。

史記 漢司馬遷著。上黃帝より下漢武帝までを記す。

枕中書 晉葛洪著。號稚川、六朝時代神仙家中の代表的人物にして、本書及び抱朴子、其他神仙に關する著書多し。

搜神記 晉干寶撰。本書の外晉記三十卷を撰す。

搜神後記 晉陶潛撰。潛一名は淵明。

續齊諧記 梁吳均著。宋の東陽無疑の齊諧記に續きて、神怪の寓言を書す。

博異記 唐谷神子著。

酉陽雜俎 唐段成式著。成式は校書郎されたる、奇篇祕籍多し、

燕翼貽謀錄 宋王栐撰。上建隆より下嘉祐に至る興廢得失を論ず。

五雜俎 明謝在杭著。

湧幢小品 明朱國禎輯。

里乘 清許叔平著。

拾遺記 晉王嘉著。嘉は苻秦の方士。

長生久視の道

治人事天。莫若嗇。夫唯嗇是謂早服。早服謂之重積德。重積德。則無不克。無不克。則莫知其極。莫知其極。可以有國。有國之母。可以長久。是謂深根固柢。長生久視之道。(老子)

小國寡民。使有什伯人之器而不用。使民重死而不遠徙。雖有舟輿。無所乘之。雖有甲兵。無所陳之。使人復結繩而用之。甘其食。美其服。安其居。樂其俗。隣國相望。雞狗之聲相聞。民至老死不相往來。(老子)

北冥の大魚

北冥有魚。其名爲鯤。鯤之大。不知其幾千里也。化而爲鳥。其名爲鵬。鵬之背。不知其幾千里也。怒而飛。其翼若垂天之雲。是鳥也。海運則將徙於南冥。南冥者天池也。齊諧者。志怪者也。諧之言。曰鵬之徙於南冥也。水擊三千里。摶扶搖而上者九萬里。去以六月息者也。野馬也。塵埃也。生物之以息相吹也。天之蒼蒼。其正色耶。其遠而無所至極耶。其視下也。亦若是則已矣。且夫水積也。不厚則負大舟也無力。覆杯水於坳堂上。則芥爲之舟。置杯焉則膠水淺而舟大也。風之積也。不厚則其負大翼也無力。故九萬里。則風斯在下矣。而後乃今培風。背負青天而莫之夭閼者。而後乃今將圖南。蜩與鷽鳩笑之曰。我決起而飛搶楡枋。時則不至而控於地而已矣。奚以之九萬而南爲。適莽蒼者三餐而反。腹猶果然。適百里者。宿舂糧。適千里者三月聚糧。之二蟲又何知。小知不及大知。小年不及大年。奚以知其然也。朝菌不知晦朔。蟪蛄不知春秋。此小年也。楚之南有冥靈者。以五百歳爲春。五百歳爲秋。上古有大椿者。以八千歳爲春。八千歳爲秋。而彭祖乃今以久特聞。衆人匹之。不亦悲乎。（莊子逍遙遊篇）

最小の生命

夫道有情有信。無爲無形。可傳而不可受。可得而不可見。自本自根。未有天地。自古以固存。神鬼神帝。生天生地。在太極之先而不爲高。在六極之下而不爲深。先天地生而不爲久。長於上古而不爲老。狶韋氏得之以挈天地伏戲得之以襲氣母。維斗得之終古不忒。日月得之終古不息。堪坏得之以襲

太極の先六極の下

崑崙。馮夷得之以遊大川。肩吾得之以處太山。黄帝得之以登雲天。顓頊得之以處玄宮。禺強得之立乎北極。西王母得之坐乎少廣。莫知其始。莫知其終。彭祖得之上及有虞、下及五伯。傅説得之以相武丁、奄有天下。乘東維騎箕尾而比於列星。（同上大宗師篇）

髀を拊いて雀躍す

雲將東遊過扶搖之枝、而適遭鴻蒙。鴻蒙方將拊髀雀躍而遊。雲將見之、倘然止、贄然立曰。叟何人邪。叟何爲此。鴻蒙拊髀雀躍不輟、對雲將曰。遊。雲將曰朕願有聞也。鴻蒙仰而視雲將曰。吁、雲將曰。天氣不和。地氣鬱結。六氣不調。四時不節。今我願合六氣之精、以育群生。爲之奈何。鴻蒙拊髀雀躍掉頭曰。吾弗知。吾弗知。雲將不得問。又三年東遊過有宋之野、而適遭鴻蒙。雲將大喜。行趨而進曰。天忘朕邪。天忘朕邪。再拜稽首願聞於鴻蒙。鴻蒙曰。浮遊不知所求。猖狂不知所往。遊者鞅掌以觀無妄。朕又何知。雲將曰 朕也自以爲猖狂、而民隨予所往。朕也不得已於民。今則民之放也。願聞一言。鴻蒙曰。亂天下之經、逆物之情、玄天弗

人を治するの禍

成。解獸之群。而鳥皆夜鳴。災及草木。禍及昆蟲。治人之過也。雲將曰。然則吾奈何。鴻蒙曰。噫。毒哉。僊僊乎歸矣。雲將曰。吾遇天難。願聞一言。鴻蒙曰。噫。心養。汝徒處無爲而物自化。墮爾形體。吐爾聰明。倫與物忘。大同乎涬溟。解心釋神。莫然無魂。萬物云云。各復其根。各復其根而不知。渾渾沌沌終身不離。若彼知之。乃是離之。無問其名。無闚其情。物固自生。雲將曰。天降朕以德。示朕以默。躬身求之。乃今也得。再拜稽首。起辭而行。（同上胠篋篇）

幷兼者の好む所

刻意尙行。離世異俗。高論怨誹。爲亢而已矣。此山谷之士。非世之人。枯槁赴淵者之所好也。語仁義忠信。恭儉推讓。爲修而已矣。此平世之士。敎誨之人。遊居學者之所好也。語大功。立大名。禮君臣。正上下。爲治而已矣。此朝廷之士。尊王彊國之人。致功幷兼者之所好也。就藪澤。處間曠。釣魚間處。無爲而已矣。此江海之士。避世之人。間暇者之所好也。吹呴呼吸。吐故納新。熊經鳥申。爲壽而已矣。此導引之士。養形之人。彭祖壽考者之所好也。若夫不刻意而高。無仁義而修。無功名而治。無江海而間。不導引而壽。無不忘也。無不有也。澹然無極。而衆美從之。此天地之道。聖人之德也。（同上刻意篇）

夢の六候

覺有八徵。夢有六候。奚謂八徵。一曰故。二曰爲。三曰得。四曰喪。五曰哀。六曰樂。七曰生。八曰死。此者八徵。形所接也。奚謂六候。一曰正夢。二曰蘁夢。三曰思夢。四曰寤夢。五曰喜夢。六曰懼夢。此六者。神所交也。不識感變之所起者。事至則惑其所由然。識感變之所起者。事至則知其所由然。知其所由然則無所怛。一體之盈虛消息。皆通於天地。應於物類。

夢の陰陽

故陰氣壯。則夢涉大水而恐懼。陽氣壯。則夢涉大火而燔焫。陰陽共壯。則夢生殺。甚飽則夢與。甚饑則夢取。是以以浮虛爲疾者。則夢揚。以沈實爲疾者。則夢溺。藉帶而夢蛇。飛鳥銜髮則夢飛。將陰夢火。將疾夢食。飲酒者憂。歌舞者哭。（列子）

昔者仲尼。與《カル》於蜡《サ》賓《ニ》。事畢《ル》。出《デテ》遊《ビ》於觀之上《ニ》。喟然《トシテ》而嘆《ズ》。仲尼之嘆《ゼルハ》。蓋《シ》嘆《ゼル》魯《ヲ》也。言偃

理想の天地
大同の世界

在側曰。君子何嘆。孔子曰。大道之行也。與三代之英。丘未之逮也。而有志焉。大道之行也。天下爲公。選賢與能。講信脩睦。故人不獨親其親。不獨子其子。使老有所終。壯有所用。幼有所長。矜寡孤獨廢疾者、皆有所養。男有分。女有歸。貨惡其棄於地也。不必藏於己。力惡其不出於身也。不必爲己。是故謀閉而不興。盜竊亂賊而不作。故外戶而不閉。是謂大同。今大道既隱。天下爲家。各親其親。各子其子。貨力爲己。大人世及以爲禮。城郭溝池以爲固。禮義以爲紀。以正君臣。以篤父子。以睦兄弟。以和夫婦。以設制度。以立田里。以賢勇知。以功爲己。故謀用是作。而兵由此起。禹湯文武成王周公。由此其選也。此六君子者。未有不謹於禮者也。以著其義。以考其信。著有過。刑仁講讓。示民有常。如有不由此者。在執者去。衆以爲殃。是謂小康。（禮記禮運篇）

夫魚相忘於江湖。人相忘於道術。古之眞人。立於天地之本。中至優游。抱德煬和。而萬物雜累焉。孰肯解構人閒之事。以物煩其性命乎。（淮南子）

老輪工桓公を戒む

秦始皇方術の士を集む

太微者太一之庭也。紫宮者太一之居也。軒轅者帝妃之舍也。咸池者水魚之囿也。天阿者羣神之闕也四宮者所以爲司賞罰。（淮南子）

桓公讀書於堂。輪人斲輪於堂下。釋其椎鑿而問桓公曰君之所讀書者何書也。桓公曰。聖人之書。輪扁曰。其人焉在。桓公曰。已死矣。輪扁曰。是直聖人之糟粕耳。桓公悖然作色而怒曰。寡人讀書。工人焉得而譏之哉。有說則可。無說則死。輪扁曰。然。有說臣試以臣之斲輪語之。大疾則苦而不入。大徐則甘而不固。不甘不苦。應於手。厭於心。而可以至妙者。臣不能以敎臣之子。而臣之子。亦不能得之於臣。是以行年七十。老而爲輪。今聖人之所言者。亦以懷其實。窮而死。獨其糟粕在耳。故老子曰。道可道。非常道。名可名。非常名。（淮南子）

自齊威宣之時。騶子之徒。論著終始五德之運。及秦帝而齊人奏之。故始皇采用之。而宋毋忌正伯僑充尙羨門子高。最後。皆燕人。爲方仙道。形解銷化。依於鬼神

童男童女皆風解す

祠竈穀道卻老の方

之事。騶衍以陰陽主運顯於諸侯。而燕齊海上之方士。傳其術不能通。然則怪迂阿諛苟合之徒。自此興不可勝數也。自威宣燕昭使人入海求蓬萊方丈瀛洲。此三神山者。其傳在渤海中。去人不遠。患且至則船風引而去。蓋嘗有至者諸僊人及不死之藥皆在焉。其物禽獸盡白。而黃金銀爲宮闕。未至望之如雲。及到三神山反居水下。臨之風輒引去。終莫能至云。世主莫不甘心焉。及至秦始皇幷天下。至海上則方士言之不可勝數。始皇自以爲至海上而恐不及矣。使人乃齎童男女入海求之。船交海中。皆以風爲解。曰未能至望見之焉。其明年。始皇復游海上。至琅邪。過恒山。從上黨歸。後三年。游碣石考入海方士。從上郡歸。後五年。始皇南至湘山。遂登會稽。並海上冀遇海中三神山之奇藥。不得。還至沙丘崩。（史記封禪書）

李少君亦以祠竈穀道卻老方見上。上尊之。少君者。故深澤侯舍人。主方。匿其年及其生長。常自謂七十。能使物卻老。其游以方偏諸侯。無妻子。人聞其能使物及不死。更饋遺之。常餘金錢衣食。人皆以爲不治生業而饒給。又不知其何所人。愈信爭事之。少君資好方。善爲巧發奇中。嘗從武安侯飲。坐中有九十餘老人。少君乃言與其大父游射處。老人爲兒時。從其大父。識其處。一坐盡驚。少君見上。上有故銅器。問少君。少君曰。此器齊桓公十年。陳於柏穴。已而案其刻果齊桓公器。一宮盡駭。以爲少君神。數百歲人也。少君言上曰。祠竈則致物。致物而丹砂可化爲黄金。黄金成。以爲飲食器。則益壽。益壽而海中蓬萊仙者乃可見。見之。以封禪則不死。黄帝是也。臣嘗游海上。見安期生。安期生食巨棗。大如瓜。安期生僊者。通蓬萊中。合則見人。不合則隱。於是天子始親祠竈。遣方士入海求蓬萊安期生之屬。而事化丹砂諸藥。齊爲黄金矣。居久之。李少君病死。天子以爲化去。不死。而使黄錘史寛舒受其方。求蓬萊安期生莫能得。而海上燕齊怪迂之方士。多更來言神事矣。（同上封禪書）

洪。歷觀天地之寶藏。上智之宮第。至上之尊。神仙圖記。猶未知極妙之根。以去

羅浮山中神人降つて葛洪に妙言を口授す

月乙丑夜半。靜齋於羅浮山。忽驚風駭起。香馥亂芳。龍鳴虎嘯。躑躅空中。有頃之間。紫雲覆林。忽見一眞人。眼瞳正方。項負圓光。天顏絕世。乘白麟之車。建九旄之節。腰帶瓊文鳳繡之錦旂。頭戴六通之冠。年可二十許。侍者執夜光之火玉。羽衞可有千人。自號元都太眞王。問曰子是葛洪乎。何爲而希長存。洪稽首披陳。長跪執禮。神告余曰。子是籍九天之嘉慶。乘運挺英。復千年之後。太淸有仙伯之名。今當遠變去世。卜宅西鄉。相携於太華之上。丹宮之中。且還時朝以龍淵代身密乎寂往莫識。今眞子窮翫墳典。聰秀逸羣。解滯悟惑。可謂妙才矣。但未知眞仙之宮第。上聖之所由耳。吾今行矣。相告。計其事。不復爲久世。洪因伏叩頭。於是眞人。卽令侍者。執筆肇紙。口授妙言。旣畢。左手授與洪云。吾往方丈簡仙官。致復相過。子朂之焉。吾去矣。見駕乘冉而高。乃失所在也。（枕中書）

天地渾沌の中に元始天王あり

眞書曰。昔二儀未分。溟涬鴻濛。未有成形。天地日月未具狀。如雞子混沌。玄黃已有。盤古眞人。天地之精。自號元始天王。遊乎其中。溟涬經四刧。天形如巨蓋。

天地形成の順序と、天神の發生

太元聖母と元始君との交觀

上无レ所レ係。下无レ所レ依。天地之外。遼屬無レ端。玄元太空。無レ響無レ聲。元氣浩浩。如二水之形一。下無二山嶽一。上無二列星一。積氣堅剛。大柔服維。天地浮二其中一。展轉無レ方。若無二此氣一。天地不レ生。天者如レ龍。旋二廻雲中一。復經二四刧一二儀始分。相去三萬六千里。崖石出レ血成レ水。水生二元蟲一。元蟲生二濱牽一。生二剛須一。剛須生二龍一。元始天王在二天中心之上一。名曰二王京山一。山中宮殿。並金玉飾レ之。常仰二吸天氣一。俯二飲地泉一。復經二二刧一。忽生二太元玉女一。在二石澗積血之中一出而能言。人形具足。天姿絶妙。常遊二厚地之間一。仰二吸天炁一。號曰二太元聖母一。元始君下遊見レ之。乃與通レ氣結レ精。招二還上宮一。當二此之時一。二氣絪緼。覆載氣息。陰陽調和。无レ熱无レ寒。天得レ一以淸。地得レ一以寧。並不二復呼吸一。宣氣合會。相成自然飽滿。大道之興。莫レ過二於此一。結積堅固。是以不朽。金玉珠者。天地之精也。服レ之則與二天地一相畢。元始君經二一刧一。乃一施二太元母一。生二天皇一。十三頭。治三萬六千歲。書爲二扶桑大帝東王公一。號曰二元陽父一。又生二九光元女一。號曰二太眞西王母一。是西漢夫人。天皇受レ號十三頭。後生二地皇一。地皇十一頭。地皇生二人皇一。九頭各治三萬六千歲。聖眞出見レ受レ道。天无爲。建初混成。天任二於令所一傳二三皇天文一。是此所

三皇五常既に澆末に近づく

宜。故。能召請天上大聖。及地下神靈。无所不制。故。天眞皇人。三天眞王駕九龍之輿是也。次得八帝。大庭氏。庖羲。神農。祝融。五龍氏等。是其苗裔也。今治五嶽是故道隆上代。弊極三王。三王夏。禹殷湯。周武也。是以淳風既澆。易變而禮興。禮爲亂首也。周末陽弱而陰强。國多寡婦。西戎金兵起。而異法興焉。既而九州湮沒帝業荒蕪。此言驗也。後來方有此事道隆之代。其人混沌。異法之盛。人民猾僞也。洪曰。此事元遠。非凡學所知。吾以庸才。幸遭上聖。眄目論天地之奥藏。暢至妙之源本。輙條所誨。銘之于素以爲絕思矣。夫無心分之人。愼勿以此元始告之也。故置遺跡示乎世之賢耳。（同上）

天上神仙の首都玉京山

眞記曰。元都玉京。七寶山。週迴九萬里。在大羅之上。城上七寶宮。宮內七寶臺。有上中下三宮。如一宮城。一面二百四十門。方生八行寶林。綠葉朱實。五色芝英。上有萬千千種芝。沼中蓮花。徑度十丈。上宮是盤古眞人元始天王太元聖母所治。中宮太上眞人金闕老君所治。下宮九天眞皇三天眞王所治。玉京有八十一萬天。路

億萬里を往くこと一步の如し

通八十一萬山嶽洞室。夫以得道大聖象。並賜其宮第。居宅皆七寶。宮闕或在名山。山嶽羣眞所居。都有八十一萬處。古今有言九九八十一。是終天路玉京山也。上仙受天任者一日三朝元都太眞人也。雖有億萬里。往還如一步耳。世人安知此哉。衆仙或有日三朝扶桑公。或三朝西王母。玉京金闕。是太上眞人。月三朝元始天王。太上眞人元始之弟子。皆知帝王有司徒丞相也。金闕老子。太上弟子也。扶桑大帝元始。湯之氣。治東方。故世間帝王之子應東宮也。（同上）

萬物生育の母

西漢九光夫人。始陰之氣。治西方。故曰木公金母。天地之尊神。元氣煉精。生育萬物。調和陰陽。光明日月。莫不由之。精神長存。命則天終。抱一不離。故能長久。天失陰陽。水旱不節。人失陰陽。神根命竭。世人不能保一守三修。生反死。固其宜矣。可後怨耶。吾復千年之間。尙招子登太上眞闕。朝宴玉京也。此電頃。未足爲久。今且可浮遊五嶽。採靈芝。尋隱仙之友。逍遙無爲。吾言信可望哉。（同上）

碧海中の扶桑大帝

扶桑大帝。住在碧海之中。宅地四面。並方三萬里。上有太眞宮碧王城。萬里多生林木。葉似桑。又有椹樹。長數千丈二十圍。兩同根偶生。更相依倚。名爲扶桑宮第。象玉京也。衆仙天量數。元洲方丈。諸羣仙未昇天者在此。去會稽岸六萬里。太清仙伯太上丈人所治。蓬萊山對東海之東北岸。山週迴五千里。溟海中。濤浪衝天。九氣丈人所治。崑崙元圃。金爲墉城。四方千里。城上安金臺五所。玉樓十二。瓊華之屋。紫翠丹房。七寶金玉。積之連天。巨獸萬尋。靈香億千。西王母九光所治。羣仙無量也。（同上）

廣成丈人。今爲鐘山眞人九天仙王。漢時四皓仙人。安期彭祖。今並在此輔焉。（同上）

容成子。力墨子。爲岷山眞人。今元子五子。爲岷山侯。太昊氏。爲青帝。治岱宗山。顓頊氏。爲黑帝。治太恒山。祝融氏。爲赤帝。治衡霍山。軒轅氏。爲黃帝。治嵩高

隋侯の珠

沙邊の一小蛇を救ふ

一珠を遺つて恩を報ず

一杯の酒千日の醉

山。金天氏。爲白帝。治華陰山。（同上）

昔隋侯。因使入齊。路行深水沙邊。見一小蛇。可長三尺。於熱沙中宛轉。頭上血出。隋侯見而愍之。下馬以鞭撥於水中。語曰。汝若是神龍之子。當願擁護於我。言訖而去。至於齊國。經二月還。復經此道。忽有一小兒。手把一明珠。當道送與。隋侯曰。誰家之子。而語吾。答曰。昔日深蒙救命。甚重感恩。聊以奉貺。侯曰。小兒之物。詎可受之。不顧而去。至夜又夢見小兒持珠與侯曰。兒乃蛇也。早蒙救護生全。今日答恩。不見垂納。請受之。無復疑焉。侯驚異。迨日見一珠在床頭。侯乃收之。而感曰。傷蛇猶解知恩重報。在人反不知恩乎。侯歸持珠進納。具述元由。終身食祿耳。（搜神記）

狄希中山人也。能造千日酒。飲之亦千日醉。時有州人姓玄名石。好飲酒。欲飲於希家。翊日往求之。希曰。我酒發來未定不敢飲君。石曰。縱未熟。且與一盃得否。希聞此語。不免飲之。既盃復索曰。美哉。可更與之。希曰。且歸。別日當來、只此

墓の中で酒醒む

一盃可眠千日也。石卽別。似有怍色。旋至家。已醉死矣。家人不知。乃哭而葬之。經三年。希曰。玄石必應酒醒。宜往問之。既往石家。語曰。石在否。家人皆怪之曰。玄石亡來。服已闋矣。希驚曰。酒之美矣。而致醉眠千日。計日今合醒矣。乃命家人。鑿塚破棺看之。卽見塚上汗氣徹天。遂命發塚。方見張目開口。引聲而言曰。快哉。醉我也。因問希曰。爾作何物也。令我一盃大醉。今日方醒。日高幾許矣。墓上人皆笑之。被石酒氣沖入鼻中。亦醉臥三月。世人之異事。可不錄乎。（同上）

老樹の神異

昔武王時。雍州城南。有一大神樹。約高十丈。周廻一里。蔭其地土。人民悉奉。四時八節。牽羊負酒。祭祀不絕。武王出城見衆奉獻。王言。此樹神何須損我百姓。乃以兵圍。正欲誅伐之。乃有神。飛沙走石。雷電霹靂。武兵起衆。瓦解星分。無令得近。時有一人。被傷損脚。去樹一百步臥地。不能自去。迨夜有一人。着朱衣乘馬。與樹神曰。朝來武王伐。子不有損乎。樹神曰。我雷公飛沙走石。傷武王兵士。兵士見之。星分不敢近我。我有威力如此。赤衣人怒曰。我敫武王兵。人用生朱塗面。披髮着朱衣。赤繩縛之。道灰百匝。以斧伐之豈不損乎。樹神默然不對。赤衣人忽然縱轡而去。至明。軍人向鄉中父老語之。以狀聞王。王遂依其言。用物以斧伐之。並無變動。伐樹將倒。樹中流血。變作一牸牛。向趾中走。入豐水中。故樹精百年。化作青牛。後人學之。用灰及赤。（同上）

東方朔行方不明となる

漢武帝與越王爲親。乃遣東方朔。泛海求寶。惟命一周廻。朔經二載乃至。未至間。帝問左右。朔久而不至。今寰中何人善卜。對曰。有孫賓者。極明易筮。帝乃更庶服潛行。與左右賚絹二疋往卜。叩賓門。賓出迎而延坐。未之識也。帝乃啓卜。卦成。知是帝。惶懼起拜。帝曰。朕來覓物。卿勿言。賓曰。陛下非卜他物。乃卜東方朔也。朔行七日必至。今在海中。面西招水大嘆。到日請話之。至日朔至。

遙に帝の起居を知る

帝曰。卿約一年。何故二載。朔曰。臣不敢稽程。探寶未得也。帝曰。七日前卿在海中。面西招水大嘆何也。朔曰。臣非嘆別事。嘆孫賓不識天子。與帝對坐。因此而嘆。帝深異之。（同上）

異人に隨つて山に入る

汝の精を守れ

虞鄉獵人張可思。多力射。每逐獸入山。經絕壁下雪中尋鹿。險阻絕遠。忽見人蹟。蹤履絕異。驚愕久之。卽宛其蹤入危僻。窮途蹟盡。抵一崖。一人攀緣。分明歷歷。可思愈懷驚異。因又登一崖。乃有傍引大枝。横構岩上。視其人已度。可思亦隨度。廣平顯敞。不類山中。俄至洞側。見泉周石堦。堦下葦簾中。有大石堂。堂內烟火薰灼。烹爨甚宜。可思詣前。適見自外者負鹽一囊。約百許斤。致之厨下。澣袴濯足。因邀可思就火。俄聞磬聲。皆曰。諸眞登堂矣。卽遣可思拜謁。可思就昇。見金人玉人在左右。而身長丈餘。皆衣鵜鷩。儀狀嚴美。聲音朗暢。皆謂可思曰。何出至此是天。可思卽述其來。遂坐可思於地。遍問人間之事。既而謂可思曰。爾可記吾短章。傳之於代。亦可稍增其壽。詞曰。天淸地甯。人獨營營。名利奔迫。喜怒交爭。忍永厥壽。彌喪其身。何不絕欲。端守爾精。言訖。謂可思曰。可速歸舍。無滯於此。當有譴責。可思聞語。便卽拜辭。於是命負鹽者送出。卽尋舊逕而歸。他日可思復來。道途乖矣。(同上)

鬼神の有無

永熙年中。青州從事檢校尚書兵部郎中王宗仁者。羈遊河北時。僕射李公鎭守。宗仁與李公有族兄之分。而接之甚厚。因話鬼神之事。而李公謂爲冥昧有無難測。宗仁曰。有可信矣。何疑焉。如要明之。便可立頃召致。李公因所請之。宗仁曰。公可率意暗書逝者名氏識之付某。當卽遣召。公先從鄴中大將。從兄弟浼學陣傳射。時浼始亡。公方軫念。卽密書其名氏以付之。宗仁乃命香火迎風而嘯。遂以其名就焚于爐。良久向門驚視。遽起揮揖曰。在左右間當爲通報。因謂公曰。不令輕召大將。宜速備酒食。盡敬辭謝之。公如其言。致敬久之。乃曰。幸已去矣。必欲見者。可更召平賤之輩。縱來無害也。時公宅內新喪青衣。因書其名字付之。要當見矣。宗仁復命香火迎風而嘯。卽以其名就爇於爐火。頃刻笑語。公曰。如此老婢。追之何爽。公大奇之。因命詢問幽冥之事。宗仁曰。固不可泄。泄之當兩減其算耳。久而遣去。宗仁常語公曰。某終當爲國相。但得石勒劉聰爲主。非若三台之正位也。其後宗仁以青州倅主人卒後。因爲隴右公納之賓

大將の出現に大恐懼

強盜愛子を殺し二驢を奪ふ

死兒の靈犯人を示す

僚。尋僭號。而宗仁爲左丞相矣。竟如其言。（同上）

涇之北鄙人李德用。稽衣食自給。元嘉中年元夜。有二盜踰墻而入。皆執利刀。德用不敢枝梧。而室內衣裘遺無有。德用一子。名阿七。甫六歲。方眠驚。因叫有賊。爲盜所射。應弦而斃。德用廬外。有二驢紫色。亦爲攘去。遲明村人集聚。共商量捕逐之路。俄而阿七之魂。登房門而號曰。我死自是我命。那復多痛。所痛者永訣父家耳。遂怨泣。久之隣里會者。五六十人。皆爲泣涕。因曰。勿謀反逐。明年五月。當自送死。乃召德用。附耳告之名氏。仍期勿洩。俄春作將至。德用謀生汲汲。無容加意。洎麥秋。德用有麥半頃。伺收拾。晨有二牛。蹊踐狼藉。歸遍里中曰。忩女傷暴我苗。我已縶之。牛主償責以購。不爾吾將詣宮焉。里中共往視之。皆曰。此非左側人之素蓄者也。俄有二客至曰。我牛也。昨暮奔迸。不虞至此。所損之苗。請酬陪償。而歸我蓄焉。里人共謂問所從來。買牛契書。其價乃紫色驢交致焉。德用卽悟阿七所言。及詢姓名。乃皆如阿七所報。因卽縛之曰。爾去冬射死吾子。盡吾財者人也。二盜相顧不復隱曰。天也命也。死不可逭。卽述其故曰。我既行劫殺。乃北竄甯慶之郊。謂事已久。因買牛將歸岐下。昨牛抵村北二千里。徘徊不進。伺夜黑過此。既寐夢一小兒五六歲許。裸形亂舞。紛紜相迷。經宿方悟。及覺二牛之縻紖不斷。如被解釋。則已竄矣。（同上）

深井仙境に通ず

嵩高山北有大穴。莫測其深。百姓歲時遊觀。晉初嘗有一人。誤墮穴中。同輩冀其儻不死。投食于穴中。墜者得之。爲尋穴而行。計可十餘日。忽然見明。又有草屋。中有二人。對坐圍棊。局下有一杯白飲。墜者告以飢渴。棊者曰。可飲此。遂飲之。氣力十倍。棊者曰。汝欲停此否。墜者不願停。棊者曰。從此西行有天井。其中多蛟龍。但投身入井。自當出。若餓取井中物食。墜者如言。半年許。乃出蜀中。歸洛下。問張華。華曰。此仙館大夫。所飮者。瓊漿也。飮食者。龍穴石髓也。（同上）

獵夫赤城に入る

會稽剡縣民。袁相根碩二人。獵經深山。重嶺甚多。見一羣山羊六七頭逐之。經一石橋甚狹而峻。羊去。根等亦隨渡。向絶崖。崖正赤壁立。名曰赤城。上有水流下廣狹如匹布。剡人謂之瀑布。路徑有山穴。如門豁然而過。既入内甚平敞。草木皆香。有一小屋。二女子住其中。皆十五六。容色甚美。著青衣。一名瑩珠。一名□□。見二人至。忻然云。早望汝來。遂爲室家。忽二女出行。云。復有得婿者。往慶之。曳履于絶巖之上。行琅然。二人思歸。潛去歸路。二女追還。已知乃謂曰。自可去。

嚢中から小青鳥

乃以一腕嚢。與根等語曰。愼勿開也。於是乃歸。後出行。家人開視其嚢。嚢如蓮花。一重去。一重復至。五蓋中。有小青鳥飛去。根還知此。悵然而已。後根于田中耕。家依常餉之。見在田中不動。就視但有殼。乃蟬蛻也。（同上）

仙境に土着

榮陽人姓何。忘其名。有名聞士也。荊州辟爲別駕。不就。隱遯養志。常至田舍。人收穫在場上。忽有一人。長丈餘。蕭疎單衣。角巾來詣之。翩翩擧其兩手。並舞而來。語何云。君曾見韶舞不。此是韶舞。且舞且去。何尋逐。徑向一山。山有穴。纔容一人。其人命入穴。何亦隨之入。初甚急。前輒閒曠。便失人。見有良田數十頃。何

遂懇作。以爲世業。子孫至今賴之。(同上)

南陽劉驎之。字子驥。好遊山水。嘗採藥。至衡山。深入忘反。見有一澗水。水南有二石囷。一閉一開。水深廣不得渡。欲還失道。遇伐薪人。問徑僅得還家。或說囷中皆仙方靈藥。及諸雜物。驎之欲更尋索。不復知處。(同上)

長沙醴陵縣有小水。有二人。乘船取樵。見岸下土穴中。逐水流出。有新斫木片。逐流下。深山中有人跡。異之乃相謂曰。可試如水中看何由爾。一人便以笠自障入穴。穴纔容人。行數十步。便開明朗。然不異世間。(同上)

平樂縣有山。臨水巖間有兩目。如人眼。極大瞳子。白黑分明。名爲目巖。(同上)

晉穆哀之世。領軍司馬。濟陽蔡詠家狗。夜輒群衆相吠。往視便伏。後日使人夜伺

有二一狗一。著二黃衣白帢一。長五六尺。衆狗共吠レ之。尋レ跡定是詠家老黃狗。卽打二殺之一。吠乃止。（同上）

一尾の白龜を買ふ

晋咸康中。豫州刺史毛寶。戍二邾城一。有二一軍人一。於二武昌市一買二得一白龜一。長五寸。置二瓮中一養レ之。漸大放二江中一。後邾城遇二石氏敗一。赴レ江者莫レ不二沈溺一。所レ養龜人。被レ甲投二水中一。覺レ如レ墮二一石上一。須臾視レ之。乃是先放白龜。既約岸廻顧而去。（同上）

臟腑を取出して洗ふ尼

晋大司馬桓溫。字元子。末年忽有二一比丘尼一。失二其名一。來レ自二遠方一投。溫爲二檀越一。尼才行不レ恒。溫甚敬待。居二之門內一。尼毎浴。必至二移時一。溫疑而窺レ之。見下尼二裸身揮レ刀。破レ腹出レ臟。斷二截身首一。支分臠切。溫怪駭而還。及レ至二尼出二浴室一。身形如レ常。溫以レ實問。尼答曰。若遂二凌君上一。刑當レ如レ之。時溫方謀レ問レ鼎。聞レ之悵然。故以戒懼。終守二臣節一。尼後辭去。不レ知二所在一。（同上）

野雉の交合を見て病癒ゆ

高平郗超。字嘉賓。年二十餘。得重病。盧江杜不愆。少就外祖郭璞。學易卜。頗有經驗。超令試占之。卦成不愆曰。案卦言之。卿所恙尋愈。然宜于東北三十里上官姓家。索其所養雄雉。籠而絆之。置東簷下。却後九月景午日午時。必當有野雌雉。飛來與交合。既畢。雙飛去。若如此。不出二十日。病都除。又是休應。年將八十。位極人臣。若但雌逝雄留者。病一周方差。年半八十。名位亦失。超時正羸。篤慮命在旦夕。笑而答曰。若保八十之半。便有餘矣。一周病差。何足爲淹。然未之信或勸依其言。索雄果得。至景午日。超臥南軒之下。觀之。至日晏。果有雌雉飛入籠。與雄雉交而去。雄雉不動。超歎息曰。管郭之奇。何以尙此。超病逾年乃起。至四十。卒于中書郎。（同上）

神人吏の妻に媾ふ

盧陵巴邱人陳濟者。作州吏。其妻獨在家。常有一丈夫。長大儀貌端正。著絳碧袍。采色炫燿。相期於一山澗間。至於寢處。不覺有人道。相感接。比隣入觀其所至輙有虹見。（同上）

襄陽徐陽病死。夜忽崛然而起。將婦臂上金環脫去。明日復蘇。婦問故。陽云。吏持吾去。多見行貨得脫者。卽許金釧。便放令還。（同上）

西王母の使の一黃雀鴟梟に搏たる

宏農楊寶。性慈愛。年九歲。至華陰山。見一黃雀。爲鴟梟所搏逐。樹下傷瘢甚多。宛轉復爲螻蟻所困。寶懷之以歸。置諸梁上。夜聞啼聲甚切。親自照視。爲蚊所齧。乃移置巾箱中。啖以黃花。逮十餘日。毛羽成。飛翔朝去暮來。宿巾箱中。如此積年。忽與群雀俱來哀鳴遶堂。數日乃去。是夕。寶三更讀書。有黃衣童子。曰。我王母使者。昔使蓬萊。爲鴟梟所搏。蒙君之仁愛見救。今當受賜南海。別以四玉環與之曰。令君子孫潔白。且從登三公。事如此環矣。寶之孝。尤聞天下。名位日隆。子震。震生秉。秉生彪。四世名公。及震葬時有大鳥降。人皆謂眞孝招也。蔡邕論云昔日黃雀報恩而至（續齊諧記）

口中より妻を吐出す

妻更に情夫を吐く

陽羨許彥。于綏安山行。遇一書生。年十七八。臥路側。云脚痛求寄鵝籠中。彥以爲戲言。書生便入籠。籠亦不更廣。書生亦不更小。宛然與鵝鵝並坐。鵝亦不驚。彥負籠而去。都不覺重。前行息樹下。書生乃出籠。謂彥曰。欲爲君薄設。彥曰可。口中吐出一銅奩子。奩子中具諸飾饌。珍羞方丈。其器皿皆銅物。氣味香旨。世所罕見。酒數行。謂彥曰。向將一婦人自隨。今欲暫邀之。彥曰善。又於口中吐一女子。年可十五六。衣服麗綺。容貌殊絕。共坐宴。俄而書生醉臥。此女謂彥曰。雖與書生結妻。而實懷怨。向亦竊得一男子同行。書生既眠。暫喚之。君幸勿言。彥曰善。女子於口中吐出一男子。年可二十三四。亦穎悟可愛。乃與彥敍寒溫。書生臥欲覺。女子口吐一錦行障。遮書生。書生乃留女子共臥。男子謂彥曰。此女子雖有心。情亦不甚。向復竊得一女人同行。今欲暫見之。願君勿洩。彥曰善。男子又於口中吐一婦人。年可二十許。共酌戲談甚久。聞書生動聲。男子曰。二人眠已覺。因取所吐女人。還納口中。須臾書生處女乃出。謂彥曰。書生欲起。乃吞向男子。獨對彥坐。然後書生起。謂彥曰。暫眠遂久。君獨坐當悒邪。日又晚。當與君別。遂呑其女子諸器皿。委納口中。留大銅盤。可二尺廣。與彦曰。無以謝君。與君相憶也。彦大元中。爲蘭臺令史。以盤餉侍中張散。散看其銘題云。是永平三年作。（同上）

武丁織女に召さる

桂陽成武丁。有仙道。常在人間。忽謂其弟曰。七月七日。織女當渡河。諸仙悉還宮。吾向已被召。不得停。與爾別矣。弟問曰。織女何事渡河去。當何還。答曰。織女暫詣牽牛。吾後三年當還。明日失武丁。至今云織女嫁牽牛。（同上）

井底に雞犬の聲を聞く

神龍元年。房州竹山縣陰隱客家富。莊後穿井。二年已濬一千餘尺。而無水。隱客穿鑿之志不輟。二年外一月餘。工人忽聞地中雞犬鳥雀聲。更鑿數尺。傍通一石穴。工人乃入穴探之。初數十步。無所見。但捫壁而傍行。俄轉會如日月之光。遂下其穴。下連一山峯。工人乃下於山。正立而視。乃別一天地日月世界。其山傍向萬仞。千巖萬壑。莫非靈景。石盡碧琉璃色。每巖壑中。皆有金銀宮闕。有大樹。身如竹有節葉。如芭蕉。又有紫花如盤。五色蛺蝶。翅大如扇。翔舞花間。五色鳥

天桂山宮に迷ひ込む

白泉眼の沐浴

大如レ鶴翺二翔乎樹杪一。每巖中有二清泉一眼一。色如レ鏡。白泉一眼白如レ乳。工人漸下至二宮闕所一。欲二入詢問一。行至二闕前一。見二牌上一署曰二天桂山宮一。以二銀字一書レ之。間兩閣內各有二一人一驚出。各長五尺餘。童顏如レ玉。衣服輕細。如二白霧綠煙一。絳脣皓齒。鬒髮如二青絲一。首冠二金冠一而跣足。顧謂二工人一曰。汝胡爲至レ此。工人具陳二本末一。言未レ畢。門中有二數十人一出。云。怪レ有二昏濁氣一。令レ責二守レ門者一。二人惶懼。而言曰。有二外界工人一不意而到。詢問次。所以未レ奏。須臾有二緋衣一人一傳レ勑曰。勑二門吏一禮而遣レ之。工人拜謝。未レ畢。門人曰。汝已至レ此。何不下求二遊覽一畢而返上。工人曰。向者未レ取。儻賜二從容一。乞乘レ便而言レ之。門人遂通二一玉簡一。入旋。而玉簡却出。門人執レ之。引二工人一行至二清泉眼一。令二洗浴及澣二衣服一。又至二白泉眼一。令二與漱レ之。味如レ乳甘美甚。連飮數掬。似レ醉而飽。遂爲二門人一引下レ山。每至二宮闕一。只得レ於二門外一。而不レ許レ入。如レ是經行半日。至二山趾一。有二一國城一。皆是金銀珉玉爲二宮室一。城樓以二玉字一題云二梯仙國一。工人詢曰。此國如何。門人曰。此皆諸仙初得レ仙者。關二送此國一。修二行七十萬日一。然後得レ至二諸天一。或玉京蓬萊崑閬姑射。然方得二仙官職位一。主レ籙主レ符主レ印主レ衣。飛行自在。工人曰。

これ下界の上仙國

脱け穴は房州の北卅里に達す

既是仙國。何在吾國之下界。門人曰。吾此國是下界之上仙國也。汝國之上、還有仙國。如吾國亦曰梯仙國。更無所異。言畢、謂工人曰。卿可歸矣。遂却上山。晝尋來路。又令飲白泉數掬。欲至山頂。求來穴。門人曰。汝來此雖傾刻。已人間數十年矣。却出舊穴。應不可矣。待吾奏請通天關鑰匙。送卿歸。工人拜謝。須臾門人携金印及玉簡。又引工人。別路而上。至一大門。勢侔樓閣。門有數人。俯伏而候門人。視金印。讀玉簡。副然開門。門人引工人上。纔入門。風雲擁而去。因無所覩。唯聞門人云。好去爲吾致意於赤城眞伯。須臾雲開。已在房州北三十里孤星山頂。洞中出後。而詢陰隱客家。時人云已三四世矣。開井之由皆不能知。工人自尋其處。惟見一巨坑。乃崩井之所爲也。時貞元七年。工人尋覓家人了不知處。自後不樂人間。遂不食五穀。信足而行。數年後。有人於劍閣雞冠山側近逢之後莫知所在。（博異記—陰隱客）

死生之際。一生學問大關頭也。然有名爲巨儒而處死反不及常人者。如林兆

死生の際は一生學問の大關頭なり

恩。會通三教。自謂海內一人。而臨死乃病狂喪心。便溺俱下。吾郡一搢紳王鑛者。平日無所聞。年踰八十。自知死期。戒訓子孫。無作佛事。仍賦長詩一篇。既而曰。明日未能便去。後日望日也。吾當以十六日去。至期沐浴。衣冠談笑而逝。此豈有宿根耶。抑平日不言躬行。人有不及知耶。林之虛名。高王十倍。而死生之間。逈別 乃爾。殊可恠也。（五雜俎）

火中往生の化けの皮

史傳所載。僧自焚者有三。其一唐李抱眞。爲潞州節度使。兵荒之後。財用窘竭。素與一僧交善。乃謂之曰。事急矣。欲借師之道以濟軍國可乎。僧曰。性命可捐無所惜。曰師但投牒言欲自焚。吾爲地道。與州宅通。火發之頃。卽潛身而入。彼此俱無所損。因引僧至地道。往來無阻。僧信之。遂積薪高坐。說法辭世。李親率將校。膜拜舍施於是州人響應雲集。貨財山積。尅期舉火。李已命人。潛塞地道。頃刻之間。僧薪俱灰。收其施財。以充公帑。別求如舍利者數十枚。建塔葬之。

自焚の僧未練の涙に暮

飜譯官の悪戯僧を焚く

道家の術は黃老の宗に非ず

其一。宋某人爲某官。有僧投牒欲自焚。判許之。至期親往驗視。見僧兩眼凝淚不動。問之不答。乃令人梯取之。授以紙筆。乃自言某處遊僧至此寺。衆欺其愚弱。誑言惑衆厚得錢帛。至期藥而縛之耳。遂按誅諸僧。毀其寺。

又其一元時達魯花赤爲政。不通漢語。動輒詢譯者。江南有僧。田爲豪家所侵。投牒訟之。豪厚賂譯。既入。達魯花赤問譯。僧訟何事。譯曰僧言天旱欲自焚以求雨耳。達魯花赤大稱讚。命持牒上。譯業別爲一牒。即易之以進覽畢。判可。僧不知也。出門則豪已積薪通衢。數十人舁僧畀火中焚之。然則從來火化之妄惑。往往如是矣。（同上）

道家之教。若徒以功行積滿白日昇天。尚可以誘人爲善。即非柱下黃左宗旨。吾不之責也。彼熊經鳥伸。鍊形住世。已自是貪生業障無益於時。而況於黃白龍虎之術。房中采戰之方。貪利無厭。縱欲敗度。以之求長生。何異適燕而南向郢哉。道家之旨。清淨無爲。不見可欲。使心不亂。不貴難得之貨。使民不爲盜。況神仙乘雲御氣。下視塵寰。縱有大藥點化山河大地盡成黃金。亦復何益於身心性命。而且必無之事也。然世間固有一種癡人妄想甘受邪術所欺。而崇奉惑溺。至破家亡身而不顧者。此又不如佞佛持素。差覺安靜耳（同上）

八洞の仙人は皆僞物

世傳上中下八洞皆有仙人。故俗動稱八仙云如所謂鍾離鐵拐韓湘子張果老之屬。皆列仙傳採拾而强合之耳。張果乃明皇時術士。與羅公遠葉法善同在朝。非仙也。獨呂洞賓者。史傳所載靈異之蹟。昭彰在人耳目。想不可謂之全誣。今世所傳。純陽詩字甚多。如朝遊北海暮蒼梧。及石池清水是吾心者。好事者裒爲之集。但純陽唐人既擧進士。又列仙籍。而其詩乃類宋人口吻。豈亦後人傳會所成耶。不然既遺世高擧而又屢降人間。若戀戀不忍舍者何也。退之云。我自屈曲仕世間。安能從汝求神仙。此視純陽去而復來者。過之遠矣。（同上）

宋瑞州高安縣鄭氏女定二嬢者。臨嫁。汲井。忽有彩雲。掖之升天。州縣以聞。立

仙姑の正體は私通女

祠建廟。祈禱輙應。既而廉之。則因與人通而孕。父母醜之。蜜售於傍邑。而托詞惑衆耳、無何新建有闕氏者。僱一婢訊之。卽仙姑也。昌黎謝自然華山詩意。亦可見不獨此也。漢末張道陵。避瘧丘社。得呪鬼之術。遂以符術。使鬼療病。後爲蟒蛇所呑。子衡。奔往覓屍不得。乃生麋鵠。足置石崖頂。託以白日昇天。至今歷代崇奉。稱爲天師。良可笑也。（同上）

五斗米道の流禍

張道陵。初以妖術惑衆。治病者令出五斗米。故世號米賊。陵死。子衡傳其道。衡死。魯復行之。魯母有姿色。出入益州牧劉焉之家。以魯爲司馬。後劉璋立。殺魯母及家室。魯遂據漢中以叛。後爲曹操所攻。降魏爲鎭南將軍。張之本末不過如此。自晉及唐。尙未有聞。至五代。遂稱天師。歷宋元。未有非之者。據廣信之龍虎山。金碧殿宇。偃然爲世業矣。我太祖皇帝曰。至尊者天豈有師也。削之止稱眞人。然以二品秩傳流後裔。亦幸之甚矣。眞人每入覲。沿途民爲鬼魅所惱者。悉往投牒。所至成市。聞其符籙。亦有驗者。故愚民信奉之也。萬曆間。京

師大旱。適眞人入朝。上命留之禱雨。終不効。乃遣之。則其伎倆亦與尋常黃冠一間耳。（同上）

閩中三敎の術

今天下有一種吃素事魔及白蓮敎等人。皆五斗米賊之遺法也。處處有之。惑衆不已。遂成禍亂。如宋方臘元紅巾等賊。皆起於此。近時如唐賽兒王臣許道師。皆其遺孽。而吾閩中又有三敎之術。蓋起於莆中林兆恩者。以艮背之法敎人療病。因稍有驗。其徒從者雲集。轉相傳授。而吾郡人信之者甚衆。兆恩死後。所在設講堂香火。朔望聚會。其後又加以符籙醮章祛邪捉鬼。蓋亦黃巾白蓮之屬矣。

兆恩の狂死

兆恩本名家子。其人重意氣能文章。博極羣書。倭奴陷莆後。骸骨如麻。兆恩捐千金。葬無主屍以萬計。名遂大譟。其後著三敎會編。授徒講學。頗流入邪說。而不自知。既老病得心疾。水火不顧。顚狂逾年乃死。此豈眞有道術者。而閩人惑之。至死不悟也。今其徒布滿郡城。其中賢者。尙與士君子無別。一二頑鈍不肖者。藉治病以行其私。奸盜詐僞無所不有。其與邪巫女覡又何別哉。余十三四時見二三教書一。心甚不レ然。著レ論以闢レ之。今亦不二復記憶一。及二旣長一。入レ閩觀二其行事一。益自負二前言之不一レ妄也。（同上）

少年少女の尿を藥劑とす

醫家有下取二紅鉛一之法上。擇二十三四歲童女美麗端正者一。一切病患殘疾聲雄髮粗及實女無レ經者俱不レ用。謹護二起居一。候二其天癸將一レ至以二羅帛一盛レ之。或以二金銀一爲レ器入二磁盆內一澄如二珠砂色一。用二烏梅水及井水河水一攪澄七度。曬乾合二乳粉辰砂乳香秋石等藥一爲レ末。或用二雞子一抱或用レ火煉。名二紅鉛丸一。專治二五勞七傷虛憊羸弱諸症一。又有下煉二秋石一法上。用二童男女小便一。熬煉如レ雪。當二鹽服一之。能滋レ腎降レ火。消レ痰明レ目。然亦勞矣。人受二天地之生一。其本來精氣。自足レ供二一身之用一。少壯之時。酒色喪耗。宴安酖毒厚味戕二其內一。陰陽侵二其外一。空餘二皮骨一。不能自持。而乃倚二賴於腥臊穢濁之物一。以爲二奪レ命返レ魂之至寶一。亦已愚矣。況服二此藥一者。又不レ爲二延レ年祛レ病之計一。而藉爲二肆レ志縱レ欲之地一。往往利未レ得。而害隨レ之。不レ可二勝數一也。滁陽有二聶道人一。專

紅鉛丸を飲み九竅出血す

市二紅鉛丸一。廬州龔太守廷賓。時多二內寵一。聞レ之甚喜。以二百金一購二十丸一。一月間盡服

丹を飲むの危險

之。無何九竅流血而死。可不戒哉。（同上）

金石之丹。皆有大毒。卽鐘乳硃砂。服久皆能殺人蓋其燥烈之性。爲火所逼伏而不得發。一入腸胃如石灰投火烟焰立熾此必然之理也。唐時諸帝。如憲文敬懿之屬。皆爲服丹所誤。宋時張聖民林彥振等皆至發瘍潰腦不可救藥。近代張江陵末年服丹。死時膚體燥裂。如炙魚然。夫鍊丹以求長生也。今乃不能延齡而反以促壽。人何苦所爲。愚而恬不知戒哉。蓋皆富貴之人。志願已極。惟有長生一途。欲之而不可得。故奸人邪術。得以投其所好。寧死而不悔耳。亦可哀也。（同上）

強精劑の怖るべき反應

金石無論。卽兎絲杜仲一切壯陽之劑。久服皆能成毒發疽老學庵所載可見。至於紫河車。人皆以爲至寶。亦不宜常服此藥。醫家謂之混元毬。取男胎首生者爲佳。丹書云。天地之先。陰陽之祖。乾坤之橐籥。鉛汞之匡廓。胚胎將兆九九數足。我則乘而載之。故謂之河車。紫其色也。此藥雖無毒。而性亦大熱虛勞者服之。恐長其火。壯盛者服之。徒增其燥。夫天地生人。淸者爲氣。濁者爲形。父精母血。凝合而成氣足而生。至寶具矣。胞衣者。乃臭腐之胚胎血肉之渣滓。故一旦瞥然脫胎下世猶神仙之委蛻也人生已棄之物。寧復藉此而補助哉。況聞胞衣爲人所烹者子多不育。故產蓐之家。防之如仇。惟有無賴乳媼。貪人財賄。乘間竊之。以希厚直耳。夫忍於夭殤人子。以自裨益。仁者且不爲也。而況未必其有功。而徒以靈明高之潔之府爲藏汚納穢之地也。（同上）

胞衣を烹る奸媼

全然効無き太乙の餘糧

泰山有太乙餘糧。視之石也。石上有甲。甲中有白。白中有黃。相傳太乙者禹之師也。嘗服此而棄其餘。故名。又有石中黃。卽餘糧之未凝者水溶若生雞子焉。又會稽有石。亦重疊包裹。而中有粉如麵者。名禹餘糧。皆治欬逆。破瘕癥。恐是一物。因其黃白二色。所產異地。而分別之耳。其益州所產空靑。則中但有淸水。而無重疊也。語曰醫家有空靑。天下無盲人。余友陳幼孺瞽疾。有人遺之者延

醫治之竟不効也。（同上）

道士妻帶の禁令

黃冠之敎始於漢張陵。故皆有妻孥。雖居宮觀。而嫁娶生子。與俗人不異。奉其敎而誦經則曰道士。不奉其敎不誦經。惟假其冠服則曰寄褐。皆遊惰無所業者。亦有凶歲無所給食。假寄褐之名。挈家以入者。大抵主首之親故也。太祖皇帝深疾之。開寶五年閏二月戊午。詔曰。末俗竊服冠裳。號爲寄褐。雜居宮觀者。一切禁斷。道士不得畜養妻孥。已有家者。遣出外居。止今後不許私度。須本師知觀同詣長吏陳牒。給公憑。違者捕繫抵罪。自是宮觀不許停著婦女。亦無寄食者矣。而黃冠之兄弟。父子孫姪。猶依憑以居。不肯去也。名曰親屬。大中祥符二年三月庚子。眞宗皇帝詔。道士不得以親屬住宮觀。犯者嚴懲之。自後始與僧同其禁約矣。（燕翼貽謀錄）

劉晏判官李邈。莊在高陵。莊客懸欠租課。積五六年。邈因官罷歸莊。方欲勘責。

墓穴內の構造、自動防禦機關

見倉庫盈羨。輸尙未畢。遡怪問。悉曰某作端公莊客二三年矣。久爲盜。近開一古冢。冢西去庄十里。極高大。入松林二百步方至墓。墓側有碑。斷倒草中。字磨滅不可讀。初旁掘數十丈。遇一石門。固以鐵汁。累日洋糞沃之方開。開時箭出如雨。射殺數人。衆懼欲出。某審無他。必機關耳。乃令投石其中。每投箭輒出。投十餘石。箭不復發。因列炬而入。至開第二重門。有木人數十。張目運劍。又傷數人。衆以棒擊之。兵仗悉落。四壁各畫兵衞之像。南壁有大漆棺。懸以鐵索。其下金玉珠璣堆集。衆懼。未卽掠之。棺兩角忽颯颯《トメ》風起。有沙迸撲人面。須臾風甚。沙出如注。遂投至膝。衆皆恐走。比出門已塞矣。一人復一日後爲沙埋死。乃同酬地謝之。誓不發冢。（酉陽雜俎）

又侯白旌異記曰。一作言。盜發白冢茅。棺內大吼如雷。野雉悉雊穿。內火起。飛焰赫然。盜被燒死。得非伏火乎。（同上）

近日有全眞敎一門。從中又分南北二宗。靑巖叢錄云。昉於金。南宗先命。北宗

全眞教の系統

儒釋を借るの陋

科醮說の衰頽

先レ性。肇叢則云。始二於宋南渡一。皆本二之呂巖一。巖又傳爲二二宗一。而全眞之名。立レ自二王重陽一。至二於符籙科教一。具有二其書一。正一之家。實掌二其業一。而今正一。又有二天師宗一。分二掌南北教事一。江南北虎閣皂茅山三宗符籙。又各不レ同。大抵道家之說。雜而多端。淸淨。一說也。煉養。一說也。服食。又一說也。符籙。又一說也。經典科教。又一說也。自二淸淨一兼二煉養一。趨而服食。而符籙。最下則經典科教。蓋黃冠以レ此逐レ食。常欲レ與二釋子一抗衡。而其說較二釋氏一。不レ能二三之一一。爲二世患蠹一。末レ爲二甚鉅一。獨服食符籙二家。其說本邪僻謬悠。而惑レ之者。罹レ禍不レ淺。蓋馬端臨之說如レ此。最爲二精當一。佛書。竊二取道家之精一。道書。効二顰佛家之粗一。今全眞一教。大約是服食符籙。又在二二宗之下一。余所レ見醒神翁者。其一也。若二國初鐵冠冷謙三斗之類一。乃眞仙。應二大聖人出世一。又不レ可二例論一。

（湧幢小品――全眞教）

其法盛二於元魏寇謙之一。後唐則明崇儼。葉法善。翟乾祐。五代則譚紫霄。宋則薩守堅。王文卿等。而林靈素最顯。科醮之說。始二自杜光庭一。宋世尤重二其教一。朝廷以至二閭巷一。所在盛行。南渡。白玉蟾輩。亦嘗爲レ人奏章。今二業皆無二顯著者一。獨龍虎山張眞人一尚世襲。至二我憲宗時一。有二李孜省。鄧常恩一。流爲二房中之術一。世廟時。邵元節。陶典眞。突起壓二張眞人之上一。大抵符籙之說。自二佛敎業緣因果中一流出。又竊二佛經之緒餘一。作二諸經懺一。動二人耳目一取レ利。

老子の本旨に勃る

原非二老子淸淨本指一。乃寇謙之一出。魏大武緣レ之。盡毀二寺刹一。誅二諸沙門一殆盡。宋徽宗於二林靈素一亦如レ之。至レ改レ僧爲二德士一。世宗時。焚二佛骨一至二萬二千餘斤一。佛之神通。能資二方士竊弄一。而不レ能レ保二其居與一レ骨。若諸弟子輩。此亦業報使レ然耶。（同上——符籙）

服食章醮に至り老子の道亡ぶ

神仙家。必引儒釋爲レ重。胡元瑞筆叢中。言レ之頗詳。幷老子化身名號。皆錄二於後一。乃儒釋未レ有下引二神仙一者上。此其分量可レ見。蓋後世神仙之說。雖三原本二道家一。實與二道家一異。至二於服食章醮一。而老子之道亡也久矣。夫陰陽五行變化無レ窮。其初氣運龐厚。圍作二一塊一。於レ人爲二三皇一。爲二五帝三王一。與二諸名世大臣一。於レ敎爲二孔子一。爲二釋迦一。爲二老聃一。衰周以後。氣運漸薄。各各迸散。千奇萬態。莫レ知二底極一。天地鬼神不レ得二自主一。

總難收拾。且爲所使矣。孔子爲水精子。繼周爲素王。緯書一曰元宮上仙。酉陽雜俎。一曰大極上眞公。治九疑山。一曰廣桑山眞君。太平廣記。一曰儒童菩薩。下生世間。造天地經。一曰淨光童子。化身顏子。爲月明儒童。俱淸淨法行經。一曰明時晨侍郎。後爲三天司直。已見卮言。後夏馥亦爲明晨侍郎。見仙鑑。一曰與卜商皆修文郎。見太平廣記。長亦爲此官。後欒子見仙鑑。仲由在唐爲韓滉。太平廣記。施存在漢爲壺公。施存。亦仲尼門人事見眞誥。及卮言。然術覽兩引。壺公姓謝名元。未知孰是（同上——引儒釋）

臯亭山。爲武林左托。南濱錢江。黃鶴峯最高峯。下有石磵。頗幽邃。一老人周姓者。常憇其中。見有老君石像。高止尺許。瑩淨。隱隱有生氣。捧歸寘堂中。夜發光彩。因募築精舍。爲龕貯之。塑八仙像。鶴鹿各二於傍。晨起禮拜不替。一日。有絲竹聲。非人間所有。起窺窗間。見石像有笑容。仙像隱若搖動。鶴鹿亦如之良久乃止。椎窗入。香氣充滿。餘像皆如故。而老君獨起齒。若改削成者。甚駭。且甚以爲幸。日午一道士揮扇入賀曰。知君大有瑞應。然此像不宜久留。當以見還。叵捧而走。老人奮起爭之。摶空無所見。惟一道白氣冲天。遂棄家雲遊不知所終。今其子孫。尙居山下。俱樵夫。問之。曰此遠祖相傳已久。謂其年磵邊松花盛開羣鶴徊翔。花撲。起鶴翅皆黃。故以名峯。峯高可三千丈。挾羣峰而東。若馳。與兩天目相應。圓整秀拔。獨峙錢江上。江海連接。所謂海門一點巽蜂起者。可咫尺按也。

左肩上の佳兆

乙卯。余登其巓。忽一鶴飛過。墮羽。適當余左肩上。知非佳兆。凡二三年間患難疾病。無所不經。無所不劇。因泛海上。普陀山中。故稀禽鳥。復有飛鶴墮羽。當余右肩。喟然嘆曰。此所謂鍛羽且再。兆可知矣。歸來復大病。口占曰。骨格原來定。精神漸已非。橫空雙鶴度。海上有魚磯。息心待盡。更覺快然自得。而舍東有農庄。因棄家棲其中。魚鳥日夕相親。卽其地改葬先祖月溪府君。每晨起東望。紅光盪漾。庶幾二鶴來歸。又口占曰。渡海鶴飛還。儵然只閉關。幻軀元不着。去住總間間。雖病不服藥聽之而已。（同上―老君像）

高郵湖中の老蚌

高郵甓社湖大三十里。嘗有物夜吐光。能照行人。朗若白晝。忽來一番僧。僦居湖干。鎭日緣湖審視。如是者有年。一日折東徧招鄉衆。肆筵設席。酒殽備極豐

蕃僧。老蚌と闘ふ

胦。衆問何求。曰求諸君翌晨助老僧一臂。衆莫測所以。姑漫應曰。諾。如期畢至。僧出鉦鼓數百具授衆。使分立湖四隅。求爲撾鼓敲鉦。以助聲威。毋少停止。自冠毘盧着袈裟。仗劍躍入湖中。少選狂風暴作。湖水奔騰澎湃。勢如千軍萬馬。衆心驚魄駴。遵其所囑。奮勇撾敲。自晨至於日中昃。僧始踏浪而出。揺手喩衆。停止鉦鼓。登岸喘汗良久。滿袈裟血漬淋漓。腥氣刺衆。衆問何爲。曰。此中有老蚌。自開闢以來。胎養寶珠。光奪日月。老僧欲仗法力攘刼之。奈彼道行甚高。幾爲所呑。今右殼被寶劍斫傷。遁往東海。竟無法可制。再待千年。留爲後圖可也。稽首別衆而去。（里乘）

嵩山の老蜈蚣

嵩山之陽。春日啓蟄之後。民常夜見少室之顚。紅光兩道。一長六七尺。一長四五尺。蜿蜒夭矯。若火龍然。雞鳴遂隱。經秋卽不得見。莫測其故。初山下

蕃買鶏を五百銀に買ふ

農家。畜一雄鷄。氣象赳赳。重可十斤。所種之卵。無不觳者。主人寶之。呼曰老雄。十餘年不肯殺。歲又値鷄之時。忽以數十卵僅觳一雄。其餘盡毈。主人懊怨以爲不祥。一

日有番賈來。注視老雄與新雛。問主人肯市否。主人正慮老雄年久無用。姑漫應曰。客若肯出重價。那得不市。客問。此兩雛索價幾何。曰五百足矣。客喜曰。諾。主人初固索《ハリム》五百錢。見客遽喜諾。戲反齒給之曰。我所言固五百銀。非錢也。客沈思久之。曰果爾。五百銀亦所不吝。毋再翻悔。主人大喜過望。答曰。君如數將銀來。誓不翻悔。客喜。翌日果攜銀五百來付主人。主人乃籠兩鷄付之。笑拉客袂問曰。我初固戲君耳。不謂果肯如數。敢問需此何爲。客笑曰。君既見問。不敢不告。君不見少室之巓。紅光兩道乎。曰然。曰此蜈蚣精也。一父一子。再百年後。少者長成。一方禽獸。蠶食無遺。且不免災及小兒。實爲大患。雷且難治。今少者尚稚。老若勢孤。尚不敢公然肆虐。惟此兩雛足以制之。老雄固無足慮。惟新雛初轂。當飼以珍物。庶可速豐其毛羽。壯其筋力。竊聞數十卵僅得此雛可知精氣獨鍾。無怪其餘盡毈也。計明年此時。新雛當亦可爲老雄之助。制兩妖不難矣。曰此兩雛與他雛何異。曰凡雛皆睫皮上掩。此則相反。名曰怒睛。是鳳種也。別去。歲星一周。客果攜兩雛來訪主人。其雛已長成。居然與老雄相等。客卽下榻主人之家。他日又見。少室紅光兩道。客喜呼主人曰。妖物又出矣。越日薄暮。客攜雞獨往。主人欲同往觀之。客止之曰。君不能勝妖氣。中毒可慮。客去。主人留心遙察。二更後。見少室之巓。紅光復灼。猶之掣電兩股。以閃爍。或東或西或南或朔。或抑或揚。或分或合。或屈詘如環。或直伸如索。或迴旋如鷹盤。或奮激如魚躍。或少卷而驟舒。或將前而頓却。燿燿焉。熻熻焉。忽詑五尺孛芒。疾馳斜掠。半明半滅。徒萬丈而一落。主人色駴心喜。知小妖已告殲。尙有紅光一道。忽高之。忽低之。忽卽之。忽離之。氣漸披靡。知其亦無能爲。果不一炊黍時。宛然敗葉漾空。慘爲狂飇之所摧。飄蕩蕭颯站。站然而下墜荒畦。紅光悉絕。東方欲白。主人知兩妖並除。姑飯茶以待客。俄焉見客左手籠雞。右手以樹條貫拽兩妖而至。主人迎而賀曰。知大功告成。喜爲君賀。客嘆曰。兩妖雖除。惜兩雞皆受重傷奈何。主人視小雞。竟體毛羽脫落殆盡。僅存一息。老雄亦毛羽徒離。精神沮喪。又視其蚣雞。大者長約六尺。左鉗已脫。足尙有一二蠕蠕動者。小者長五尺許。雙鉗並去。足已夷其大半。僵如枯木矣。主人問此尙有用否。曰紅光外燭。

珠當不少。卽兩軀殼。以製刀劍鞘。亦値千金也。乃以兩雞授主人。屬善視之。且謂出力過甚。小雞不過十日。老雞不過半年。皆當羽化。有功於人。尙其瘞之。其身受重毒。切不可食。愼之愼之。越日客辭。主人又以二百金相謝。以木匣盛二妖。負之而去。後兩雞果如期先後俱斃。主人謹遵客所囑並瘞之。（里乘）

產鬼の奇術

鄕民畢酉。素有膽識。嘗以妻有娠將產。月夜趁墟回家。道逢一女子。蹣跚獨行同路數里。略不聞其鼻息。心竊異之。試叩其氏族。當此午夜。獨行何之。女子答曰。妾非人乃產鬼也。前村畢家婦。分娩在卽。特往討替去。酉大驚。默籌所以制之。佯笑答曰。此大好事。汝得替投生好人家可賀也。曰此非所望。然得脫離鬼趣。卽爲萬幸。因問酉姓名。乃詭對之。談論甚洽。

產鬼の饒舌

酉又問汝爲鬼幾何年矣。曰於今十有三年矣。曰求替何遲遲也。曰陰曹必計平生善惡。以判遲速。蘊滿方准求替。故遲遲此至於今也。曰求替亦有術乎。曰有。凡產鬼喉間各有紅絲一縷。名曰血餌。以此絙入產婦腹中。繫其嬰胞不使遽下。又暗中頻頻抽掣之。令其

産婦の危難忽ちに救はる

痛徹心髓。雖健婦只三五抽掣。則命畢矣。酉佯笑曰。此術誠巧。未審有法制之否。鬼但笑而不言。酉又固詰之。則曰。制之亦自有法。但君切不可告人。酉指天申誓。決不泄語。鬼悄謂曰。産鬼最畏雨繖。以一繖置戶後。卽不敢入房矣。酉曰。然則更無別術乎。曰君必勿洩。乃敢畢其詞。酉曰。固申誓矣。倘泄語。卽與汝等。鬼喜其誠曰。如不能入房。則伏屋上。以血餌縋入産婦口中。亦可。倘於床頂再張一繖。使血餌不能下縋。則鬼術窮矣。以君長者。故敢質告。倘泄語。則我無生望矣。願君諒之。酉曰諾。旣至家。妻正以難産。勢甚危殆。酉如鬼言。急以一繖置戶後。又張一繖於牀頂。不踰時。果呱呱墮地。而妻得無恙。少選。聞空中呼酉名而詈之。曰促狹兎。我不幸爲汝所紿。又要遲此一次。汝如再告他人。致我永無生望。則天良喪盡矣。漢息恨恨而去。酉聞而匿笑。爲妻細述之。妻甚惡此苦。囑徧告人。凡有娠之家。各如法預防之。果皆無恙。（里乘）

吳介臣侍御台壽。言湖洲閔小艮司馬。素好學道。得眞仙李泥丸秘傳。後以尸解

唯液で煉つた泥丸の妙功

木の葉が錢に化す

上昇李泥丸者。初乞食於市。衣須捷而身垢穢。人不能邇。會有巨紳士。患消渴疾。百醫罔效其妻禱於神。遇李於廟中笑謂曰。娘子欲活郎君耶。禱神無益。何不求我。從者陋其狀。訶叱之。妻遽止之。曰否否我聞風塵中。偶有眞仙遊戲。或有緣幸遇不可知。爾曹勿以貌失之也、遽前斂袵。叩李求方。李笑曰。娘子既誠心來求。亦易易耳。乃掬地上泥。自吐沫搓爲丸授之。曰歸以白湯進。病者吞之。當立愈妻謝而受之。從者吃吃匿笑。妻歸。思病者歷試諸方皆不效。姑以此投之何害。遂進白湯。趣吞其丸。巨紳子果一汗而瘳。自此人皆以爲遇仙。遠近就李求方者曰李相接俱以沫團泥丸予之。無不立效。僉稱爲李泥丸云。司馬聞之。拜求爲師。李相司馬。謂有仙骨。可以入道。許之。司馬嘗具湯沐奉新衣。請宅易之。笑却不受。每行市上。喜與小兒戲。群兒亦樂從之遊。皆呼曰李神仙。戲拾敗葉。呵之卽成錢。分給群兒。使市果餌。錢上字幕分明。歷久不變。何其神也。司馬嘗叩拔宅飛昇之說。一日卓午。李攜司馬立日中。取自着破氊笠。置司馬頭上。又取司馬角巾自着之。屬司馬視其影。李則但見帽影。而不見人影。己則但見人影。而不見帽影。李謂之曰。所謂拔宅者。祇就本身所御之物而言。身果能仙。平日卽身所御之物。皆隨之而仙。非必宅果可拔也。司馬恍然。道以日進。或曰。李泥丸卽李八百。

里乘子曰。予初識吳氏昆仲於方子箴都轉揚州官署。[illegible]與次垣論古今書家。意見不合。次垣攘臂相爭。自折其齒。舉座皆笑。逾時意氣俱平。談笑自若。固各無蒂薊也。介臣喜談道。一日都轉招飲。介臣席間談李泥丸事。並述司馬尸解後。以道傳袁太太。某宅素凶。主人請袁治之。袁以繩連繫七鬼。宅乃轉凶爲吉。詞鋒霅々四座口爲之噤。會道州何子貞先生在座。素不喜人談怪。枯坐欲睡。介臣方刺刺不休。亦不以爲意也。乃曾幾何時。不兼旬。而昆仲竟相繼下世。追憶朋友聚散存歿之感。爲之愀然。(同上)

先大夫守湖州時。小艮司馬居金蓋山下。先妣楊太夫人有疾。先大夫攜予宿金蓋。禮懺求丹藥療之。果瘳。司馬遇醮壇則易交裳。平時酬酢。往來。仍著冠服。嘗至署中。先大夫觴之。予亦侍坐。司馬茹葷飲酒。談道娓々不倦。惜予方幼

稚。不レ能レ解ニ其旨趣一也。（方子箴識）

拾遺記

周

大蜂の嘉瑞

周武王東伐レ紂。夜濟レ河。時雲明如レ晝。八百之族。皆齊而歌。有二大蜂一。狀如二丹鳥一。飛集二王舟一。因以レ鳥畫二其旗一。翌日而梟レ紂。名二其船一曰二蜂舟一。魯哀公二年。鄭人擊二趙簡子一得二其蜂旗一。即其類也。事出二太公六韜一武王使レ畫二其像於二幡旗一。以爲二吉兆一。今人幡信皆爲二鳥畫一。則遺象也。

泥離國の形狀

成王即レ政三年。有二泥離之國一來朝。其人稱自レ發二其國一。當從二雲裏一而行聞二雷霆之聲在一レ下。或入レ潛穴。又聞二波瀾之聲在一レ上。視二日月一以知二方國所一レ向。計二寒暑一以知二年月一。考二國之正朔一。則序レ歷與二中國一相符。王接以二外賓禮一也。

鳳凰の出没

四年。旃塗國獻鳳雛。載以瑤華之車。飾以五色之玉。駕以赤象。至於京師。育於靈禽之苑。飲以瓊漿。飴以雲實。二物皆出上元仙方。鳳初至之時。毛色文彩彪發。及成王封泰山。禪社首之後。文彩炳耀中國。飛走之類。不復喧鳴。咸服神禽之遠至也。及成王崩。冲飛去而孔子相魯之時。有神鳳遊集。至哀公之末。不復來翔。故云。鳳鳥不至。可為悲矣。

口中糸を吐き文錦を織る

五年。有因祇之國。去王都九萬里。獻女工一人。體貌輕潔。被纖羅雜繡之衣。長袖修裾。風至則結其衿帶。恐飄飄不能自止也。其人善織。以五色絲內於口中。手引而結。則成文錦。其國人來獻。有雲崑錦。文似雲從山岳中出。有列堞錦。文似雲霞覆城雉樓堞。雜珠錦。文似貫珠珮也。有篆文錦。文似大篆之文也。有列明錦。文似列燈燭也。幅皆廣三尺。

一莖盈車の嘉禾

其國丈夫勤於耕稼。一日鋤十頃之地。又貢嘉禾。一莖盈車。故。時俗四言詩曰。力勤十頃。能致嘉穎。

絶域燃邱國

發足時の童稚着京時の白髮翁

口中涌出の小人百戲の樂を奏す

六年。燃邱之國。獻比翼鳥雌雄各一。以玉爲樊。其國使者。皆拳頭尖鼻。衣雲霞之布。如今朝霞也。經歷百有餘國。方至京師。其中路山川不可記。越鐵峴。泛沸海。虵洲蜂岑。鐵峴峭礪。車輪剛金爲輞。比至京師。輪皆銚鋭幾盡。又沸海洶湧如煎。魚鼈皮骨堅强如石。可以爲鎧。泛沸海之時。以銅薄舟底。蛟龍不能近也。又經虵洲。則以豹皮爲屋。於屋內推車。又經蜂岑。燃胡蘇之木。此木煙能殺百虫。經途十五餘年。乃至洛邑。成王封泰山禪社首。使發其國之時並童稚。至京師鬚皆白。及還至燃邱。容貌還復少壯。比翼鳥多力狀如鵲。銜南海之丹泥巢崑岑之玄木。遇聖則來集。以表周公輔聖之祥異也。

七年。南陲之南。有扶婁之國。其人善能機巧變化。異形改服。大則興雲起霧。小則入於纖毫之中。綴金玉毛羽爲衣裳。吐雲噴火。鼓腹則如雷霆之聲。或化爲犀象師子龍蛇火鳥之狀。或變爲虎兕。口中生人。備百戲之樂。宛轉屈曲。於指掌間。人形或長數分。或復數寸。神怪欻忽衒麗於時樂府皆傳此伎。至末代猶學焉。得麄亡精。代代不絶。故俗謂之婆猴伎。則扶婁之音。訛替至今。

周昭王に換心術を試む

昭王卽位二十年。王坐祇明之室。晝而假寐。忽夢白雲蓊蔚而起。有人衣服並皆毛羽。因名羽人。夢中與語。問以上仙之術。羽人曰。大王精智未開。欲求長生久視。不可得也。王跪而請受絶欲之教。羽人乃以指畫王心。應手卽裂。王乃驚寤。而血濕衿席。因患心疾。卽郤膳撤樂。移於旬日。忽見所夢者復來。語王曰。先欲易王之心。乃出方寸綠囊。中有續脉明丸。補血精散。以手摩王之臆。俄而卽愈。王卽請此藥。貯以玉缶。緘以金繩。

足萬里の外に飛び天に後れて死す

王以塗足。則飛天地萬里之外。如遊咫尺之內。有得服之。後天而死。

靑鳳丹鵲の扇

二十四年。塗修國獻靑鳳丹鵲各一雌一雄。孟夏之時。鳳鵲皆脫易毛羽。聚鵲翅以爲扇。緝鳳羽以飾車蓋也。扇一名遊飄。二名條翮。三名虧光。四名仄影。時東甌獻二女。一名延娟。二名延娛。使二人更搖此扇。侍於王側。輕風四散。冷然自涼。此二人辯口麗辭。巧善歌笑。步塵上無跡。行日中無影。及昭王淪於漢水。二女與王乘舟。夾擁王身。同溺於水。故江漢之人。到今思之。立祀於江湄。數十年間。人於江漢之上。猶見王與二女乘舟戲於水際。至暮春上巳之日。禊集祠間。或以時鮮甘味。採蘭杜包裹。以沈水中。或結五色紗囊盛食。或用金鐵之器。並沈水中。以驚蛟龍水虫。使畏之不侵此食也。其水傍號曰招祇之祠。綴青鳳之毛為二裘。一名燠質。二名喧肌。服之可以卻寒。至厲王流於彘。彘人得而奇之。分裂此裘。遍於彘土。罪人大辟者。抽裘一毫。以贖其死。則價值萬金。

周穆王

穆王卽位三十二年。巡行天下。馭黃金碧玉之車。傍氣乘風。起朝陽之岳。自明及晦。窮寓縣之表。有書史十人。記其所行之地。又副以瑤華之輪十乘。隨王之後。以載其書也。王馭八龍之駿。一名絕地。足不踐土。二名翻羽。行越飛禽。三名奔霄。夜行萬里。四名超影。逐日而行。五名踰輝。毛色炳燿。六名超光。一形十影。七名騰霧。乘雲而奔。八名挾翼。身有肉翅。遞而駕焉。按轡徐行。以匝天地之域。王神智遠謀。使迹轂遍於四海。故絕異之物。不期而自服焉。

三十六年。王東巡大騎之谷。指春宵宮。集諸方士仙術之要。而螭鵠龍蛇之類。奇種憑空而出。時已將夜。王設常生之燈以自照。一名恒輝。又列璠膏之燭。遍於宮內。又有鳳腦之燈。又有冰荷者。出冰壑之中。取此花以覆燈七八尺。不欲使光明遠也。

玉帳裡の穆王と西王母

西王母乘翠鳳之輦而來。前導以文虎文豹。後列雕麟紫麏。曳丹玉之履。敷碧蒲之席。黃莞之薦。共玉帳高會。薦清澄琬琰之膏以爲酒。又進洞淵紅蘤。嵰州甜雪。崐流素蓮。陰岐黑棗。萬歲冰桃。千常碧藕。青花白橘。素蓮者一房百子。凌冬而茂。黑棗者。其樹百尋。實長二尺。核細而柔。百年一熟。

萬歳一實の桃

扶桑東五萬里。有磅塘山。上有桃樹百圍。其花青黑。萬歲一實。鬱水在磅塘山東。

象竹の管
大林の静瑟

介之椎焚殺

其水小流在大陂之下。所謂沈流。亦名重泉。生碧藕長千常。七尺爲常也。條陽山出神蓬如蒿。長十丈。周初國人獻之。周以爲宮柱。所謂蒿宮也。中有白橘。花色翠而實白大如瓜。香聞數里。奏環天之和樂。列以重霄之寶器。器則有岑華鏤管。咈澤雕鐘。員山靜瑟。浮瀛羽磬。撫節按歌。萬靈皆聚。環天者。鈞天也。和廣也。出穆天子傳岑華。山名也。在西海。上有象竹。截爲管吹之。爲羣鳳之鳴。咈澤出精銅。可爲鐘鐸。員山。其形員也。有大林。雖疾風震地。而林木不動。以其木爲琴瑟。故曰靜瑟。浮瀛。卽瀛州也。上有青石可爲磬。磬者長一丈。輕若鴻毛。因輕而鳴。西王母與穆王歡歌既畢。乃命駕昇雲而去

魯僖公

僖公十四年。晉文公焚林以求介之推。有白鵶遶煙而噪。或集之推之側。火不能焚。晉人嘉之。起一高臺。名曰思煙臺。種仁壽木。木似柏而枝長柔軟。其花堪食。故呂氏春秋云。木之美者。有仁壽之華焉。卽此是也。或云。戒所焚之山數

百里。居人不レ得レ設二網羅一。呼曰二仁烏一。俗亦謂二烏白臆一者。爲二慈烏一。則其類也。

周靈王

孔子生誕の奇瑞

周靈王立二十一年。孔子生二於魯襄公之世一。夜有二二蒼龍一自レ天而下。來附二徵在之房一。因レ夢而生二夫子一。有二二神女一擎三香露於二空中一而來。以沐浴徵在。天帝下奏二鈞天之樂一。列二於顏氏之房一。空中有レ聲。言下天感レ生二聖子一。故降中以和樂上笙鏞之音。異二於俗世一也。又有二五老一列二於徵在之庭一。則五星之精也。

麟玉書を吐く

夫子未レ生時。有レ麟吐二玉書於闕里人家一。文云。水精之子。繼二衰周一而素王。故二龍繞レ室。五星降レ庭。徵在。賢明知上爲二神異一。乃以二繡紱一繫二麟角一。信宿而麟去。相者云。夫子係二殷湯一。水德而素王。至二敬王之末一。魯定公二十四年一。魯人鋤二商田於大澤一。得レ麟以示二夫子一。繫レ角之紱尚猶レ在焉。夫子知二命之將終一。乃抱レ麟解レ紱。涕泗滂沱。且麟出之時。及解レ紱之歲。垂二百年一矣。

二十三年。起二昆昭之臺一。亦名二宣昭一。聚二天下異木神工一。得二崿谷陰生之樹一。其樹千尋。

昆昭臺の結構

文理盤錯。以此一樹。而臺用足焉。大幹爲桁棟。小枝爲栭桷。其木有龍蛇百獸之形。又篩水精以爲泥。臺高百丈。昇之以望雲色。時有萇宏。能招致神異。王乃登臺。望雲氣蓊鬱。忽見二人。乘遊龍飛鳳之輦。駕以靑螭。其衣皆縫緝毛羽也。王卽迎之上席。時天下大旱。地裂木燃。一人先唱。能爲雪霜。引氣一噴。則雲起雪飛。坐者皆凜然。宮中池井。堅冰可琢。又設狐腋素裘。紫羆文褥。是西域所獻也。施於臺上。坐者皆溫。又有一人唱。能使卽席爲炎。乃以指彈席上。而暄風入室。裘褥皆棄於臺下。時有容成子諫曰。大王以天下爲家。而染異術。使變夏改寒。以誣百姓。文武周公之所不取也。王乃疏萇宏而求正諫之士。時異方貢玉人石鏡。此石色白如月。照而如雪。謂之月鏡。有玉人。機戾自能轉動。萇宏言於王曰。聖德所招也。故周人以萇宏幸媚而殺之。流血成石或言成碧。不見其尸矣。

君主は樂を獨占せず

人語に應ずる鏡

有韓房者。自渠胥國來。獻玉駝。高五丈。虎魄鳳凰。高六尺。火齊鏡。廣三尺。闇中視物如畫。向鏡語。則鏡中影應聲而答。韓房身長一丈。垂鬚至膝。以丹砂畫左右手。如日月盈缺之勢。可照百餘步。周人見之如神明矣。靈王末年。亦不知所在。

燕昭王

淫樂の極致

王卽位二年。廣延國來獻善舞者二人。一名旋娟。一名提嫫。竝玉質凝膚。體輕氣馥。綽約而窈窕。絕古無倫。或行無跡形。或積年不饑。昭王處以單綃華幄。飲以瑠珉之膏。飴以丹泉之粟。王登崇霞之臺。乃召二人。徘徊翔舞。殆不自支。王以纓縷拂之。二人皆舞。容冶妖麗。靡於鸞翔。而歌聲輕颺。乃使女伶代唱。其曲清響流韻。雖飄梁動木。未足嘉也。其舞一名縈塵。言其體輕與塵相亂。次曰集羽。言其婉轉若羽毛之從風。末曲曰旋懷。言其支體纏蔓。若入懷袖也。乃設麟文之席。散荃蕪之香。香出波弋國。浸地則土石皆香。著朽木腐草。莫不鬱茂。

枯骨肉生ずるの名香

以燻枯骨。則肌肉皆生。以屑噴地厚四五寸。使二女舞其上。彌日無跡。體輕故也。時有白鸞孤翔。銜千莖穟。穟於空中自生花實。落地則生根葉。一歲百穫。一莖滿車。故曰盈車嘉穟。麟文者。錯雜寶以飾席也。皆爲雲霞麟鳳之狀。昭王復以衣袖麾之。舞者皆止。昭王知其神異。處於崇霞之臺。設枕席以寢讌。遣侍人以衞之。王好神仙之術。元天之女。託形作此二人。昭王之末。莫知所在。或云遊於漢江或伊洛之濱。

二舞妓の行方

四年。王居正寢。召其臣甘需曰。寡人志於仙道。欲學長生久視之法。可得遂乎。需曰。臣遊昆臺之山。見有垂白之叟。宛若少童。貌如氷雪。行如處子。血淸骨勁。膚實腸輕。乃歷蓬瀛而超碧海。經涉升降。遊往無窮。此爲上仙之人也。蓋能去滯欲而離嗜愛。洗神滅念。常遊於太極門。今大王以妖容惑目。美味爽口。列女成羣。迷心動慮。所愛之容。恐不及玉。纖腰皓齒。患不如神。而欲卻老雲遊。何異操圭爵以量滄海。執毫釐而廻日月。其可得乎。昭王乃撤色滅味。居乎正寢。賜甘需羽衣一襲。表其墟爲明眞里也。

淫樂の心を以つて仙を求るの不可

印度の道術家尸羅の駭異

七年。沐胥之國來朝。則申毒國之一名也。有道術人名尸羅。問其年云百三十歲。荷錫持缾。云。發其國五年。乃至燕都。善衒惑之術。於其指端。出浮屠十層。高三尺。乃諸天神仙。巧麗特絕。人皆長五六分。列幢蓋鼓舞。繞搭而行。歌唱之音。如眞人矣。尸羅噴水爲雰霧。暗數里間。俄而復吹爲疾風。雰霧皆止。又吹指上浮屠。漸入雲裏。又如左耳出靑龍。右耳出白虎。始入之時纔一二寸。稍至八九尺。俄而風至雲起。卽以一手揮之。卽龍虎皆入耳中。又張口向日。則見人乘羽蓋。駕螭鵠。直入於口內。復以手抑胷上。而聞懷袖之中轟轟雷聲。更張口。則見羽蓋螭鵠。相隨從口中而出。尸羅常坐日中。漸漸覺其形小。或化爲老叟。或爲嬰兒。倏忽而死。香氣盈室。時有淸風來吹之更生。如向之形。咒術衒惑神怪無窮。

怪異總て口中に出入す

長壽國盧扶の純孝敦俗

八年。盧扶國來朝。渡河萬國方至。云。其國中山川無惡禽獸。水不揚波。風不折木。人皆壽三百歲。結草爲衣。是謂卉服。至死不老。咸知孝讓。壽登百歲以上相敬如至親之禮。死葬於野外。以香木靈草瘞掩其尸。閭里助送。號泣之音動於林谷。河源爲之流止。春木爲之改色。居喪水漿不入於口。至死者骨爲塵埃。然後乃食。昔大禹隨山導川。乃旌其地爲無老純孝之國。

聖王母來朝

九年。昭王思諸神異。有谷將子。學道之人也。言於王曰。西王母將來遊。必語虚無之術。不踰一年。王母果至。與昭王遊於燧林之下。說炎帝鑽火之術。取綠桂之膏。燃以照夜。忽有飛蛾銜火。狀如丹雀。來拂於桂膏之上。此蛾出於員丘之穴。穴洞達九天。中有細珠如流沙。可穿而結。因用爲珮。此是神蛾之火也。蛾憑氣飲露。飛不集下。羣仙殺此蛾合丹藥。西王母與羣仙遊員丘之上。聚神蛾以瓊筐盛之。使王童負筐。以遊四極。來降燕庭。出此蛾以示昭王。王曰。今乞此蛾以合九轉神丹。王母弗與。昭王坐握日之臺。參雲上可捫日。時有黑烏白頭。集王之所。銜洞光之珠。圓徑一尺。此珠色黑如漆。懸照於室内。百神不能隱

神蛾を以て九轉神丹を練る

千歳に一珠を生ずる黒蚌

其精靈。此珠出陰泉之底。陰泉在寒山之北。員水之中。言水波常圓轉而流也。有黒蚌飛翔來去。如五岳之上。昔黄帝時。霧成子遊寒山之嶺。得黒蚌。在高崖之上。故知黒蚌能飛矣。至燕昭王時。有國獻於昭王。王取瑤漳之水。洗其沙泥。乃嗟歎曰。自懸日月以來。見黒蚌生珠。已八九十遇。此蚌千歳。一生珠也。珠漸輕細。昭王常懷此珠。當隆暑之月。體自輕涼。號曰銷暑招涼之珠也。

秦

一眼睛を點じて畫虎忽ち活く

始皇元年。騫霄國獻刻玉善畫工名裔。使含丹青以漱地。即成魑魅及詭怪羣物之象。刻玉爲百獸之形。毛鬣宛若眞矣。皆銘其臆前。記以日月。工人以指畫地長百丈。直如繩墨。方寸之内。畫以四瀆五岳列國之圖。又畫爲龍虎。騫翥若飛。皆不可點睛。或點之必飛走也。始皇嗟曰。刻畫之形。何得飛走。使以淳漆各點兩玉虎一眼睛。旬日則失之。不知所在。山澤之人云。見二白虎各無一目。相隨而行。毛色相似。異於常見者。至明年。西方獻兩白虎。各無一目。始皇發檻視レ之。疑二是先所レ失者一。乃刺二殺之一。檢二其胷前一。果是元年所レ刻玉虎。迄二胡亥之滅一。寶劍神物。隨レ時散亂也。

宛渠氏の潛海舟

始皇好二神仙之事一。有二宛渠之民一。乘二螺舟一而至。舟形似レ螺。沈二行海底一。而水不二浸入一。一名二淪波舟一。其國人長十丈。編二鳥獸之毛一以蔽レ形。始皇與レ之語。及二天地初開之時一。了如二親覩一。曰。臣少時躡二虛郤一行。日遊二萬里一。及二其老朽一也。坐見二天地之外事一。臣國在二咸池一日沒之所九萬里。以二萬歲一爲二一日一。俗多二陰霧一。遇二其晴日一。則天豁然雲裂。耿若二江漢一。則有二玄龍黑鳳一。翻翔而下。及レ夜燃レ石以繼二日光一。此石出二燃山一。其土石皆自光徹。扣レ之則碎。狀如レ粟。一粒輝映二一堂一。昔炎帝始變二生食一。用二此火一也。國人今獻二此石一。或有レ投二其石於溪澗中一。則沸沫流二於數十里一。名二其水一爲二無淵一。臣國去二軒轅之丘一十萬里。少典之子。採二首山之銅一。鑄爲二大鼎一。臣先望二其國一。其金火氣動。奔而往視レ之。三鼎已成。又見二冀州有二異氣一。應レ有二聖人生一。果有二慶都生一レ堯。又見二赤雲入一於鄗鎬一。走而往視。果有二丹雀瑞昌之符一。始皇曰。此神人也。彌信二仙術一。

炎帝火食の燃料

焉。

雲明臺の建築材料

始皇起雲明臺。窮四方之珍木。搜天下之巧工。南得烟丘碧樹。酈水燃沙。賁都朱泥。雲岡素竹。東得葱巒錦柏漂檖龍松。寒河星柘岏雲之梓。西得漏海浮金。狼淵羽璺。滌嶂霞桑。沈塘員籌。北得冥阜乾漆陰坂文梓褰流黑魄。闇海香瓊。珍異是集。二人騰虛緣木。揮斤斧於空中。子時起工。午時已畢。秦人謂之子午臺。亦言於子午之地各起一臺。二說疑也。

蘇秦張儀の苦學

張儀蘇秦二人。同志好學。迭剪髮而鬻之以相養。或傭力寫書。非聖人之言不讀。遇見墳典。行途無所題記。以墨書掌及股裏。夜還而寫之。折竹爲簡。二人每假食於路。剝樹皮編以爲書帙。以盛天下良書。嘗息大樹之下。假息而寢。有一先生。問二子何勤苦也。儀秦又問之。子何國人。答曰。吾生於歸谷。亦云鬼谷。

鬼谷先生

鬼者歸也。又云。歸者谷名也。乃謂其術。教以干世出俗之辯。即探胷內。得二卷

趙高怪異を現はす

說書言。輔時之事。古史考云。鬼谷子也。鬼歸相近也。

秦王子嬰立凡百日。郎中趙高謀殺之。子嬰寢於夷望之宮。夜夢有人身長十丈。鬢髮絕青。納玉舄而乘丹車。駕朱馬而至宮門。云。欲見秦王子嬰。閽者許進焉。子嬰乃與言。謂子嬰曰。余是天使也。從沙丘來。天下將亂。當有同姓名。欲相誅暴。翌日廼起。子嬰則疑趙高。囚高於咸陽獄。懸於井中。七日不死。更以鑊湯煮。七日不沸。乃戮之。子嬰問獄吏曰。高其神乎。獄吏曰。初囚高之時。見高懷有一青丸。大如雀卵。時方士說云。趙高先世受韓終丹法。冬月坐於堅冰。夏日臥於爐上。不覺寒熱。及高死。子嬰棄高尸於九達之路。泣送者千家。或見一青雀。從高屍中出直入雲。九轉之驗信於是乎。子嬰所夢。即始皇之靈。所著玉舄。則安期先生所遺也。鬼昧之理。萬世一時。

漢高祖の寶劍

上皇匕首を投ず

白氣寶庫の外に逝る

漢太上皇微時。佩一刀長三尺。上有銘。其字難識。疑是殷高宗伐鬼方之時所作也。上皇遊豐沛山中。寓居窮谷裏。有人歐冶鑄。上皇息其傍。問曰。此鑄何器。工者笑而答曰。爲天子鑄劍。愼勿泄言。上皇謂爲戲言而無疑色。工人曰。今所鑄鐵。鋼礪難成。若得公腰間佩刀。雜而冶之。卽成神器。可以尅定天下。星精爲輔佐。以殲三猾。水衰火盛。此爲異兆也。上皇曰。余此物名爲匕首。其利難儔。水斷虬龍。陸斬虎兕。魑魅罔兩。莫能逢之。斫玉鐫金其刃不卷。工人曰。若不得此匕首以和鑄。雖歐冶專精。越砥歛鍔。終爲鄙器。上皇則解匕首。投於鑪中。俄而烟焰衝天。日爲之晝晦。及乎劍成。殺三牲以釁祭之。鑄工問上皇。何時得此匕首。上皇云。秦昭襄王時。余行逢一野人於陌上。授余云。是殷時靈物。世世相傳。上有古字。記其年月。及成劍。工人視之。其銘尙存。叶前疑也。工人卽持劍授上皇。上皇以賜高祖。高祖常佩於身。以殲三猾。及天下已定。呂后藏於寶庫。庫中守藏者。見白氣如雲。出於戶外。狀如龍蛇。呂后改庫。名曰靈金藏。及諸呂擅權。白氣亦滅。及惠帝卽位。以此庫貯禁兵器。名曰靈金內府也。

三皇以前を知る戴角被毛の人類

長安城北の仙壇

孝惠帝二年。四方咸稱。車書同文軌。天下太平。干戈偃息。遠國殊鄉。重譯來貢。時有道士。姓韓名稚。則韓終之嗣也。越海而來。云。是東海神使。聞聖德洽乎區宇。故悅服而來庭。時有東極出扶桑之外。有泥離之國來朝。其人長四尺。兩角如蠒。牙出於脣。自乳已來。有靈毛自蔽。居於深穴。其壽不可測也。帝云。方士韓稚解絕國人言。令問人壽幾何。經見幾代之事。答曰五運相承。迭生迭死。如飛塵細雨。存沒不可論算。問。女媧以前可聞乎。對曰。虵身已上。八風均。四時序不以威悅。攬乎精運。又問燧人以前。答曰。自鑽火變腥以來。父老而慈。子壽而孝。自軒皇以來。屑屑焉以相誅滅。浮靡囂動。淫於禮。亂於樂。世德澆訛。淳風墜矣。稚以答聞於帝。帝曰。悠哉杳昧。非通神達理者。難可語乎斯遠矣。稚於斯而退。莫知其所之。帝使諸方士。立仙壇於長安城北。名曰祠韓館。俗云司寒之神。祀於城陰。按春秋傳曰。以享司寒。其音相亂也。定是祠韓館。至二年。詔宮女百人。文錦萬疋。樓船十艘。以送泥離之使。大赦天下。

漢武帝李夫人の追憶

漢武帝思懷往者李夫人。不可復得。時始穿昆靈之池。泛翔禽之舟。帝自造歌曲。使女伶歌之。時日已西傾。涼風激水。女伶歌聲甚遒。因賦落葉哀蟬之曲。曰。羅袂兮無聲。玉墀兮塵生。虛房冷而寂寞。落葉依於重扃。望彼美之女兮。安得感余心之未寧。帝聞唱動心。悶悶不自支持。命龍膏之燈。以照舟內。悲不自止。親侍者覺帝容色愁怨。乃進洪梁之酒。酌以文螺之巵。巵出波祇之國。酒出洪梁之縣。此屬古扶風。至哀帝廢此邑。南人受此釀法。今言雲陽出美酒。兩聲相亂矣。

夫人の靈武帝に蘅蕪香を貼る

帝飲三爵。色悅心歡。乃詔女伶出侍。帝息於延涼室臥。夢李夫人授帝蘅蕪之香。帝驚起而香氣猶著衣枕。歷月不歇。帝彌思求。終不復見。涕泣洽席。遂改延涼室爲遺芳夢室。

少君李夫人の魂を招ぐ

初帝深嬖李夫人。死後常思夢之。或欲見夫人。帝貌顦顇。嬪御不寧。詔李少君與之語曰。朕思李夫人。其可得乎。少君曰。可遙見。不可同於帷幄。暗海有潛

夫人の像を砕き丸薬として飲む

背明國所産の怪異な穀物の數々

英之石。其色青輕如毛羽。寒盛則石溫。暑盛則石冷。刻之爲人像。神悟不異眞人。使此石像往則夫人至矣。此石人能傳譯人言語。有聲無氣故。知神異也。帝曰。此石像可得否。少君曰。願得樓船巨力千人。能浮水登木。皆使明於道術。齎不死之藥。乃至暗海。經十年而還。昔之去人。或升雲不歸。或託形假死。獲反者四五人。得此石。卽命工人依先圖刻作夫人形。刻成置於輕紗幕裏。宛若生時。帝大悅。問少君曰。可得近乎。少君曰。譬如中宵忽夢。而晝可得近觀乎。且此石毒。宜遠望不可逼也。勿輕萬乘之尊。惑此精魅之物。帝乃從其諫。見夫人畢。少君乃使舂此石人。爲丸服之。不復思夢。乃築靈夢臺。歲時祀之。

宣帝地節元年。樂浪之東。有背明之國。來貢其方物。言。其鄕在扶桑之東。見日出於西方。其國昏昏常暗。宜種百穀。名曰融澤。方三千里。五穀皆良。食之後天而死。有浹日之稻。種之十旬而熟。有翻形稻。言食者死而更生。夭而有壽。有明清稻。食者延年也。清腸稻。食一粒歷年不饑。有搖枝粟。其枝長而弱。無風常搖。

一醉累月の奇酒

死灰の甦る靈茅

食之益髓。有鳳冠粟。似鳳鳥之冠。食者多力。有遊龍粟。葉屈曲似遊龍也。有瓊膏粟。白如銀。食此二粟。令人骨輕。有繞明豆。其莖弱。自相縈纏。有挾劍豆。其莢形似人挾劍。横斜而生。有傾離豆。言其豆見日。葉垂覆地。食者不老不疾有延精麥。延壽益氣。有昆和麥。調暢六府。有輕心麥。食者體輕。有醇和麥。爲麴以釀酒。一醉累月。食之凌冬可袒。有含露麥。穟中有露。味甘如飴。有紫沈蔴。其實不浮。有雲冰蔴。實冷而有光。宜爲油澤。有通明蔴。食者夜行不持燭。是苣藤也。食之延壽。後天而老。其北有草名虹草。枝長一丈。葉如車輪。根大如轂。花似朝虹之色。昔齊桓公伐山戎國。人獻其種。乃植於庭。云霸者之瑞也。有宵明草。夜視如列燭。晝則無光。自消滅也。有紫菊。謂之日精。一莖一蔓。延及數畝。味甘。食者至死不饑渴。有焦茅。高五丈。燃之成灰。以水灌之。復成茅也。謂之靈茅。有黄渠草。映日如火。其堅韌若金。食者焚身不熱。有夢草。葉如蒲。莖如著。採之以占吉凶。萬不遺一。又有聞遐草。服者耳聰。香如桂。莖如蘭。其國獻之。多不生實。葉多萎黄。詔並除焉。元鳳二年。於淋池之南起桂臺。以望遠

長さ三尺の白蛟

氣。東引太液之水。有一連理桂樹。上枝跨於渠水。下枝隔岸而南。生與上枝同一株。帝常以季秋之月。泛蘅蘭雲鷁之舟。窮晷係夜。釣於臺下。以香金爲鉤。縲絲爲綸。丹鯉爲餌。鉤得白蛟長三丈。若大蛇無鱗甲。帝曰。非祥也。命太官爲鮓。肉紫骨靑。味甚香美。班賜羣臣。帝思其美。漁者不能復得。知爲神異之物。

言語を解する鳥獸

二年。含塗國貢其珍怪。其使云。去王都七萬里。鳥獸皆能言語。雞犬死者。埋之不朽。經歷數世。其家人遊於山阿海濱。地中聞雞犬鳴吠。主乃掘取還家養之。毛羽雖禿落更生。久乃悦澤。

感孝の靈異

張掖郡有郅族之盛。因以名也。郅奇。字君珍。居喪盡禮。所居去墓百里。每夜行。常有飛鳥。銜火夾之。登山濟水。號泣不息。未嘗以險難爲憂。雖夜如晝之明也。以淚灑石則成痕。著朽木枯草。必皆重茂。以淚浸地卽鹹。俗謂之鹹鄕。

至昭帝嘉其孝異。表銘其邑曰孝感鄉。四時祭祀立廟焉。

後漢

蓬萊の靈瓜

明帝因貴人夢食瓜甚美。帝使求諸方國。時燉煌獻異瓜種。恒山獻巨桃核。瓜名穹隆。長三尺而形屈曲。味美如飴。父老云。昔道士從蓬萊山得此瓜。云是崆峒靈瓜。四劫一實。西王母遺於此地。世代遐絶。其實頗在。又說巨桃霜下結花。隆暑方熟。亦云仙人所食。帝使植於霜林園。園皆植寒菓。積冰之節。百菓方盛。俗謂之相陵。與霜林之聲訛也。后曰。王母之桃。王公之瓜。可得而食。吾萬歲矣。安可植乎。后崩。內侍者見鏡奩中有瓜桃之核。視之涕零。疑非其類耳。

雕陵の鵲

章帝永寧元年。條支國來貢異瑞。有鳥名鵁鶄。形高七尺。解人語。其國太平。則鵁鶄羣翔。昔漢武時。四夷賓服。有獻馴鵲。若有喜樂事。則鼓翼翔鳴。按莊周云。雕陵之鵲。蓋其類也。淮南子云。鵲知人喜。今之所記。大小雖殊。遠近爲異。故略擧焉。

一 竹簡の富

安帝好微行於郊坰或露宿起惟宮・皆用錦蜀文綉。至永初二年・國用不足。令吏民入錢者得爲官。有琅邪王溥。郎王吉之後。吉先爲昌邑中尉。奕世衰凌。及安帝時。家貧不得仕。乃挾竹簡插筆。於洛陽市傭書。美於形貌。又多文辭。來僦其書者。丈夫贈其衣冠。婦人遺其珠玉。一日之中。衣寶盈車而歸。積粟於廩。九族宗親。莫不仰其衣食。洛陽稱爲善筆而得富。溥先時家貧。穿井得鐵印。銘曰。傭力得富。錢至億庾。一土三田。軍門主簿。後以一億錢輸官得中壘校尉。三田一土。壘字也。中壘校尉。掌北軍壘門。故曰軍門主簿。積善降福。明神報焉。

千間の裸遊館

靈帝初平三年。遊於西園。起裸遊館千間。采綠苔而被階。引渠水以繞砌。周流澄徹。乘船以遊漾。使宮人乘之。選玉色輕體。以執篙檝。搖漾於渠中。其水清澄。以盛暑之時。使舟覆沒。視宮人玉色者。又奏招商之歌。以來涼氣也。歌曰。涼

一莖四葉の蓮

內侍をして雞鳴をなさしむ

太一の精劉向に學を授く

風起兮日照渠。青荷晝偃葉夜舒。惟日不足樂有餘。清絲流管歌玉鳧千年萬歲喜難踰。渠中植蓮大如蓋。長一丈。南國所獻。其葉夜舒晝卷。一莖有四蓮叢生。名曰夜舒荷。亦云。月出則舒也。故曰望舒荷。帝盛夏避暑於裸遊館。長夜飲宴。帝嗟曰。使萬歲如此。則上仙也。宮人年二七已上。三六已下。皆靚粧解其上衣。惟着內服。或共裸浴。西域所獻茵墀香。煮以爲湯。宮人以之浴浣。使以餘汁入渠。名曰流香渠。又使內豎爲驢鳴於館北。又作雞鳴堂。多畜雞。每醉迷於天曉。內侍競作雞鳴。以亂眞聲也。乃以炬燭投於殿前。帝乃驚悟。及董卓破京師。散其美人。焚其宮館。至魏咸熙中。先所投燭處。夕夕有光如星。後人以爲神光。於此地立小屋。名曰餘光祠。以祈福。至魏明末。稍掃除矣。

劉向於成帝之末。校書天祿閣。專精覃思。夜有老人。着黃衣。植青藜杖。登閣而進。見向暗中獨坐誦書。老父乃吹杖端煙燃。因以見向。說開闢已前。向因受五行洪範之文。恐辭說繁廣忘之。乃裂裳及紳以記其言。至曙而去。向請問姓名。

云。我是太一之精。天帝聞金卯之子有博學者。下而觀焉。乃出懷中竹牒。有天文地圖之書。余略授子焉。至向子歆。從向授其術。向亦不悟此人焉。

賈逵の穎悟

賈逵年五歲。明慧過人。其姉韓瑤之婦。嫁瑤無嗣而歸居焉。亦以貞明見稱。聞隣中讀書。旦夕抱逵。隔籬而聽之。逵靜聽不言。姉以爲喜。至年十歲。乃暗誦六經。姉謂逵曰。吾家貧困。未嘗有敎者入門。汝安知天下有三墳五典。而誦無遺句耶。逵曰。憶昔姉抱逵於籬間。聽隣家讀書。今萬不遺一。乃剝庭中桑皮以爲牒。或題於扉屛。且誦且記。朞年經文通遍於閭里。每有觀者。稱云振古無倫。門徒來學。不遠萬里。或襁負子孫。舍於門側。皆口授經文。贈獻者積粟盈倉。或云。賈逵非力耕所得。誦經口倦。世所謂舌耕也。

魏明帝起凌雲臺。躬自掘土。羣臣皆負畚鍤。天陰凍寒。死者相枕。洛鄴諸鼎。皆夜震自移。又聞宮中地下有怨歎之聲。高堂隆等上表諫曰。王者宜靜以養民。今嗟

太山下の連理文石

嘆之聲。形二於人鬼一。願省二薄奢費一。以敦二儉朴一。帝猶不レ止。廣求二瑰異一。珍賂是聚。飾二臺榭一。累年而畢。諫者尤多。帝乃去レ煩歸レ儉。死者收而葬レ之。人神致レ感。衆祥皆應。太山下有二連理文石一。高十二丈。狀如二柏樹一。其文彪發。似二人雕鏤一。自レ下及レ上皆合。而中開廣六尺。望若二眞樹一也。父老云。當二秦末一。二石相去百餘步。蕪沒無レ有二蹊徑一。及二魏帝之始一。稍覺三相近如二雙闕土一。王陰類。魏爲二土德一。斯爲二靈徵一。苑囿及民家草樹。皆生二連理一。有二合歡草一。狀如レ蓍。一株百莖。晝則衆條扶疏。夜則合爲二一莖一。萬不レ遺一。謂二之神草一。沛國有二黃麟一。見二於戊巳之地一。皆土德之嘉瑞。乃修二戊巳之壇一。黃星炳夜。又起二昴畢之臺一。祭二祀此星一。謂二之分野一。歲時修祀焉。

崑陵の風物

崑崙山

崑崙山。有二昆陵之地一。其高出二日月之上一。山有二九層一。每層相去萬里。有二雲色一。從レ下望レ之。如二城闕之象一。四面有レ風。羣仙常駕レ龍乘レ鶴。遊二戲其間一。四面風者。言二東南西北一時俱起一也。又有二祛塵之風一。若二衣服塵汚一者。風至吹レ之。衣則淨如二浣濯一。甘露

四翼の神龜

千年一度五臟を脱却する白色龍

濛濛似霧。著草木則滴瀝如珠。亦有朱露。望之色如丹。著木石赭然。如朱雪灑焉。以瑶器承之如飴。崑崙山者。西方曰須彌山。對七星之下。出碧海之中。上有九層。第六層有五色玉樹。蔭翳五百里。夜至水上。其光如燭。第三層有禾穟。一株滿車。有瓜如桂。有柰冬生如碧色。以玉井水洗。食之骨輕柔能騰虛也。第五層有神龜。長一尺九寸。有四翼。萬歳則升木而居。亦能言。第九層山形漸小狹。下有芝田蕙圃。皆數百頃。羣仙種耨焉。傍有瑶臺十二。各廣千步。皆五色玉爲臺基。最下層有流精。霄間直上四十丈。東有風雲雨師。闕南有丹密雲。望之如丹色。丹雲四垂周密。西有螭潭。多龍螭。皆白色。千歳一蛻其五臟。此潭左側有五色石。皆云是白螭腸化成。此石有琅玕璆琳之玉。煎可以爲脂。北有珍林別出。折枝相扣。音聲和韻。九河分流。南有赤陂。紅波千刼一竭。千刼水乃更生也。

大正十三年十一月二十五日印刷
大正十三年十一月二十八日發行

【非賣品】

不許複製

著者　澁川柳次郎

發行者　立川雷平
東京市麻布區笄町百廿六番地

印刷者　猪木卓二
東京市麹町區飯田町二ノ五〇

發行所　東京市麻布區笄町百二十六番地
玄耳叢書刊行會
振替東京四〇四三五番

東京　京華社印刷所　印行

神仙

定価　四四〇〇円+税

大正十三年十一月二十八日　初版発行
平成十四年　十　月　三　十　日　復刻版発行

著者　渋川玄耳

発行　八幡書店
東京都品川区上大崎二―十三―三十五
ニューフジビル二階
電話　〇三（三四四二）八一二九
振替　〇〇一八〇―一―九五一七四